厦门大学211工程三期建设成果

厦门大学人文学院青年学术文库

施莱尔马赫至善学说研究

张会永 ● 著

中国社会科学出版社

图书在版编目（CIP）数据

施莱尔马赫至善学说研究／张会永著 . —北京：中国社会科学出版社，
2013.8

ISBN 978－7－5161－2911－1

Ⅰ.①施… Ⅱ.①张… Ⅲ.①施莱尔马赫，E，D. F.（1768～1834）—
哲学思想—研究 Ⅳ.①B516.39

中国版本图书馆 CIP 数据核字（2013）第 149553 号

出 版 人	赵剑英	
选题策划	张　林	
责任编辑	张　林	
特约编辑	蓝垂华	全太顺
责任校对	韩天炜	
责任印制	戴　宽	

出　　版	中国社会科学出版社
社　　址	北京鼓楼西大街甲 158 号（邮编 100720）
网　　址	http://www.csspw.cn
	中文域名：中国社科网　　010－64070619
发 行 部	010－84083685
门 市 部	010－84029450
经　　销	新华书店及其他书店

印　　刷	北京君升印刷有限公司
装　　订	廊坊市广阳区广增装订厂
版　　次	2013 年 8 月第 1 版
印　　次	2013 年 8 月第 1 次印刷

开　　本	710×1000　1/16
印　　张	16.25
插　　页	2
字　　数	246 千字
定　　价	48.00 元

凡购买中国社会科学出版社图书，如有质量问题请与本社联系调换
电话：010－64009791
版权所有　侵权必究

国家社科基金重大项目:《西方道德哲学通史研究》(项目编号:12ZD122)

教育部人文社科基金青年项目:《通向至善之途:德国古典伦理学中的德福之辩及其现代启示》(项目编号:13YJC720047)

施莱尔马赫伦理学概述

邓安庆

当今年史上最长的高温烘烤着南方大部分地区之时，我的生命经历了一次短暂的中断，而掌握着高科技的医生真是妙手回春，在一天之内使我经历了惊心动魄的死生轮回！让我真切地感受到生死是如此地靠近，接近得就是一点点缝隙，由生到死、由死到生，根本没有过渡的桥梁，也无需过渡的桥梁。清醒过来后，脆弱不堪的我脑海里呈现的只有施莱尔马赫的"绝对依赖感"……

当虚弱的我什么事也不能做，什么事想做也做不了时，张会永博士专程从厦门飞到长沙看我，带去了他在北京大学完成的博士后成果：《施莱尔马赫至善学说研究》的打印稿，而伴随着我的生命第二次启程的就是对这　书稿的缓慢阅读。

为了让读者更好地理解张会永博士的《施莱尔马赫至善学说研究》，我先有必要简单地介绍施莱尔马赫在德国古典哲学中的地位以及他整个伦理学思想的概貌。

我们现在一般的教科书在讲德国古典哲学时并不讲施莱尔马赫，这使得我们哲学界对他十分陌生，但他确实是德国古典哲学同时代的人。德国古典哲学由康德开创，我们所熟知的德国古典哲学家费希特、谢林、黑格尔都是"后康德哲学"，他们都以完成或超越康德哲学为己任。施莱尔马赫同样如此。在年龄上施莱尔马赫比康德小44岁，比费希特小6岁，比黑格尔和贝多芬大2岁，比谢林大7岁。由此可见，他跟费希特、谢林和黑格尔是同辈人。实际上，就他们共同的志趣和事业而言，他们不仅是同事，而且他们共同的学术成就推动了德国古典哲学的发展，在这一发展中是不能忽略施莱尔马赫所作出的贡献的。

青年时代的施莱尔马赫和谢林一样，是欧洲最早的浪漫主义学派中的积极分子，只是后者在耶拿与大施勒格尔（August Schlegel）一起，主要的兴趣是发动文学艺术中的审美革命，以此来完成康德开创的哲学革命；而前者在柏林与小施勒格尔（Friedrich Schlegel）一起，兴趣在诗歌、宗教、伦理和古希腊，以此来完成现代文化的精神再造。但他们共同的浪漫精神都在哲学中体现出来，引导了现代哲学的精神前行。

作为青年学子，施莱尔马赫、费希特和谢林，包含黑格尔都是先直接受康德的影响，在对康德哲学的学习中成长起来的。当康德开启德国古典哲学之革命的标志性著作《纯粹理性批判》出版时，施莱尔马赫却还只是名 13 岁的少年，他早期的学术活动都与受康德的影响和对康德的批判与超越相关。德国学者的一大特色，就在于敢于跟老师"作对"，敢于"在老师头上动土"，试图去超越老师。在康德尚健在时，他就出版了奠定其在基督教哲学和神学中堪称"教父"地位的著作《论宗教—对蔑视宗教的有教养者讲话》（1799 年），在 1800 年他出版了对康德和费希特哲学进行批判的著作《独白——一个新年礼物》（在同一年谢林出版了其早期最重要的著作《先验唯心论体系》），在康德逝世的前一年他出版了奠定其哲学家地位的著作《对迄今为止的伦理学进行批判的基本思路》（1803）。从这些著作我们就完全可以说，他是德国古典哲学的一个创作者。

成名后的施莱尔马赫也从来没有脱离过哲学，我们知道，他对现代大学和文化的一大贡献就是接受洪堡的邀请，跟费希特等学者一起设计了一所具有典型现代人文主义精神和现代学术建制的大学——柏林大学。在费希特作为柏林大学第一任校长期间，他则任神学院院长，与费特希的合作是不言而喻的，他对费希特的重要著作《伦理学体系》还专门发表了书评，予以高度肯定，当然也有批评。当费希特 1814 年去世之后，施莱尔马赫也被推选当了两年（1815—1816）柏林大学的校长，1818 年黑格尔奉国王诏命进入柏林大学之后，成了施莱尔马赫的同事。这种"同事"只是就同一所大学的教师意义上，而不是"共事"意义上的。他们两人似乎天生不合，无论是哲学还是神学。直到黑格尔 1831 年在柏林逝世，他们同事 13 年却基本上可以说成了死对头。如果一人是哲学家的牛人，一人是神学家的牛人，井水不犯河水倒也罢了，但恰恰作为神学家的施莱尔马赫也一直在治哲学，而作为"官方哲学家"的黑格尔也一直在讲"宗教"，两人的分歧和对立就在所难免。而且，施莱尔马赫和黑格尔一样，都把哲学理解为"辩证法"！

　　但施莱尔马赫的整个哲学包括辩证法在当时根本不入黑格尔的法眼，原因在于，黑格尔看重的是哲学的本体论和体系性，而这恰恰是施莱尔马赫并不看重甚至在某种方式上试图加以抵制的。他从宗教哲学的视野出发对形而上学的反驳和拒斥，无疑决定了他自己的哲学不会在知性的形而上学上做出什么努力和建构；而黑格尔自己的整个哲学努力都是试图以哲学来同化宗教，达到哲学与宗教在现代的和解，这与施莱尔马赫的宗教观和哲学观也构成了对立。施莱尔马赫是从翻译《柏拉图全集》而从事一般哲学研究的。古希腊哲学（柏拉图和亚里士多德）构成了其研究的重点，因此他的哲学的最大特点就是回归希腊经典来重新理解哲学及其在现代的使命。像狄尔泰这样现代的大哲都承认，在当时那个时代没有人能像施莱尔马赫那样对柏拉图哲学做出那么完整的和独到的理解。[①] 而柏拉图的哲学既非单纯形而上学的，也非体系性的，虽然其中既有形而上学，也有系统性的基本线索。因此施莱尔马赫对哲学的基本理解是柏拉图式的，他的作品构成了"最伟大的希腊哲学家们的文艺复兴"[②]。从系统性上，他把柏拉图的哲学理解为"辩证法"，这种"辩证法"一方面是"同另一个人一起进行一种哲学构建的艺术相关"，因此是认识论和方法论的；另一方面作为知识理论的基本学科又同时包含了伦理学和物理学的诸原则，因而是实践性的。正是在这种理解上，他把哲学区分为辩证法、物理学（自然学）和伦理学三部分。辩证法是哲学首要的基础学科，是思辨的，认识论的，方法论的，而"物理学和伦理学必须被视为一个椭圆的两个焦点"[③]。

　　这样理解的哲学体系，实际上完全是古典式的，康德在《道德形而上学的奠基》中一开始就试图回溯到这样的古典哲学概念，不过"辩证法"在康德的回溯中说的是"逻辑学"，所以哲学的体系的古典概念就是逻辑

---

　　① Hermann Fischer：Friedrich Schlaiermacher，Verlag C. H. Beck，2001，S. 64.

　　② 同上。

　　③ Bibliothek der Philosophie Band 9：*Schleiermacher Schriften*，S. 1108.

学、物理学和伦理学。施莱尔马赫的"辩证法"就具有德国古典哲学中的
"逻辑学"一样的地位。他把辩证法定义为是使思想中的差异达到一致的
艺术。这门艺术分为"先验"的和"形式和或技术的"两部分。前者探讨
何为知，何为思，以及与存在（Sein）的关系，知识的性质、功能、种
类，知和思的先验基础等；后者探讨知识产生的具体条件。于是，《辩证
法》成为施莱尔马赫培养学生哲学思维的一门基础课程，他从 1811 年起
就在刚刚建立的柏林大学讲授它，在 1814、1818、1822、1826 年都开了
这门课。

　　他试图恢复辩证法作为对话艺术的本义，这又与他另一种哲学密切相
关：哲学释义学。释义学（Hermeneutik）正是在他的努力下成为一门哲
学的学科，这在当今通过伽达默尔的著作早已为人所熟知了。

　　仅从这两个方面而言，我想说的是，施莱尔马赫作为德国古典哲学的
创作者，不是我个人的主观意见，是有其著述和在历史上的地位作为根据
的，在理论哲学上是有其贡献和地位的。我们的哲学史观很大程度上受黑
格尔的影响，但黑格尔虽然把施莱尔马赫写进了"哲学史"，实际上却仅
仅把他的哲学作为世界精神所要克服的主观性、个别性的发展环节而打入
了冷宫①，这并非是对施莱尔马赫哲学的公正评判。无论是就施莱尔马赫
的理论哲学：《辩证法》和哲学释义学而言，还是就施莱尔马赫的伦理学
和国家哲学而言，用"主观性"是根本无法概括其特征的。当然如何概括
和定位施莱尔马赫理论哲学的意义也并非本文的任务。

　　本文的任务首先是要介绍施莱尔马赫的伦理学，这不仅是因为伦理学
构成其哲学的核心和归宿，如果不理解他的伦理思想而想理解其哲学几乎
是不可能的。虽然施莱尔马赫一生中最著名的著作是神学方面的，如《论
宗教》和《基督教信仰论》早已成为公认的经典，但其伦理学方面的著作
也不少，其重要性随着对它们的深入研究和准确理解而越来越显示其独特
的价值。他的主要伦理学著作有：

　　《亚里士多德〈尼各马可伦理学〉第 8—9 章注释》（Anmerkungen zu
Aristoteles：Nikomachichische Ethik 8—9）（1788）；

---

　　①　参见黑格尔《哲学史讲演录》第 4 卷，贺麟、王太庆等译，商务印书馆 1959 年版，费
希特部分。

《论至善》（Ueber das hoechste Gut）（1789）；

《论自由》（Ueber die Freiheit）（1790/1992）；

《论生活的价值》（Ueber den Wert des Lebens）（1792）；

《试论社交行为理论》（Versuch einer Theorie des gesellen Betragens）（1799）

《独白——一个新年礼物》（Monologen：Eine Neujahrsgabe）（1800）；

《对迄今为止的伦理学说进行批判的大纲》（Grundlinien einer Kritik der bisherigen Sittenlehre）（1803）；

《伦理学大纲》（Brouillon zur Ethik）（1805/1806，哈勒大学教材）；

《伦理学》（Ethik）（1812/1813、1814/1816、1816/1817，柏林大学教材）；

在柏林科学院的伦理学讲座论文，诸如：

《论亚里士多德〈尼各马可伦理学〉的希腊文注梳》（1816）；

《论亚里士多德的伦理学著作》（1817）；

《论科学处理德性概念》（Ueber die wissenschaftliche Behandlung des Tugendbegriffs）（1819）；

《试论义务概念的科学处理》（Versuch ueber die wissenschaftliche Behandlung des Pflichtbegriffs）（1824）；

《论自然法则与道德法则之间的区别》（Ueber den Unterschied zwischen Naturgesetz und Sittengesetz）（1825）；

《论许诺概念》（Ueber den Begriff des Erlaubten）（1826）；

《论至善概念》（Uber den Begriff des hoechste Gut）（1827，1830）。

此外，系统论述基督教伦理学的著作有：

《基督教伦理——依照福音教会的原理关联阐述》（Die christliche Sitte-nach den Grundsaetzen der evangelischen Kirche im Zusammenhange dargestellt）。

我曾经按照这些著作的内在关系，把施莱尔马赫的伦理学思想发展大致地分成三个阶段。[①] 第一是形成时期，从其青年时代一直到其《论宗教》完成其奠基性的新教神学；第二是批判时期，以其最早的一本系统的

---

① 邓安庆：《施莱尔马赫》，东大图书公司 1999 年版，第 123—132 页。

伦理学著作《对迄今为止的伦理学说进行批判的基本思路》（Grundlinien einer Kritik der bisherigen Sittlehre）（1802 年开始写作 1803 年完成）为标志，在康德还在世时就展开了对康德和费希特伦理思想的批判；第三是完善和宣讲时期，主要包括哈勒大学的《伦理学大纲》、柏林大学的《伦理学》和柏林科学院的系列伦理学讲座。

就框架而言，施莱尔马赫把伦理学区分为"哲学伦理学"和基督教伦理学，前者作为哲学的基础学科，后者是哲学的应用学科。

就哲学伦理学而言，由于伦理学是与自然学（物理学）相对的知识部门，除了自然之外的所有人类精神和文化领域，都属于伦理学的范围，他就大大扩大了一般的伦理学概念。虽然康德也是在与自然相对的意义上定义伦理学，但康德的伦理领域，隶属于立法概念，与自然相对的领域作为自由的领域，不是无法无天的自由，而是通过法则的普遍有效性而获得的自由。这种法则又不是作为外在于人的东西对人进行限制，而是内在于人而自律的自由。这样一来，康德的伦理领域最核心的论证就放在道德立法如何能够是自律的自由之上，论证特别严格而深奥，必须按照康德的逻辑推论一步步地前行。施莱尔马赫把伦理学看做是相对于自然的领域，初看起来与康德也很类似，但接下来的规定就完全不同。

施莱尔马赫不仅不把伦理学作为立法的学科，因而不把伦理学理解为规范伦理学，由于知识的领域除了自然领域，就是理性对自然（本性）施加影响的文化领域，而理性对自然施加影响的行动，就是"伦理行动"，理性对自然施加影响的过程，就是人类文化、历史或伦理的过程，所以，整个与自然相对的文化领域都被施莱尔马赫设想为伦理的领域，就像"物理学"（自然学）在谢林那里早就发展成了完善的自然哲学一样，现在，"伦理学"在施莱尔马赫这里则首次被构想为"文化哲学"、甚至"历史哲学"。在 1812/13 年的伦理学讲演中，他说："伦理学作为理性与自然共在（Zusammensein）的表达，是历史的科学"，"因此伦理学是历史科学，就是说是作为现象的智性（Intelligenz）科学"①。在这样的伦理学概念中，"自然"，当然主要是指"人的本性"（die menschliche Natur），它只让自

---

① Schleiermachers Werke, Auswahl in vier Baenden, Zweiter Band（下文简写为：Werke 2）Scienteia Verlagaalen 1981, S. 251.

身被理性所型塑、同化和统治，从而从粗野变得文明，从质朴变得有教养。文明的进程就是理性化的进程，伦理化的进程，所以，伦理就是理性对本性的影响。与之相应，伦理学把伦理行动描述为人的本性通过理性而灵性化（Beseelung）。

他的这种作为文化哲学或历史哲学的"哲学的伦理学"概念实际上比西方所有的伦理学概念都要宽泛，一直到新康德主义者李凯尔特提出"文化科学和自然科学"，我们看到文化科学或文化哲学早在施莱尔马赫这里就明确地同自然学或自然科学相对立而获得了哲学伦理学这一名称。"哲学的伦理学是除辩证法之外的基础性学科，对于人在历史中的理性行为具有某种思辨的基础科学所具有的意义和功能。"[①] 甚至施莱尔马赫的神学也是在哲学伦理学的这一基础学科的理解之下进行分类的：哲学的神学与哲学伦理学直接相关，是宗教哲学的批评学科，历史的神学同经验的历史知识相关，实践神学则作为技艺的学科。

但作为文化哲学或历史哲学的伦理学，在施莱尔马赫这里既不是立法的学科，也不是思辨的学科，而是描述的学科。它描述理性对自然（本性）的影响过程。它不像康德和费希特那样，把伦理的立法限定在追求"应该"上，而是向经验和历史开放，对其伦理化的进程加以客观的描述，他就给我们提供了一个独特的"描述伦理学"的先例，赫尔曼·费舍尔说，"对描述伦理学的这样一种理解，标志着同康德和费希特的应该—伦理学的最大对立"[②]。但是，我们在基本认同这个说法时，同时也要看到，施莱尔马赫的这种描述伦理学依然是以"理性行动"，而不是"行动者"为核心的，这使得他的伦理学依然具有现代的特点而与古代的以行为者为核心的德性伦理学区别开来。以行为者为核心的伦理学也不是完全不研究道德行为，而是把道德行为只当作是个人品质的表现。施莱尔马赫考察行动，从来不单考察个人的行动，而是在理性对本性施加影响的整个人类的文化进程或历史进程中描述伦理行动，所以，行动既有个体的层面，也有共同体的层面，既是品质的力量，也是文化的和精神的力量，即普遍理性的力量。

这样的"描述伦理学"之风格是历史的，因为伦理行动作为理性对自

---

① Hermann Fischer：Friedrich Schlaiermacher，Verlag C. H. Beck2001，S. 79.

② Ibid.，S. 80.

然（本性）的影响和作用，是历史性的。而伦理学的研究方法是"比较伦理学的方法"："伦理学的研究方法最好也是要通过同迄今为止的伦理学进行比较才变得明晰。古代伦理学是比较至善和德性，近代伦理学是比较德性和义务。"① 他把普通的实践哲学（allgemeine praktische Philosophie）和真正的伦理学（eigentliche Sittenlehre）区别开来。认为前者观察理性却未观察人的自然（本性），只是考察理念在抽象概念中的变动。认为后者还没有人思想过。这种断言虽然很多人都难以认同，但在这里非常令人感兴趣的是，他提出了"应用伦理学"（Angewandte Sittenlehre）概念："应用的伦理学；与伦理学并列的单一的学科。它们有两种类型。修行（Asketik）和教育学都是真正使人变得更好的手段；但在伦理学中却不可能有这种手段。"② 在1812年的《伦理学讲演》中他也说："纯粹伦理学和应用伦理学之间的区分，在从数学所借用的形式中是错误的，但却是奠基于事实中的"③。但在1816年的《伦理学讲演》中，他却说："由于每个单一的伦理领域只是相对自为地可以确立，而决不可能形成完全封闭在自身内的，而且仅仅从自身得到理解的［系统］，所以，一门所谓的应用伦理学是一种空洞的想法"④。这说明，施莱尔马赫一方面看到了纯粹的思辨的伦理学必须包含对具体的单个的人类历史生活领域的伦理行为的描述，而单纯独立的脱离伦理学基础学科的作为单一部门的应用伦理学是不现实的。

综上所述，施莱尔马赫对伦理学提出了一系列新颖的概念，这些概念和区分都在我们当代伦理学中变成了核心概念，包括他对"信念伦理和品质伦理"的区分等等⑤。特别是，他在辩证法和哲学伦理学的名义下，突破了德国观念论的先验框架，使伦理学向经验领域敞开了大门，以其强烈的实践倾向，突入到文化和历史这个"第二自然"领域中来，这是一个巨

---

① Schleiermacher：Brouillon zur Ethik（1806），In：Schleiermachers Philosophische Schriften，Hrg. u. eing. von Jan Rachold，Union Verlag Berlin1984，S. 131.

② Ibid.，S. 132.

③ Werke 2，S. 252.

④ Ibid.，S. 548.

⑤ 本文的写作参考了我的正在出版之中的著作：《启蒙伦理与现代社会的公序良俗——德国古典哲学与现代伦理问题之重审》，人民出版社2013年版。关于施莱尔马赫伦理学的更为详细的介绍和论证读者可参考我的这一著作和台湾版的《施莱尔马赫》。

大进步。但伦理学对经验和历史的描述，是有其自身的概念框架的、最核心的概念，施莱尔马赫以其对古代伦理和现代伦理的独特理解，认为有三个，这就是善、德性和义务。古代重视善和德性，现代重视善和义务。通过这三个概念的描述，伦理学成为一个整体。而且，无论是通过善，还是通过德性或义务，他认为每一个都能自为地使整个伦理领域的整体得到描述。每一个都是以其固有的方式表达整个伦理领域，所以，伦理学的体系，在施莱尔马赫那里被区分为诸善论、德性论和义务论三部分。但这三个部分的每一个也都能自为地描述伦理领域的整体。诸善论后来在价值论伦理学，尤其是尼古拉·哈特曼的《伦理学》中明确地发展成为伦理的价值论，这是德性和义务，道德行为和实践的道义原则和价值根据。德性论在古代以理性所选择和养成的品质为核心，义务论以规范为核心。所以早在19世纪初，施莱尔马赫就因其对康德、费希特的义务论伦理学的不满而复兴了亚里士多德的德性论，这比当代英美的美德伦理学早了一个半世纪，且更加具有哲学的深度和文化的广度！

在介绍完施莱尔马赫的哲学伦理学之后，我们接下来就要介绍张会永博士这本新书的研究特色了。

该书的主题是"施莱尔马赫的至善学说研究"，但提请读者注意的是，这里的"至善学说"不是作为伦理学一个小部分的至善，像在康德那里那样，而是作为伦理学的整体来对待的。这样做有何依据呢？依据就是我们上文已经提到过的，施莱尔马赫确实明确说过：每一种伦理行动只要是在善、德性和义务三个概念中得到描述，就自为地构成了一个整体："无论在哪里，我以之为基础而对于事情做出断言的，除了三个概念之外，不可能再进而有别的了，这就是善、德性和义务。它们每一个都自为地在其整体性得到表达，也表达整个伦理领域。但每一个都是以其固有的方式表达整个伦理领域，而非通过这个概念所讲述的东西，实际上每次都会被通过别的概念所讲述的东西分离开来。"① 所以，虽然施莱尔马赫把伦理学区分为诸善论、德性论和义务论三部分，但同时认为每一个都以其特有的方式表达整个伦理领域，张会永博士的这部书就是据此通过至善学说来研究

---

① Schleiermacher: Kritische Gesamtausgabe, Erste Abteilung, Band 11: Akademievorträge, Berlin，New York 2002. S. 417.

施莱尔马赫的整个伦理领域了。

这样做的好处是使至善学说作为整体得到十分详细和具体的研究，实际上张会永的这部书就突出体现了这一优势。他按照历史的顺序，确定了施莱尔马赫早年的《论至善》一文是带有强烈唯理论色彩的至善观，即在至善中排除了幸福这一经验的因素，而在《对迄今为止的伦理学说进行批判的基本思路》中，修正了这一唯理论色彩的至善观念，由此确立了该书第一部分的内容：批判的至善学说。批判的至善学说，首当其冲的当然是对康德至善学说的批判。康德区分了至高的善和圆满的善，在其整个论证过程中，伦理学是要确立普遍有效的道德法则，而为了保证道德法则的普遍有效性，那么立法的根据就只能是纯之又纯的理性本身，不能带有丝毫主观的和经验的要素内在，所以最高的善就只能是纯粹的道德法则，不仅在道德法则的规定根据中，而且在履行道德法则的动机中都不能加进幸福的考虑在内，否则就是不纯的，有损道德的尊严；但他同时看到，如果履行纯之又纯的道德法则的人，永远都与幸福无缘，相反，享福的人却是无德之徒，那么，无论如何这不是圆满的善。所以，所谓的至善，在理念上就是至高的善（纯粹理性的道德法则）加上圆满的善（经验性幸福）。施莱尔马赫就是抓住康德至善学说的这一"矛盾"，认为康德要在其至善概念之上加入包含了经验性的幸福概念，就会破坏其伦理学的纯粹性和先验性，就不可能建立起纯粹客观的伦理学说。他敏锐地看到了康德至善概念作为德性与幸福的综合统一所带来的困难。在他看来，想要建立真正客观的理性伦理学，就必须改造康德的至善概念，无须幸福要素的加入，道德法则就能独自建立起至善概念。

这种对康德的批判看似是合理的，但实际上是站不住脚的。因为在康德那里，至善只是作为一个超感性世界的超感性的理念，它必须是最高善和圆满善的统一，这应该不会有错的，康德并没有说，这样的"至善"是个实在的概念，因而我们很难说，康德就已经在至善之中加入了经验性的幸福，反而他说这是不可能实现的，所以才有了"实践理性的二律背反"。施莱尔马赫所说的道德法则能够直接产生"至善"，康德早在斯多葛那里就见识到了，但康德不认为这真的就是至善，最多是"最高的善"而已。至善在理念上应该是至高的善和圆满的善的统一，这只不过是一直理性的先天的要求而已。没有这种先天的要求，一直把幸福排除在至善之外，那么我们也就很难在理性上找得到直接践行道德法则的动机了。

在批判的至善学说部分，该书还重建了施莱尔马赫对历史上的至善的学说的批判，其中包括对柏拉图、亚里士多德、怀疑派、斯多葛派、新柏拉图主义、基督教等等的至善学说的批判，同时也包括对莱布尼茨的理性主义的至善学说。这种重建既坚持了施莱尔马赫1789年《论至善》的论文的思想，同时也是对他《对迄今为止的伦理学说进行批判的基本思路》中的思想，还要保持对历史上所有至善学说的一个客观公正的态度，是很不容易做到的。

由于张会永博士坚持施莱尔马赫伦理学思想发展的二分法，即批判的和描述的两阶段，所以在完成了"批判的至善论"之后，就进入到"描述的至善学说"阶段了。所谓"描述的至善学说"就是施莱尔马赫自己的至善学说的阐述，因为他把伦理学称之为"描述的伦理学"，而"至善"又在某种意义上直接构成了伦理学的整体。由于伦理学描述的对象是理性行动在自然上的生成及其成果。我们所能"描述的"当然是理性的功能，而不是抽象论证的理性原则，理性的功能有两种：认识功能和组织功能。前者是理性的知识运用，后者是理性的实践运用。伦理学不仅描述理性的实践运用，也描述理性的理论运用。理性的实践运用涉及理性对自然（本性）的渗透、影响、控制和改造，即涉及自然（本性）的伦理化运动，而理性的认识运用涉及认识自然，并反过来通过自然认识自身。在这个认识过程中，自然就变成了理性认识的符号，而理性认识活动就变成了一种符号性的活动。在理性的组织化功能、即实践运用中，理性把自然（本性）当作组织的材料，而自然就成为了理性的"有机体"。在理性的符号化功能、即认识运用中，有机体即符号，符号即有机体，两者不可分离。所以，从功能上说，理性对自然的渗透和影响，既是组织化的活动，又是符号化的活动。但无论是组织还是符号，有的是同一性的，如国家和教会，有的则是个体性的，如身体和家庭，所以理性的两个功能和两个特征相互交叉与结合，就构成了至善学说描述的四个方面：即同一性的组织、独特性的组织、同一性的符号、特殊性的符号。这四个方面可以表达人类的全部理性行为，构成了至善所描述的全部领域，其中最具代表性的就是作为同一性组织的国家，作为独特性组织的自由社交、作为同一性符号的科学学院、作为独特性符号的教会，以及作为这四个领域之基础的家庭。通过理性的这两者功能，施莱尔马赫把现实的社会领域都纳入到伦理领域中，认为它们的有机统一就是伦理化进程，就是至善的实现。

这四个组织或符号性的领域，在施莱尔马赫看来又分别代表了四个伦理行动的领域：受正义原则调节的，由劳动、商业和交换构成的经济领域；受友爱原则调节的，由个人才能（德性）、财产和人际关系构成的私人领域；语言和科学的领域；情感、艺术和宗教的领域。与这四种领域相应的组织机构分别是国家、自由社交、科学学院和教会，并认为这些领域的有机统一就能构成伦理上的至善。

这就是施莱尔马赫所展示给我们的"描述伦理学"的概貌。要能理解他的这些划分和意图实际上是非常难的，尤其是需要极大的耐心跟随他的思维步伐。因为他所说的这一套东西跟我们所熟知的伦理学范式和方法都极为不同。能够按照施莱尔马赫的思想发展的步伐，能够按照施莱尔马赫的原著，非常具体而细致地、客观地探讨他的这种描述伦理学的特征，这是该书最大的贡献。

但至善学说是否真正就是施莱尔马赫伦理学的全部？我想张会永博士不会是这样想的。在此，我要提出两个包括我自己在内今后需要进一步研究的三个问题：

第一，至善学说在施莱尔马赫那里究竟如何定位，它本身是否能够代替所有的"善论"？因为确实他在早期和晚年都写过《论至善》的论文，但作为"部分"，即作为与德性论和义务论之基础的"善论"，他用的词是Güterlehre（其中 Güter 是善 Gut 的复数，我在自己的书中将其翻译为"诸善论"），而不是 Ueber das hoechste Gut（论至善），所以，至善论和诸善论之间是什么关系，依然是个不得不考察的问题。

第二，诸善论或至善论究竟在施莱尔马赫的伦理学中处于什么地位，是否具有后来德国价值论伦理学所赋予它的价值论基础地位？

施莱尔马赫确实明确说过，至善论自为地表达伦理学的整体，但他同时也明确地说过：

> 如果伦理学作为诸善论或作为至善学说完整地展开的话，那它也就是对于理性和本性（自然）整个统一性的完整表达。
>
> 那么同样，完整的德性论自为地看也就是整个伦理学。

　　如果义务公式被完全履行的话，那么同样就可表达出理性和本性的所有的相互内在，而且，义务论也就是整个伦理学。①

　　第三，这样一来，在施莱尔马赫的伦理学中，诸善论、德性论和义务论每一个都可独立地成为一个完整的伦理学体系，而不妨碍其一致性，但并不是说三者完全没有差别，那么，如果我们要从德性论或义务论入手去研究施莱尔马赫的伦理学，它们与从至善论描述的伦理学会有什么关系呢？

　　对此，我非常期待张会永博士今后能有进一步令人惊讶的研究成果发表。

　　最后我想对张会永博士谈谈我的个人印象。他是我们复旦伦理学专业的博士生，导师是陈根法教授。在我所开的康德、黑格尔等哲学课上，他是非常认真努力的一个。而且令我意外的是，他出于对真正哲学伦理学的爱好竟然选择了做康德后期伦理学的博士论文。当时他的德语并不好，但硬是挤出时间坚持学习德语，终于后来出色地完成了博士论文的写作。到北京大学去做博士后研究，又给我一个惊喜：在我评审博士后基金时，发现他竟然开始研究施莱尔马赫的伦理学，而且特别关注施莱尔马赫的《亚里士多德〈尼各马可伦理学〉注疏》！在我们所见的这本博士后出站报告中，虽然并没有反映出施莱尔马赫的亚里士多德研究成果，但我完全可以期待，就像他在博士和博士后阶段能够不断给人创造出惊喜的成果一样，期待他今后能够在康德、施莱尔马赫这些经典伦理学的研究上推陈出新，为伦理学基础理论的研究作出自己的贡献。

　　作为国内第一本施莱尔马赫伦理学的研究专著，我非常乐意地把它推荐给学界朋友，这是一本值得阅读的书，也是能够引发我们进一步思考的书。

是为序
癸巳年中秋日于上海寓所

---

　　①　Werke 2，S. 552.

因至善而自由地圆满

——为会永《施莱尔马赫至善学说研究》序

陈春文

在自由的概念下，他是神学的，而在神学概念下，他又是自由的。这不只是施莱尔马赫的历史区间，更是他的思想张力所在，也是一个思想家创造性的证据所在。他的神学教育并没有把他放在哪个框框里，自由意志的思想之花在不断绽放，并使这种绽放逐渐完形于至善的形式中，完形于至善与自然生成的交融中。这是那个时代德语思想的整体气度所在，也是德语思想家开拓近代思想的绝对形式高度与弥合欧洲近代主体建构与希腊传统的裂痕的动态生成的一部分。毫无疑问，施莱尔马赫是其中留下了思想坐标的人物。

施莱尔马赫是被康德催生出来的，但一经催生出来，他就独自成为德语思想的另一股源头。这是施莱尔马赫思想版图的奥妙所在。这意味着，读不懂康德，也自然读不懂施莱尔马赫，"只按照你同时能够意愿它成为一个普遍法则的那个准则去行动"，让普遍法则和准则出现在同时能够意愿的范围内，这是何等气吞山河的思想抱负，康德就是这样的思想抱负，而施莱尔马赫就是在这种思想抱负中被催生出来的，他当然构成了与康德同一思想层次的思想对手，他的至善思想正是与康德对峙并在康德水平上阐发出来的。

用今天的眼光看，施莱尔马赫固然是哲学解释学的源头之一，但他更是神学家，而不是开拓近代世界图景的哲学家，他虽然与康德等深，但他的思想世界是向后弥合的，而康德的思想世界则是从根本上完成近代世界图景中人的主体建构的。康德的思想是横切面的逻辑构建，而施莱尔马赫的思想则是有历史纵深的。这就意味着，施莱尔马赫的至善思想不仅有康德的激发性渊源，也有希腊思想尤其是柏拉图至善思想的原发性渊源，至善不仅要在道德法则的纯形式建构和幸福的经验性质料之间做出区分，而且要在至善的显现中消弭这种区分，共同成为至善完成的一部分。这是哲学的，是哲学的希腊性规定中所固有的深度，施莱尔马赫没有脱离这个深度。

如此深度的思想家，在中国的研究是非常不充分的，这既与中国神学研究水平有关，也与狄尔泰对施莱尔马赫解释的时代性垄断有关，更与现代思想的实证风气有关。对施莱尔马赫思想的深层次忽略，是理解德国浪漫主义运动表象系统的巨大损失，既失去了它的完整性，也损害了它的纵深。从这个角度看，会永的《施莱尔马赫至善学说研究》在这条弥补遗憾的道路上迈出了可喜的一步。

会永在千禧年那年毕业于兰州大学哲学系，这一届学生中涌现出很多学术上的好苗子，会永就是其中之一。毕业前他告诉我要考伦理学的研究生，我听后心里一惊，不觉有些担忧。当了这么多年的哲学教师，我深知，国人天生偏爱伦理之学问，我们的宗法养成和伦理感也把我们的文化特性烘托到了极致。记得我当时跟他说，但愿你不是在告诉我，你想做一个好人，关键是理解好的座标在哪里，好如何向善递归，善之为善的哲学规定在哪里。出于礼貌，他唯唯。但并没有真正免除我内心的忧虑。

转眼 13 年过去了。今年夏天我去厦门大学参加那里的博士论文答辩，才知道他在厦门大学工作。师生见面，感慨万千，聊了很多，也很温暖，那副中原特有的厚道像依然如故。两个月后我到酷热的杭州写作，会永打来电话，嘱我为他的这本书写一篇序，我说，你这本书的序从专业角度想还是请安庆兄写好，他告诉我，邓安庆老师生病了。安庆兄生病，我只好代劳，虽在专业领域我有所迟疑，但感情无法推托。

仔细翻阅这本书后，心里十分欢喜，我当年的担忧一扫而空，不仅没有国人写作中惯有的伦理道德浑然不分，而且做到了与哲学同源等深地探讨伦理学问题，哲学地追问，辨析地区分，几何学般设定的精准。不仅如此，德语哲学的进路也令我满意。作者在康德哲学的理解上下了苦工夫，对施莱尔马赫文献的梳理上下了工夫，学术姿态上已经是有模有样的学者了。哲学的希腊性，近代哲学的德国性，这两者，抓住任何一个做深做透，都足以成就严格的思想，会永在这两个源头上都初尝了思想的甜头，只要更加注意细节上互相区别的有机逻辑，而不是盲信未加严格区分的重大命题，更大的学术气象乃至思想气象是可以期待的。

谨为序

2013 年 9 月 5 日于兰州大学古草园

目　录

上篇　批判的至善学说

下篇　描述的至善学说

第 一 章

施莱尔马赫的伦理学与至善学说

　　人们通常认为，施莱尔马赫（Friedrich Daniel Ernst Schleiermacher）的最大成就表现在神学和解释学两方面。他被称为"现代自由神学之父"和"现代哲学解释学之父"。然而，随着施莱尔马赫全集的陆续出版，以及对其思想研究的不断深入，人们发现，作为一个百科全书式的思想家，施莱尔马赫在辩证法、伦理学、自然哲学、国家哲学、古典学、教育学和语言学等方面都有突出的成就。例如，他关于辩证法的课程吸引到甚至比黑格尔逻辑学课程还要多的学生，他关于德国大学教育的思想对建立德国现代大学产生了重要影响，他的《柏拉图文集》德文译本至今仍被认为是权威译本。

　　施莱尔马赫在伦理学和至善学说上的成就也堪称辉煌。在其学术生涯中，施莱尔马赫从没有中断过对伦理学问题的思考，留下了大量的著作与手稿。成熟时期的施莱尔马赫把伦理学理解为理性在自然上的生成过程，形成了不同于康德和黑格尔伦理学的一种独特伦理学形态，值得人们认真对待。另外，施莱尔马赫的伦理学在其哲学体系中具有核心地位，是理解其哲学体系的其他环节如辩证法、自然哲学、国家哲学、教育学、解释学、宗教哲学和文化哲学的关键，以至于有许多研究者认为，伦理学才代表着施莱尔马赫的最大成就。

　　如果说伦理学是理解施莱尔马赫哲学体系的核心环节，那么至善学说就是理解施莱尔马赫伦理学的核心环节。施莱尔马赫在大学时代的论文中就认为至善概念是伦理学的拱顶石，并且以至善为核心批判地研究了从古希腊到康德、费希特的伦理学，而成熟时期的施莱尔马赫甚至认为，伦理学在本质上就是至善学说本身，它们都是对理性作用于自然而产生的结果的描述。因此，从至善学说出发，是我们理解施莱尔马赫伦理学，乃至其整个哲学体系的绝佳路径。

从 1789 年施莱尔马赫作为青年大学生写下关于至善概念的青涩论文，到 1830 年在柏林科学院以至善概念为主题进行学术演讲，其间经历了 41 年的时间。在这四十多年间，德国乃至世界在政治、经济和思想文化上都经历了巨变，施莱尔马赫的思想也经历了巨变。但依然不变的是他对至善学说的持续关注，以及对人类追求至善这一"世界智慧"（Weltweisheit）的深切期盼。

一　施莱尔马赫生平

施莱尔马赫生活的年代，正是德国社会发生巨变、思想界天才辈出的时代。他既经历了法国大革命和普法战争对德国社会所造成的巨大影响，也参与了普鲁士王国的教育和教会改革；他既是早期浪漫派"道德革命"的主将，也是自由的新教神学的创始人；他既是康德批判哲学的狂热信徒，又是康德批判哲学的激烈批判者；他既是把黑格尔引入柏林大学的推荐人，又是黑格尔哲学的坚定反对者。通过考察施莱尔马赫的生平以及他与同时代其他思想家之间的关系，我们就既能找到其思想的来源，又能看到其思想在当时所处的独特位置。

（一）施莱尔马赫小传

1768 年 11 月 21 日，施莱尔马赫出生于布雷斯劳（今属波兰）的一个牧师家庭，他的父母都是虔信派①信徒。在这个宗教氛围浓厚的家庭中，施莱尔马赫从小就养成了重视灵魂拯救和道德实践的优良品格。在他

---

① 虔信主义是在 17 世纪反对路德教会时逐渐形成的，在 18 世纪对德国具有深刻影响的宗教思潮。17 世纪中期以后，德国的路德派神学已经蜕变成僵化的教条，而路德派教会也蜕变成为束缚于教会教义的机构，牧师们整天拘泥于圣水、布道、忏悔和祭坛等宗教形式，把自身变成统治集团，并几乎用教皇的权威统治着被征服的大众。由斯宾纳尔（Philipp Jakob Spener）创建的虔信主义作为一种新兴的宗教思想，对路德教会的封闭与形式主义展开了批判，并提出了自己的主张。虔信派一方面强调《圣经》不是用来为教会教条作引证的，而是能够为灵魂产生丰富营养的神圣的启示；另一方面强调信仰的个体性以及个体宗教生活的实践方面，强调信仰者的道德品格。康德和施莱尔马赫等思想家都深受虔信主义的影响。

15 岁的时候，他的父母就把他送到了一所著名的兄弟教会学习。因为在当时，兄弟教会被看做是模范的教育机构。而施莱尔马赫所在的教会学校，本身就是为兄弟教会培养未来的神职人员做准备的，作为一种修道院，"它要使它的学生永远脱离世界而心甘情愿地进入兄弟会，进入救世主的特别的国度"①。在这种教育模式下，施莱尔马赫很快就成了兄弟会的成员，他懂得了与人为善，懂得了教派宽容。

　　在兄弟教会学习两年之后，施莱尔马赫正式进入了巴比神学院接受教育。然而，在这里，他却经历了一次精神危机。施莱尔马赫怀着献身于教会的热情来到巴比神学院，但是在这里看到的却是，老师们都是临时的，根本不是真正的学者。更严重的是，老师们思想保守，反对新兴的哲学和科学，并且对学生实行严密的监视。这一切使年轻的施莱尔马赫产生了不满和疑虑，甚至一度失去了信仰。也就是在这个时候，他开始秘密涉猎康德哲学和维兰特的诗歌。但是，对新的哲学和诗歌的学习并没有完全消除他深厚的宗教意识，只是使他觉得必须离开巴比神学院这个死气沉沉的地方。于是，在这里学习两年之后，施莱尔马赫进入哈勒大学的神学系继续学习神学。

　　在哈勒，施莱尔马赫进一步拓宽了自己的视野。在学习神学之余，他把大部分时间都用来学习哲学思想。他对哲学教授艾伯哈特（Eberhard）的哲学很感兴趣，而后者作为老式的沃尔夫派，把自己的很多精力都用在批判康德的哲学身上。通过艾伯哈特的中介，施莱尔马赫开始系统地学习康德哲学和古希腊哲学。在 1787—1790 年，他曾写下关于学习亚里士多德《尼各马可伦理学》和康德《实践理性批判》的注释。他还撰写了批判康德至善学说和自由学说的文章，只不过他是从康德批判哲学的立场来批判康德上述学说的不彻底性，他在哲学上已成为了一个批判康德的"康德主义者"了（对此，我们将在本书的第二章详细论述）。

　　1790 年 5 月，施莱尔马赫通过了第一次神学考试，正式结束了自己的学生时代。他被宫廷牧师萨克推荐到西普鲁士施罗比滕的多纳伯爵家里当家庭教师，并一直到 1793 年 5 月才离开。在这期间，他一方面教伯爵家里的三个孩子学习，一方面利用伯爵家的资源学习哲学和神学。他甚至

---

① ［德］卡岑巴赫：《施莱尔马赫》，任立译，中国社会科学出版社 1990 年版，第 10 页。

在 1791 年还抽空到哥尼斯堡，见到了名满天下的哲学家康德，虽然他认为康德并没有给他留下什么深刻印象。在这段时间，他又写了一篇批判康德自由学说的论文，还写了一篇讨论生活的意义和价值的论文，不过这些文章都没有发表。

1794 年，施莱尔马赫通过了第二次神学考试，并被授予神职。当年 4 月，他在兰茨贝格当上了助理牧师。他的布道虽然赢得了普遍的赞赏，但是并没有为他赢得一个稳定的教职，他成了教会权力斗争的牺牲品，最终得到了柏林慈善医院的一个低贱的职位。不久之后，他的父亲也去世了。他领着微薄的薪水，给医院附近的平民百姓讲道，这种日子一直持续到1797 年。在这期间，他开始学习斯宾诺莎哲学，并接受了他绝对决定论的伦理学立场。

1797 年，施莱尔马赫在柏林结识了浪漫派运动的核心人物之一小施莱格尔（F. Schlegel）。他们二人相互欣赏，甚至住在了一起。在施莱格尔看来，施莱尔马赫身上有许多值得自己学习的地方，"施莱尔马赫是这样一个人，他很有修养……他只比我年长三岁，但在道德理智方面，我望尘莫及。我很想从他那儿学到许多东西。他的整个本质就是道德"①。而在施莱尔马赫看来，施莱格尔是一个多才多艺的伟大哲学家，同样具有强大的道德特征。他们两人商讨一起主办杂志《雅典娜神殿》，一起翻译柏拉图著作。② 与浪漫派的亲密接触，也激发了施莱尔马赫的创作灵感，在1799 年和 1800 年的世纪之交，写下了两本标志着他成为伟大神学家和哲学家的著作，即《论宗教》和《独白》，而这两部著作也是他自己思想发展的关键点，"如其所是，《论宗教》和《独白》给我们提供了一个漏斗，施莱尔马赫把其早期思想注入其中，从中出来的则是融合其神学和哲学体系的精华"③。

《论宗教》既给施莱尔马赫带来了极大的声誉，也给他带来了极大的困扰，思想僵化的正统神学家们怀疑和敌视他，而他自己也因为与一个已

---

① ［德］卡岑巴赫：《施莱尔马赫》，任立译，中国社会科学出版社 1990 年版，第 44 页。

② 施莱格尔最终放弃了这一翻译计划，《柏拉图文集》全部由施莱尔马赫翻译完成，至今仍是德语世界柏拉图文献的经典译本。

③ John P. Crossley, Jr. *The Ethical Impulse in Schleiermacher's Early Ethics.* Journal of Religious Ethics，1989, p. 6.

婚妇女的感情纠葛而身心俱疲。因此，在 1802 年，他离开了柏林这个浪漫主义运动的中心，以自愿流放的方式去了偏僻的小镇斯托尔普。在这里他一改浪漫主义热情奔放的风格，写出了一部十分理性化和体系化的哲学著作《批判以往伦理学说的大纲》。

幸运的是，这种离群索居的生活持续的时间并不长，1804 年，普鲁士国王突然任命他为哈勒大学的神学副教授和大学牧师，他得以重回自己以前学习过的母校，也重新进入了学术思想的中心。在哈勒大学，讲课成了他最重要的工作，他讲授的内容包括教义学、伦理学和解释学，听课的除了大学生，还有法学家、医学家和语言学家等。当然，他也没有放弃自己的学术研究，他不但坚持翻译柏拉图著作，还撰写了《庆祝圣诞节的谈话》，该书通过模仿柏拉图对话的形式，谈论了耶稣基督对人生幸福的意义。

随着普鲁士在普法战争中的失败，哈勒被法军占领，哈勒大学被迫关闭，施莱尔马赫在哈勒大学刚刚开始的大学教学生活不得不结束了。1807年 12 月，他迁往柏林，在那里度过了自己余下的 28 年。

从 1808 年开始，施莱尔马赫就积极参与创建柏林大学的活动。柏林大学于 1810 年建成，施莱尔马赫应洪堡（Wilhelm von Humboldt）的邀请，担任柏林大学神学院的顾问，后来他还担任过该校校长。在柏林大学的教学和研究生涯中，他除了出版自己的《基督教信仰》，建立自己独特的基督教教义学以外，还尝试建立自己的哲学体系，该体系包含辩证法、伦理学、物理学、美学、教育学、国家学说和心理学等特殊的学科在内。从 1810 年到 1834 年开始，施莱尔马赫还在柏林科学院做过 53 个讲座，讲座内容涉及其哲学体系的各个方面，在这些讲座中，他得到了听众的高度评价。

随着施莱尔马赫声誉日隆，属于他的奖赏终于到来。1831 年，施莱尔马赫获得了三级红鹰勋章。1833 年，他去丹麦哥本哈根旅行时，学生们为他举办了一次盛大的火炬游行。对于一位教师和学者来说，也许没有比这更大的荣誉了。

当然，伟人也有谢幕的时候。1834 年 2 月，67 岁的施莱尔马赫死于肺炎。他被葬于柏林三一公墓，为他送葬的人挤满了街道的两旁。人们深深地怀念这位正直、善良、博学的神学家和哲学家。

　　或许狄尔泰的一段话，很好地总结了作为历史人物的施莱尔马赫的一生。狄尔泰说道："如果检查施莱尔马赫的生活，我们可以看到，有关他的传记似乎要分散地涉及他的多种多样的工作。但是进一步的分析表明，他的人格的迷人之处就在于一种内在的统一性——它将施莱尔马赫对于宗教、哲学和文学批评的影响，以及他在重新解释柏拉图和使徒保罗问题上的贡献，在有关宗教和国家问题上的贡献等结合在一起。它也指示出一种有关体验和理解的独特力量，一种冷静克制的反思态度——这种态度伴随着他的生活和工作，并且使他有可能客观化这些内容；在一种高级意识的稳定陪伴下，他的精神超越了幸运、痛苦和尘世的一切……"①

（二）施莱尔马赫与他的时代

　　讨论思想家与他的时代的关系，最好的途径莫过于讨论该思想家与他同时代其他有分量的思想家之间的关系了，因为他们之间的思想交融或交锋，体现的正是那个时代的精华之所在。就施莱尔马赫与他的时代而言，讨论他与康德、费希特、谢林、雅可比和黑格尔之间的关系，不仅有助于我们了解那个时代的特征，也有助于我们了解他在那个时代的思想洪流中所处的位置。

　　施莱尔马赫与康德的关系既简单又复杂。说它简单，是因为施莱尔马赫一生都是在康德批判哲学所规定的框架内进行哲学思考的，他所面对的问题，都已经在康德哲学中被提出来了。说它复杂，是因为施莱尔马赫并没有完全被批判哲学所俘虏，他并不同意康德哲学的许多结论，如二元论的世界观、理性的道德宗教观和形式主义的伦理学思想等。施莱尔马赫一直尝试通过各种方式修正和完善康德哲学，这就体现了他和康德哲学之间的复杂关系。在学生时代，施莱尔马赫试图用康德批判哲学的方法批判康德哲学，他指出康德的实践哲学对至善和自由的处理都难称成功，甚至与批判哲学所设定的目标也是相冲突的。他试图在康德哲学的体系之中，通过改造康德的一些概念来推进和完善康德实践哲学的目标，即建立一种真正客观的理性主义伦理学。这段时间的施莱尔马赫可以说是一个批判康德

---

　　① ［德］狄尔泰：《精神科学中历史世界的建构》，安延明译，中国人民大学出版社 2010 年版，第 224 页。

的康德主义者。然而在接触到斯宾诺莎哲学之后，施莱尔马赫开始用斯宾诺莎实体一元论的思想改造康德的二元论，用斯宾诺莎的决定论来改造康德的意志自由论。在和柏林浪漫派交往时期，受施莱格尔等人的影响，他又开始尝试通过强调个体性、社交和爱的价值来修正康德绝对命令的普遍性和形式性，也通过提出一种自由的情感宗教来反对康德的道德宗教。在哈勒大学和柏林大学任教时期，施莱尔马赫真正形成了自己独特的哲学思想，它既与康德哲学密切相关，又与康德哲学激烈抗争。他坚持一种有机的一元论思想，否认康德对经验世界和理智世界的割裂；他坚持理性和自然之间总是相互交织和渗透的，现实中既没有"无自然的纯粹理性"，也没有"无理性的纯粹自然"；他在宗教领域坚持一种"绝对依赖感"的情感理论，反对康德宗教的理性化和道德化；他坚持一种描述的和"生成"的伦理学，反对康德的基于"应然"的义务论伦理学。总之，施莱尔马赫哲学与康德哲学既亲近，又疏远，二者总是处在一种动态的张力之中。

　　施莱尔马赫也深受费希特哲学的影响。前面已经指出，在斯宾诺莎哲学的影响下，施莱尔马赫曾一度坚持一种否定自由意志的绝对决定论立场。费希特的绝对的、能动的和自由的自我学说，对施莱尔马赫的这种立场是一种极大的冲击。在《论宗教》和《独白》中，他虽然没有接受费希特的先验唯心论的理性主义立场，但是他接受了费希特知识学所高扬的从最高原理进行演绎以及主体能动性思想。当费希特的《伦理学体系》发表之后，施莱尔马赫也发表了热情洋溢的评价，认为它是从彻底的最高原理出发，弘扬人的自由能动性的杰作。除了思想上的这种联系，施莱尔马赫和费希特在现实的公共活动中也有交集。从1808年开始，他们二人和洪堡一起筹划建立柏林大学的事宜，虽然他们在办学理念上并不相同，费希特坚持国家应对大学施加各种影响，而施莱尔马赫则坚持大学应该不受国家控制，具有独立和自由的品格。当柏林大学成立之后，他们二人都在柏林大学任教，也都担任过柏林大学校长一职。在拿破仑战争时期，他们二人都坚决捍卫普鲁士王国主权和领土完整，坚持德意志民族国家的独立地位，爱国心驱使他们主张国王与俄国结盟，对法国宣战。他们甚至都曾走出书斋，为参战的前线士兵做后勤服务工作。

　　施莱尔马赫与谢林的关系也很紧密。虽然谢林比施莱尔马赫年轻，但在哲学上更加早熟。在施莱尔马赫还没有形成自己的哲学体系时，谢林已经通过提出自己的自然哲学和同一哲学而声名鹊起了。他们二人都与早期浪漫派有着紧密联系。当然，谢林对施莱尔马赫产生最大影响的无疑就是"自然"和"同一"这两个概念了。谢林反对费希特轻视自然的主观唯心论，认为自然并不是纯粹自我的否定，而是精神的客观化。这种对自然的浪漫解释对施莱尔马赫产生了深刻影响，他的成熟哲学思想一直把自然看作是至善的必要成分，"施莱尔马赫在浪漫主义的影响下，同时认真领会了谢林在其《关于人的自由之本质的哲学研究》中所阐述的自然与恶的光辉思想，在割断了自然与恶的本质联系的同时，让人们充分尊重并合理对待人的自然本性，这可以说把对自然的尊重推到了一个崭新的阶段"①。与对自然的强调相关，谢林的同一哲学把自然和精神看作是从不同方面理解的"同一"或者"绝对"，二者之间并没有不可逾越的鸿沟，他把精神看作是不可见的自然，而把自然看作是可见的精神。在施莱尔马赫的成熟哲学中，谢林"同一哲学"的影响随处可见。首先，施莱尔马赫把理性和自然看作是不可分割的及相互渗透的，当我们说自然的时候，这种自然总是已经被理性所渗透了，当我们说理性的时候，这种理性总是已经渗透到自然中了，而人类的各种学问，特别是伦理学和物理学，就是探讨理性和自然之间的相互渗透的学问。其次，理性和自然之间的渗透是一个既没有开始，也不可能达到最终完成的"生成"过程，而对这个过程进行描述的伦理学和物理学也总是无法真正达到最终的完善。最后，理性与自然的完全渗透和同一虽然无法真正达到，但是人们可以想象这样的同一，它作为一种最完善的世界智慧，作为一种调节性的理念，成了人类行为的一个目的概念。施莱尔马赫的这些思想，就是他成熟的伦理学和至善学说，我们会在本书的第四章和第五章对之进行详细讨论。

　　德国思想家雅可比也对施莱尔马赫产生了深刻影响，这种影响主要体现在两个方面。第一个方面涉及斯宾诺莎哲学。我们已经提到，施莱尔马赫曾经在1794年前后深受斯宾诺莎哲学的影响，而他学习斯宾诺莎哲学的文献资料都来自雅可比的《论斯宾诺莎的学说》这一二手文献，而"他

---

① 邓安庆：《施莱尔马赫》，东大图书公司1999年版，第150页。

的最大工作是辨别什么能够真正地归于斯宾诺莎，以及什么是雅可比的解释"①。同时，雅可比也是与门德尔松进行"泛神论"之争的参与者。在这场争论中，雅可比指责斯宾诺莎主义的"泛神论"会导致无神论和宿命论，因为绝对的理性主义体系把一切都看作是人类理性创造的结果，最终必然会导向否认人格性上帝，否定意志自由。而门德尔松则认为，斯宾诺莎的哲学不是"泛神论"，更不是无神论和宿命论，相反，斯宾诺莎主义与传统的有神论并没有什么区别。在雅可比《论斯宾诺莎的学说》的影响下，施莱尔马赫写了《论斯宾诺莎学说》和《斯宾诺莎主义》两篇文章，形成了自己的有机一元论、绝对决定论和非人格化上帝等哲学思想。

　　雅可比对施莱尔马赫产生的第二个影响涉及哲学与宗教之间的关系。雅可比是先验哲学的批判者，他认为康德和费希特的理性哲学，不能达到对"活生生的上帝"的认识。理性必须向情感飞跃，理性哲学必须向信仰哲学飞跃，才能达到对有意志的上帝的认识，因为这种信仰或者情感是一种直接的知识，它能直接确定上帝的存在。同时，一切理性知识都原初地依赖于这种信仰或情感。因此，在理性和情感、哲学和宗教的关系问题上，雅可比认为情感高于理性，宗教高于哲学。在他看来，人们从事理性思辨，只不过是把理性和哲学当做向情感和信仰进行飞跃的"跳板"而已。雅可比曾公开声明，他不得不在理性中保持为一个异教徒，而在情感中保持为一个基督徒，这是泾渭分明的。雅可比的这种分裂刺激了施莱尔马赫进一步思考他在《论宗教》中就已经提出了宗教和哲学，理性和情感的关系，并最终找到了一种把二者统一起来的方式。施莱尔马赫的观点是，在雅可比发现自己是一个异教徒的地方，他正是一个哲学家。在给雅可比的信中，他说道："我是一个带着我的理性的哲学家；因为这（成为一个哲学家）是理性的独立和原初的功能；但是对于情感，我完全是一个虔诚的人，就其本身而论，是一个真正的基督徒。"② 施莱尔马赫认为，在理性和情感、哲学和宗教之间保持完美的平衡是可能的。施莱尔马赫以

① Julia A. Lamm, *Schleiermacher's Post-Kantian Spinozism：The Early Essays on Spinoza*，1793－94. The Journal of Religion，1994，pp. 476－505.

② 转引自 Normunds Titans. *Overcoming Metaphysics as a Problem in the History of Philosophy：The Contribution of Friedrich Schleiermacher*. Lewiston：The Edwin Mellen Press，2006，p. 297。

具有两个焦点的椭圆来类比宗教和哲学的关系，即一个人可以在这两个圆心（哲学和宗教）中来回摆动，这并不会导致冲突，反而会带来真正的和谐。当然，他不允许这两个圆心重叠在一起，变成具有一个固定中心的圆形，因为这代表着理性和情感、哲学和宗教变成一回事了。而实际上，它们是作为矛盾着的两极而存在的。施莱尔马赫还以当时最新的电磁学理论来比喻理性与情感、哲学与宗教的关系，他说道："对我来说，理性和情感相互并列；然而，它们相互具有影响，并构成一个有电流的电池；对我来说，精神的最内在的生命只能来自这个电流的作用中，在关于理性的情感和关于情感的理性之中，因此，这两极总是保持相互拒绝。"① 在他看来，雅可比渴求这个统一两个圆心的圆形，但是，由于它根本不可能出现，因此，雅可比最终陷入了深深的遗憾之中。文德尔班高度赞扬了施莱尔马赫把哲学和宗教统一起来的做法，他说道："施莱尔马赫和蔼可亲、感情细腻、与人为善的品格特别表现在他谋求将他那个时代的美学和哲学的文化与宗教意识协调起来的努力中。他用纤细的手法将这两根思想的细线来回编制在一起，并在情感方面尽量消除流行于双方的理论和概念之间的矛盾。"②

施莱尔马赫与黑格尔作为同事在柏林大学任教达 13 年之久（1818—1831），但要考察他们之间的相互影响或许是困难的。一方面，我们可以说他们之间没有什么相互影响，因为当黑格尔在 1818 年进入柏林大学任教时，他们两个人都已经形成了各自的思想。在共事的十多年中，他们也从来没有公开辩论或者批判过对方的思想，我们所知道的他们之间的相互评价基本上都出现在私人交流中。然而另一方面，我们又可以说他们两人之间又具有深刻的相互影响。他们都把自己看作是当时真正哲学和神学的代言人，都把对方看作是自己的陪衬和对立面。他们后来的行动似乎也证实了这种对立和紧张。例如，施莱尔马赫拒绝黑格尔加入柏林科学院，而黑格尔则拒绝施莱尔马赫参与《科学批判年鉴》的编辑工作。

当然，施莱尔马赫和黑格尔之间还是有共同观点的，例如，他们都认

---

① 转引自 Normunds Titans. *Overcoming Metaphysics as a Problem in the History of Philosophy*：*The Contribution of Friedrich Schleiermacher*. Lewiston：The Edwin Mellen Press，2006，p. 298。

② ［德］文德尔班：《哲学史教程》下卷，罗达仁译，商务印书馆 1993 年版，第 788 页。

为康德批判哲学的二元论是错误的，必须寻求统一或者综合精神和自然、理性和情感、感性世界和理智世界的新的尝试。此外，他们都认为，即便基督教不是真正完善的宗教，但它也必然能够与真正的宗教协调一致。当然，他们是以不同的手段达到上述观点的，而手段的不同就构成了他们二人的尖锐对立。例如，对黑格尔来说，宗教和哲学一样，都是理性的事业，它们有共同的内容和目的，而在施莱尔马赫那里，宗教是情感的事情，哲学是理性的事情，虽然这两个方面可以和谐相处，但它们的内容和目的都不相同。在私下里，黑格尔批判施莱尔马赫的宗教学说，把在施莱尔马赫那里只有人才具有的"绝对依赖感"理解成为经验性的动物式感情，并嘲笑说狗就是最好的基督徒。而施莱尔马赫则反感黑格尔哲学的专制主义，因为在黑格尔那里，思辨理性的发展是一个封闭的圆圈，当理性把一切都包含于自身时，它已经吞噬了多样性存在的可能性。

通过讨论施莱尔马赫的生平事迹以及他与当时的伟大思想家之间的关系，我们可以清楚地看到，施莱尔马赫的思想既是随着当时德国思想和文化的伟大运动而产生的，又是对这些思想和文化运动的深刻反思和总结。因此，施莱尔马赫并非如《斯坦福哲学百科全书》所认为的那样，是一个"二流"（second-tier）的哲学家，[①] 他在神学、辩证法、伦理学、物理学、美学、教育学、国家学说和心理学等方面，都有独创性的贡献。本书所考察的是施莱尔马赫的伦理学和至善学说，因为它"是那个伟大时代的生活理想的完整表达式"[②]。

二　伦理学视域中的施莱尔马赫

正如前面所说，人们通常把施莱尔马赫的神学和哲学解释学看作是他最伟大的成就。然而，这种说法是值得商榷的。随着对施莱尔马赫研究的深入，人们已经越来越发现，伦理学在其哲学体系中处于核心地位。因此，要想深入和全面地了解施莱尔马赫的哲学体系，就必须首先研究他的伦理学思想。

---

① http://plato.stanford.edu/entries/schleiermacher/.
② ［德］文德尔班：《哲学史教程》下卷，罗达仁译，商务印书馆1993年版，第829页。

(一) 作为伦理学家的施莱尔马赫[①]

在德国，自从施莱尔马赫逝世以后，一直都有许多研究者从事编辑、研究其伦理学思想的工作，并把伦理学看作是理解施莱尔马赫哲学体系的核心环节。例如，施莱尔马赫的学生及其教席的继承人特维斯顿（August Twesten）说："如果不清晰地领会施莱尔马赫的全部作品与他建立的伦理学体系的关系，就没有人能理解施莱尔马赫。"[②] 两卷本巨著《施莱尔马赫生平》的作者，德国著名哲学家狄尔泰（Wilhelm Dilthey）说："施莱尔马赫的不朽功绩是，他发现了一种内在关联，在这种内在关联中，从个别生活领域发展起来的这些理想，能够与一种伦理学说联结在一起。"[③] 四卷本《施莱尔马赫选集》的编者布劳恩（Otto Braun）说："伦理学是施莱尔马赫哲学的关键；因此属于伦理学的全部作品就构成了这个编辑工作的基础。"[④] 施莱尔马赫《伦理学》的编辑比尔科纳（Hans-Joachim Birkner）说："在施莱尔马赫的科学体系中，如此理解的'伦理学'被看作是与人类历史生活相关的一切学科的基础科学。"[⑤] 舒尔茨（Gunter Scholtz）总结道，相比于其著作的全部其他领域，施莱尔马赫的伦理学"具有更加深远的意义：它处理更加重要的问题，具有更加宽广的视野，并

---

① 本书所讲的"作为伦理学家的施莱尔马赫"，指的是作为"哲学伦理学家"之施莱尔马赫，而非作为基督教伦理学家之施莱尔马赫。在施莱尔马赫那里，伦理学有哲学伦理学和基督教伦理学之分，其中前者奠基于一种普遍的理性原则，研究的是作为一般理性存在者的人的行为方式及其全部生活。而后者则奠基于对于耶稣基督的基督教意识，研究的是处于基督教教会中的人的行为方式及其教会生活。施莱尔马赫强调这两种伦理学具有明确区别，不能混淆。在施莱尔马赫的学术生涯中，他分别针对科学共同体的成员和基督教教会成员讲述这两套伦理学。在这两套伦理学中，施莱尔马赫对至善的理解也是不同的，哲学伦理学中的至善涉及理性对自然的作用及其产生的结果，而基督教伦理学中的至善涉及有限的人对上帝的绝对依赖，以及在教会中实现自己的生活目标。由于本书讨论的是施莱尔马赫的作为理性科学的伦理学中的至善概念，因此这里"作为伦理学家的施莱尔马赫"就特指作为哲学的伦理学家之施莱尔马赫。

② 引自 M. Jamie Ferreira. *Love and the Neighbor*：*two ethical themes in Schleiermacher's Speeches*. Journal of Religion，84（2004.3）．p. 410。

③ Wilhelm Dilthey. *Gesammelte Schriften* XIV band. Vandenhoeck & Ruprecht in Goettingen，1985，S. 25.

④ *Schleiermachers Werke*，I，Verlag von Felix Meiner in Leipzig，1928. Vorwort，S. XXXIII（以下引用该书只注书名和页码）。

⑤ Schleiermacher. *Ethik*，Felix Meiner verlag Hamburg，1991，Einleitung，S. XI（以下引用该书只注书名和页码）。

且更原初地提出主张"。① 文德尔班也在其《哲学史教程》中指出,《伦理学》是施莱尔马赫最重要的著作。② 通过这些评论,可以看出施莱尔马赫哲学思考的起点和归宿都是伦理学,虽然这在德语世界之外并不广为人知。

在其学术生涯中,施莱尔马赫从没有中断过对伦理学问题的思考,留下了大量的著作和手稿。这些著作和手稿主要包括他大学时代(1789—1792)的《亚里士多德〈尼各马可伦理学〉第 8—9 章注释》(*Anmerkungen zu Aristoteles：Nikomachichische Ethik 8—9*)(1788)、《论至善》(*Ueber das hoechste Gut*)(1789)、《自由谈话》(*Freiheitsgespraech*)(1789)、《论自由》(*Ueber die Freiheit*)(1790/1792)和《论生活的价值》(*Ueber den Wert des Lebens*)(1792);柏林浪漫主义时期(1796—1800)的《一种社交行为理论的研究》(*Versuch einer Theorie des geselligen Betragens*)(1799)和《独白》(*Monologen：Eine Neujahrsgabe*)(1800);斯托尔普时期(1802—1804)的《批判以往伦理学说的大纲》(*Grundlinien einer Kritik der bisherigen Sittenlehre*)(1803);哈勒时期(1804—1806)的《伦理学大纲》(*Brouillon zur Ethik*)(1805/1806);柏林大学时期(1812—1817)的《伦理学》(*Ethik*)(1812/1813、1814/1816、1816/1817);他在柏林科学院的伦理学讲座,诸如《论科学对待德性概念》(*Ueber die wissenschaftliche Behandlung des Tugendbegriffs*)(1819)、《科学对待义务概念的研究》(*Versuch ueber die wissenschaftliche Behandlung des Pflichtbegriffs*)(1824)、《论自然法则与道德法则之间的区别》(*Ueber den Unterschied zwischen Naturgesetz und Sittengesetz*)(1825)、《论许可概念》(*Ueber den Begriff des Erlaubten*)(1826)、《论至善概念》(*Uber den Begriff des hoechste Gut*)(1827)、《论至善概念》(*Uber den Begriff des hoechste Gut*)(1830)等等。此外,他的另外一些著作和讲义,如《辩证法》(*Dialektik*)和《国家学说》(*Staat*)也涉及对伦理学问题的思考。施莱尔马赫公开发表的第一本哲学专著是《批判以往伦理学说的大纲》(1803),这部著作包含

---

① 引自 Schleiermacher. *Lectures on philosophical ethics*. Trans. by Louise Adey Huish. Cambridge University Press, 2002, p. Ⅶ。

② [德] 文德尔班:《哲学史教程》下卷,罗达仁译,商务印书馆 1993 年版,第 788 页。

了对从苏格拉底到康德和费希特的各种伦理学体系的彻底考察和批判。纵观整个哲学史，也很少有哲学家像施莱尔马赫那样留下如此多的伦理学遗产，以至于《施莱尔马赫选集》的编者布劳恩在收集施莱尔马赫的作品时，主要收集的就是他的伦理学作品。此外，在日常教学活动中，伦理学也是施莱尔马赫关注的中心。在哈勒大学和柏林大学任教期间，他先后讲授哲学伦理学课程达 8 次，内容涉及至善、义务和德性，并试图建立自己的伦理学体系，在柏林科学院，他至少有 6 次以伦理学概念或问题为主题进行学术演讲。从施莱尔马赫留下的伦理学作品和教学活动中，我们再一次领略到了伦理学在其哲学思想和活动中的核心地位。

当然，从上面众多研究者的评论以及施莱尔马赫本人的作品和活动出发来论证伦理学在施莱尔马赫哲学体系中的核心地位，毕竟只是一种"外在的"证明或说明，还没有真正触及伦理学与其哲学体系的其他环节如辩证法、自然哲学、国家哲学、教育学、解释学、宗教哲学和文化哲学之间的内在联系及其所处的核心位置。这种"内在的"证明正是本书的一个重要任务。在以后各章节中，以讨论施莱尔马赫伦理学中的至善学说为线索，我们将清晰地看到伦理学在其哲学体系中的核心地位。

（二）施莱尔马赫伦理思想的发展历程

我们可以把施莱尔马赫伦理思想的发展历程分为两个阶段。① 第一个

---

　　① 关于对施莱尔马赫伦理学发展过程的分期，学者们有不同的看法。例如，德国古典哲学研究专家拜泽尔在《施莱尔马赫的伦理学》一文中把施莱尔马赫的伦理学划分为五个发展阶段。(1) 从 1789 年到 1796 年，施莱尔马赫专注于康德，并对决定论和道德责任的兼容性提出质疑；他也关注至善问题，并开始为自我实现的伦理学辩护。(2) 从 1796 年到 1802 年，施莱尔马赫受柏林浪漫主义团体的影响，转而批判启蒙传统，他发展出个体性、社交性和爱的课题，它们将在其伦理学中产生持续影响。(3) 从 1802 年到 1804 年，他准备其后来对过去伦理体系的批判的体系。(4) 在哈勒和柏林开始建构体系（1806—1816）。(5) 从 1819 年到 1832 年，施莱尔马赫部分地强化了他的伦理学观点，并把它们与他的形而上学联系起来。（F. C. Beiser. *Schleiermacher's ethics*. In the Cambridge companion to F. Schleiermacher. Cambridge University Press，2005，p. 53.）拜泽尔的划分虽然符合施莱尔马赫思想的发展历程，但是过于琐碎，并不利于从整体上把握施莱尔马赫伦理学的特征。其实从 1804 年到 1806 年的《伦理学大纲》和 1812 年到 1816 年的《伦理学》中，我们可以看出施莱尔马赫自己更倾向于把自己的伦理学发展历程划分为两个时期，即批判时期和描述时期。在 1812/1813 年《伦理学》的"导论"中，他直接提出了伦理学从"批判到真实描述的过渡"。这里的批判指的就是他早期对以往伦理学的批判工作，而真实的描述就是提出自己独特的伦理学思想。鉴于此，本书采取两个分期的观点。著名施莱尔马赫研究专家布莱克威尔（Albert L. Blackwell）也采取了这种两个分期的观点，参见 Blackwell. *Schleiermacher's Early Philosophy of Life*：*Determinism*，*Freedom*，*and Phantasy*. Chico, Cal.：Scholars Press，1982。

阶段可以称为早期或者批判时期。这段时期从他 1789 年进入哈勒大学学习开始，到 1803 年出版《批判以往伦理学说的大纲》（本书下文把该书简称为《批判大纲》）结束。在这段时期中，他在伦理学上的主要活动是对历史上的伦理学学说进行考察和批判，虽然他也试图积极地构思自己的伦理学体系，但是在这个时期内，他自己独特的伦理学体系并没有被真正地提出来。因此，他这一时期的伦理学作品更多的表现为对他人伦理学理论的批判。第二个阶段可以称为后期或者成熟时期。这段时期从 1804 年他重新回到哈勒大学任教开始，直到 1834 年逝世为止。在这一时期，他的主要活动是构建自己的伦理学体系，逐步提出了他对伦理学的概念、方法和内容的独特理解。

在早期或批判时期，施莱尔马赫对当时在德国具有重要影响的康德伦理学进行了深入的研究和批判，同时也深受康德伦理学的影响，以至于他自认为是一个"康德主义者"。[1] 他一方面欣赏康德对经验主义伦理学的深刻批判，同时又批判康德并没有把自己所倡导的理性伦理学贯彻到底，因为他的至善学说混入了经验性的幸福要素。在《论至善》中，施莱尔马赫认为，要想使伦理学保持彻底的理性品格，至善就不应当包含幸福要素。他的观点是，纯粹理性颁布的道德法则就足以支配人的行动，并且能够产生至善，因为至善无非是遵守道德法则而产生的结果的总和。因此，他认为至善完全不需要幸福的参与，而康德的做法无疑是想在理智德性和感性动机之间进行不必要的调和；他还认为，至善作为调节性理念，只能成为行动的目标，而不能成为道德信仰的客体。在斯宾诺莎学说的影响下，施莱尔马赫还反对康德的先验自由思想，在《自由谈话》和《论自由》两篇长文中，他指出根本没有什么意志自由，一切都是受决定论支配的。同时他又认为，决定论与道德责任并不冲突，它们是可以相容的。他指出，虽然在每一特殊情景中，人的行为都必然是被决定的，但是这并不否定道德责任，因为道德责任涉及的是一般情况下人应当怎样做，他与人的一般品格有关，因此，道德评价其实是对人的一般品格的评价。与此相

---

[1]　KGA. Schleiermacher：Kritische Gesamtausgabe，Herausgegeben von Hans-Joachim Birkner，V. 1，Berlin：walter de Gruyter，1984，S. 191（以下引用施莱尔马赫批判版全集时只注全集简写、卷数和页码）。

应，在《论生活的价值》中，施莱尔马赫主张，生活的目的就是完善自己的各种能力，而善恶判断的标准就是有没有保持和促进每个人的人性。他批判康德的二元论思想，认为康德把自由置于本体界，并与受因果决定论支配的现象界区分开来，这是没有必要的。

施莱尔马赫在 1796 年加入柏林浪漫派团体。在施莱格尔兄弟、诺瓦利斯等人的影响下，他开始转向彻底批判启蒙运动的理性主义伦理学，批判启蒙道德的不道德性，提出重估一切价值，大胆地提出"道德革命"的口号。这段时期的施莱尔马赫既强调个体所具有的独特价值，又强调自由社交的价值，认为人在本质上就是个体性与群体性的同一。他还强调爱是伦理学的重要概念，认为即便是康德所批判的病理学的爱，也都具有重要的道德价值。在爱的伦理学中，他还主张男女性别平等。这些理论对当时的社会风气产生了重要影响。

在离开柏林之后，施莱尔马赫开始为建立其伦理学体系做准备，他出版了《批判大纲》，对从苏格拉底到费希特的伦理学理论进行了详细的批判性评述。当然，他批判的焦点仍然是康德和费希特伦理学。施莱尔马赫认为伦理学不应当仅仅局限于义务的狭隘范围内，而是应当扩展到人类行动的一切方面，因为这些行动都出自人的意志的行动，都应当处于伦理学的范畴之中。他批判到，以往的伦理学体系都没有完全把握住人类行为的所有向度，它们要么局限于德性、要么局限于义务或者至善，而实际上，这些理论都只是构成完整的伦理学体系的必要部分。

从上面的简述可知，虽然早期施莱尔马赫没有提出自己的伦理学体系，但是对于伦理学的许多重要概念，诸如友谊、至善、自由意志、决定论、责任、生活的价值等，他已经进行了深刻的考察和批判，这为他在成熟时期建构自己独特的伦理学体系提供了充分的准备。

从 1804 年返回哈勒任教开始，施莱尔马赫开始致力于提出自己的伦理学体系。但是这个计划一直没有最终完成。虽然留下了许多演讲和手稿，他却一直没有出版自己的伦理学著作。这很大程度上就是由他对伦理学概念的理解造成的。在这个时期，他把伦理学理解为"描述理性在自然上的行动的科学"，认为人类理性创造的一切文化现象都是伦理学的内容，这使得他的伦理学范围显得十分宏大，以至于他无法确定自己的伦理学体系是否已经准备好了。他一次又一次地修改自己的伦理学讲稿，甚至在即将出版时又撤回重新修改。1825 年之后，他已经放弃了出版伦理学著作的计划，转而认为，如果人们听了他在柏林大学讲授的伦理学课程和在柏林科学院所做的伦理学演讲，人们就能很好地把握他的伦理学思想了，因此已经没有出版伦理学著作的必要了。拜泽尔则认为施莱尔马赫在这里犯了一个错误，他"高估了他的读者，也低估了他自己的演讲"[①]。也正是为此，施莱尔马赫的伦理学长期被封闭在他那些厚厚的手稿和讲义之中，较少为世人所知。

　　在 1805 年到 1806 年，他写了《伦理学大纲》。在这本书中，他明确宣称，伦理学就是历史科学，其中伦理学是历史的规则，历史是伦理学的表现，二者的统一就是道德命令与现实生活的统一。在《伦理学》中，他重申了这一观点，并且认为伦理学应当是描述的而非规范的，它的主要功能在于描述一切真正的人类行为，而那种纯粹的道德命令不过是一些空洞的思想。施莱尔马赫进一步把伦理学建立在其形而上学的基础上。他认为最高的存在是无限或绝对，它是作为形而上学的辩证法所研究的对象。伦理学和物理学是表现无限的两个领域，其中伦理学是从理性的角度研究理性与自然之间的相互渗透，物理学是从自然的角度研究理性与自然之间的相互渗透。当自然与理性达到完全同一时，也就意味着伦理学与物理学的统一，"应当"与"是"的统一。因此，他把伦理学看作是一种描述的科学，而描述的对象就是理性行动在自然上的生成及其成果。在此基础上，施莱尔马赫又讨论了伦理学的一些基本概念，如善、德性、义务等。同时，他把人类的伦理行为分成四种领域，即受正义原则调节的由劳动、商业和交换构成的经济领域；受友爱原则调节的由才能、财产和人际关系构成的私人领域；语言和科学的领域；情感、艺术和宗教的领域。与这四种领域相应的组织机构分别是国家、自由社交、科学学院和教会，并认为这些领域的有机统一就可以构成伦理上的至善。

　　施莱尔马赫的伦理学既不同于康德和费希特把伦理学看作是对作为意志的规定根据的纯粹道德法则的研究，也不同于黑格尔把伦理学看作是客观精神的自我发展，而是"选择了一条不同于康德和黑格尔的独特的第三

---

　　① F. C. Beiser. *Schleiermacher's ethics*. In the Cambridge companion to F. Schleiermacher. Cambridge University Press，2005，p. 54.

种立场。在此它既不坚持是与应当的一种无法克服的区分的思想，但也不衷心地依赖于一种不理会人类身体并自我实现的理念"①。在谢林同一哲学的影响下，施莱尔马赫逐步发展出来了一种具有现实性、综合性、描述性和辩证性的新的伦理学形式，从而在德国古典伦理学的发展史中构成了一道独特的风景。施莱尔马赫哲学研究专家索克尼斯（Brent W. Sockness）认为，施莱尔马赫的道德哲学虽然没有产生一个学派，但是它毫无疑问被 19 世纪的神学家和哲学家们以相同的方式看作是与康德、费希特和黑格尔的道德哲学相竞争的一种"建筑术式"的综合的道德哲学。②

正是由于施莱尔马赫对伦理学的这种特殊理解，使得伦理学在他的整个哲学体系中具有特殊的重要地位。由于他把伦理学看作是来自作为最高科学的辩证法（形而上学和逻辑学）的基础学科，因此伦理学与他的辩证法具有紧密的关联。由于他把伦理学看作是理性在自然上的实践活动，并且主张认识活动也是一种实践活动，应当包含在伦理学之中，因此伦理学就与他的物理学和其他自然科学理论具有紧密的关联。由于他把伦理学看作是对理性在自然上的一切生成过程及其成果的描述，那么伦理学与他的历史学就具有紧密的联系。由于他把国家、教会、科学学院、家庭和个人所有权等领域都纳入伦理学的考察范围，那么伦理学就与他的政治哲学、宗教哲学、教育学等思想具有紧密联系。可以说，伦理学是理解施莱尔马赫哲学体系的关键所在。因此，研究他的伦理学，对于从整体上把握他的哲学体系具有重要的意义。正如施莱尔马赫哲学研究专家普雷格尔所说："实践概念提供了指南，这个指南通过施莱尔马赫的全部哲学作品被指出，并且从它而来变成了清晰的独特的哲学出发点。在这个前提下，一个关系变得清晰起来了，即它把他的作品的异质部分连接为一个统一体。"③ 也

① Wolfgang H. Pleger：*Schleiermachers Philosophie*. Berlin：Walter de Gruyter，1988，S. 3.

② Brent W. Sockness. *Cultural Theory as Ethics*. In Christentum-Staat-Kultur：Akten des Kongresses der Internationalen Schleiermacher-Gesellschaft in Berlin，Maerz，2006. Walter de Gruter · Berlin · New York. S. 518.

③ Wolfgang H. Pleger：*Schleiermachers Philosophie*. Berlin：Walter de Gruyter，1988，S. 3.

正是为此，我们在本节开始时所引用的那些研究者们都认为，伦理学在施莱尔马赫的哲学体系中具有最重要的地位，也构成了他最突出的哲学成就。

然而，本书的任务并非是要全面展开施莱尔马赫的伦理学与其哲学体系的关系，而是要集中研究其伦理学中的至善学说，因为在施莱尔马赫那里，至善是理解其伦理学的钥匙，从至善这个概念出发，我们更能清晰地把握施莱尔马赫伦理学和哲学体系的根本特征。

三　施莱尔马赫的至善学说

如果说伦理学在施莱尔马赫的哲学体系中处于核心位置，那么在他的伦理学中，至善学说则处于核心位置。在他的众多伦理学作品中，专门以至善为标题的就有 1789 年的《论至善》、1827 年的《论至善概念》和 1830 年的《论至善概念》（在《选集》中被分别称为《论至善概念》I 和 II）。而在 1792 年的《论生活的价值》和 1812—1813 年的《伦理学》等著作中，至善概念也都是被重点讨论的概念。在施莱尔马赫看来，与古代伦理学相比，现代伦理学的一个根本特征就是更加重视德性和义务概念，忽视了至善对人类生活的定向作用，从而导致现代伦理学中虽然充斥着各种规范，却无法为人类生活确立真正的价值。因此，在施莱尔马赫看来，有必要重新研究至善，重新把至善置于伦理学的核心地位。

与前面把施莱尔马赫伦理学的发展历程划分为对其他伦理学进行批判的时期和构建自己的理论两个时期相应，我们也可以把施莱尔马赫至善学说的发展划分为这两个时期。在较早的青年时期或者说批判时期，施莱尔马赫更多地批判以往思想家的至善理论，尤其是康德的至善学说。而后期或者说成熟时期的施莱尔马赫则倾注了更多的精力来阐发自己描述的至善学说。

（一）批判的至善学说

在 1789 年的《论至善》中，作为青年学子的施莱尔马赫站在康德伦理学的立场上批判康德，认为康德未能建立起他孜孜以求的完全理性的伦理学，其根本原因就在于他的至善概念包含了经验性的幸福概念，而这个概念破坏了理性伦理学的纯粹性和先验性。他敏锐地看到了康德至善概念作为德性与幸福的综合统一所带来的困难。在他看来，想要建立真正的理性伦理学，就必须改造康德的至善概念。他认为无须幸福要素的加入，道德法则就能独自建立起至善概念。他把至善看作是遵守道德法则而产生的和应当产生的一切东西的总和。他甚至把道德法则和至善之间的关系类比于数学方程式和几何图形之间的关系，他认为每一个数学方程式都有一个唯一的坐标图形与它相对应，从方程式那里，我们可以得出图形。反过来，从图形那里，我们也可以得出这个方程式。他认为道德法则和至善也应当遵循这样的关系。因此，在至善那里根本没有幸福的位置。在此基础上，他又批判康德的道德公设理论，认为道德法则就能作为至善的前提，康德根本无须假设上帝存在和灵魂不朽。退一步讲，即便需要证明上帝存在和灵魂不朽，也不需要幸福概念的参与，至善就能证明它们。

施莱尔马赫的这个具有强烈的唯理性色彩的至善观念并没有保持很长时间。随着对斯宾诺莎决定论伦理学和莱布尼茨学派自我实现伦理学的学习和研究，特别是受到艾伯哈特的影响，他开始修正这一至善理论。在1792 年的《论生活的价值》一文中，他认为生活的最终目的是实现至善，而这个至善就表现在个体人性的发展上，表现在人的自我实现上。他虽然强调理性和道德法则在实现至善中的重要作用，但同时承认幸福在解释至善时也具有重要意义。不过他仍然认为幸福不能像在亚里士多德那里一样作为行动的最终目的。

必须强调的是，施莱尔马赫虽然在《论生活的价值》中修正了他关于至善的最初理解，但并没有完全放弃这个最初理解。他一直坚持至善作为理性行动的结果的观点，这一观点甚至在他四十年后关于至善的演讲中都一直存在。正因为如此，狄尔泰才把施莱尔马赫最早的《论至善》一文看做是其伦理学体系发展史上的"第一块基石"。①

在加入柏林浪漫派团体的几年中，在他和施莱格尔兄弟等人一起掀起的"道德革命"中，施莱尔马赫更加关注对人的个体性、自由社交和爱的讨论，并没有直接就至善概念发表什么见解。但是如果因此就认为施莱尔马赫不再关注至善概念，那就错了。如果从施莱尔马赫成熟时期的至善学

---

① Wilhelm Dilthey. *Gesammelte Schriften*，XIII band. Vandenhoeck & Ruprecht in Goettingen，1985，S. 135.

说反观这一时期，我们就会发现，他在这一时期所提出来的伦理思想，已完全被纳入到他对至善的考察中去了。关于这一点，我们会在讨论施莱尔马赫成熟时期关于至善诸领域的章节中详细讨论。

其实，在1803年出版的《批判大纲》中，他已经把自己大学时期和加入浪漫派时期的至善思想进行了较为系统的总结和完善，从而为提出自己的至善学说进行了充分的奠基。在《批判大纲》中，施莱尔马赫进一步修正了自己在《论至善》时期所追求纯粹理性伦理学的狭隘的唯理论立场，走向了对伦理学的更加综合和全面的理解，即把伦理学看作是对人类理性进入自然并与后者相统一的学说。这是他第一次提出他在成熟时期一直坚持的对伦理学的理解。在该书中，施莱尔马赫把至善看作是通过人类理性对自然施加的累积影响而产生的和应当产生的一切东西的整体。这与《论至善》中的至善定义有明显不同。在《论至善》中，至善只与道德法则相关，而在《批判大纲》中多了感性自然这个中介，至善是通过理性的道德法则在感性自然上的作用而产生的。以这个基本原则为出发点，施莱尔马赫批判了历史上存在过的经验论和理性论伦理学。他把自己的批判划分为三大部分，即"最高原则的批判"、"伦理学概念的批判"和"伦理学体系的批判"。这三个部分都与至善概念密切相关。在"最高原则的批判"中，他批判经验论伦理学忽略或误解了理性，把理性降格为一种自然冲动，把幸福的实现看作是至善。但是由于享乐、快乐和幸福都是完全无法确定地得到衡量的，因而它只能看到个别的和偶然的东西。因此，经验论伦理学的最高原则最终会导致真正普遍和统一的至善无法得到实现。同时，他也批判了理性论伦理学，认为理性论伦理学过分地追求理性的普遍性，从而导致它忽略或误解现实个体的差异性，因而不能达到真实的个体。如果说在经验论伦理学那里，至善是多元的或者说是杂乱的综合，那么在理性论伦理学这里，至善则是一元的。这种忽视个体差异性的理性论伦理学不可避免地导向形式主义，无法与感性和自然相结合。施莱尔马赫所设想的新的伦理学样式是创造或者生成的伦理学，并把柏拉图和斯宾诺莎的伦理学看作是这种伦理学先驱。因为在他们那里，有了理性和感性，精神和自然相互交织和渗透的思想，而这种思想就是真正的至善学说的科学基础。在"伦理学概念的批判"中，施莱尔马赫提炼出了三个重要的伦理学概念，即至善概念、德性概念和义务概念。其中义务作为理性的道德法则，构成道德过程的形式方面，是产生至善的客观条件；德性作为人所具有的道德能力，构成道德过程的动力方面，是产生至善的主观条件；而至善则结合二者，构成了道德过程的目的或者结果方面，它是在道德理念的意义上所产生的东西。在"伦理学体系的批判"中，施莱尔马赫认为，由于伦理学所要描述的是理性作用于自然而产生的一切东西，那么真正完善的伦理学体系必须包含人类的一切理性行动。国家、个人权利、市民社会、教会和自由社交等领域，由于它们都是理性活动的产物，因而都是伦理学的内容，都构成至善的组成部分。而历史上的伦理学体系，都从未实际达到这种科学性，如它们很少对爱、友谊、自由社交等重要的人类活动进行道德考察。

可以清晰地看到，在《批判大纲》中，施莱尔马赫关于至善的论述已经不再依赖于某一伦理学家或某一伦理学派别的现成学说了，他已经形成了自己关于至善的独特理解以及独特的表达方式。可以说，通过《批判大纲》，施莱尔马赫已经走上了建构自己独特的至善学说的道路。

(二) 描述的至善学说

从 1804 年重回哈勒开始，施莱尔马赫就把伦理学作为自己教学活动的中心，并积极构建自己的至善学说。在 1805—1806 年的《伦理学大纲》中，他把至善看作是伦理学的中心概念，它优先于义务和德性。在 1812—1817 年的《伦理学》中，他甚至把伦理学等同于至善学说本身，又把至善看作是每一个别的善的有机统一，而至善就表现在个别的善中。他说道："每一个自为的，在与其全部领域的关联中同时是产生的和被产生的东西，是一种有机组织的东西，是伦理地生成的东西，是一种善。因此，每一伦理的自为存在者的整体就是善的体系和理性的有机体，因此伦理学就是至善学说。"① 必须指出的是，当施莱尔马赫说伦理学是至善学说时，仅仅是从目的或者说生成的结果之层面来讲的，也就是说，伦理学和至善学说都是用来描述依照道德法则去行动而产生的结果之理论。如果僵化地看待这句话，认为伦理学和至善学说完全同一，不但不能真正理解施莱尔马赫的伦理学和至善学说，还会认为施莱尔马赫的这一论断与他把

① Ethik，S. 224.

伦理学划分为三个部分的观点相冲突。

在同一部著作中，施莱尔马赫又把伦理学划分为至善学说、德性论和义务论三个部分或者形态（Gestalt），并认为这三个部分相互关联和规定，共同构成完整的伦理学体系。在他那里，至善学说描述理性与自然的相互交织和渗透，德性论则只与进行实践活动的人的理性相关，它研究的是如何能够实现善的理性能力，特别是存在于个体中的理性能力。施莱尔马赫提出了四种具体德性，分别是属于意向德性的智慧和爱，属于能力德性的审慎和坚韧。施莱尔马赫的义务论描述的是个体在特定时刻的外在行动过程。施莱尔马赫强调从个别行动中理解法则，在他看来，每一个对义务的追问都只能是在每一具体行动中的追问，因为个别行动既表现出了特殊性，又表现出了普遍性，既表现出了共同体的构成，又表现出了占有。这四种表现相互结合，就构成了四个不同的义务领域，即共同体的普遍构成是法律义务的领域，普遍的占有是职业义务的领域，共同体的个别构成是爱的义务的领域，个别的占有是良心的义务的领域。

在施莱尔马赫那里，德性论和义务论都与至善学说具有紧密的关系。他认为，只有当行动与义务相符合时，才能产生善的结果，或者说善也只能通过个别的行动得以实现。另一方面，只有当德性在每一时刻的行动都有助于产生至善时，德性才能存在，而只有在一切至善中都有德性在起作用时，至善才是可能的。然而，虽然这三种形态密不可分，但是在重要性上还是不同的。施莱尔马赫认为，相比于德性和义务，至善概念是具有优先地位的，因为至善最能体现伦理学的本质，甚至就是伦理学本身。至善是义务和德性的出发点，也是德性和义务所要追求的目标，而至善却不以后二者为出发点和目标。这也再一次证明，他把伦理学看作是至善学说是有道理的，并且这也不会与他把伦理学划分为三种形态的做法相矛盾。

由于伦理学和至善学说都研究理性在自然上的行动及其成果。施莱尔马赫就特别重视对理性的功能和特征的研究。施莱尔马赫认为理性有两个主要功能和两个主要特征。理性的两个主要功能是说理性具有组织功能和认识功能。其中组织功能主要涉及理性的实践运用，即理性对自然的改变。在组织活动中，理性是主动的一方，是组织者，而自然是受动的一方，是被组织者。在这种组织功能中，理性把自然当作组织的材料，而自然就成了理性的"机体"。施莱尔马赫认为，理性的组织活动遍布于人类的全部生活领域，当人类理性能实现对全部自然世界的完全组织时，至善就达到了。理性的第二个功能是认识功能，它表达的是理性的理论运用。在施莱尔马赫看来，伦理学不仅描述理性的实践运用，也描述理性的理论运用。理性不仅改造或者控制自然，也去认识自然，并反过来通过自然认识自身。在这个认识过程中，自然就变成了理性认识的符号，而理性认识活动就变成了一种符号性的活动。施莱尔马赫进一步指出，组织功能和符号功能并不是完全分离的。在组织中总已经有认识存在了，而认识总已经渗透在组织之中。因此，只有一个理性，也只有一个自然，理性是组织行动和符号行动的执行者，自然是这两类行动的承担者，分别是理性的组织功能的机体和认识功能的符号，其中机体就是符号，符号就是机体。

施莱尔马赫指出，无论是在组织功能还是认识功能上，人类理性都表现出两个主要特征，即它既表现为独特性，又表现为同一性。所谓独特性，就是指人类理性所表现出的个体性，它描述的是作为理性行动主体的个体具有完全不同于其他人的独特价值，它构成一个人的独特的人格性。所谓同一性，就是指人类理性所表现出来的普遍性，它描述的是理性行动的共同性。独特性的东西属于个体人格，同一性的东西属于共同体。对于人的理性生活来说，这二者是缺一不可的。

人类理性在自然上的行动表现为既是组织的，又是符号的；既是同一的，又是特殊的。在施莱尔马赫看来，理性的两个功能和两个特征相互交叉结合，就一起构成了至善学说描述的四个方面：同一性的组织、独特性的组织、同一性的符号、独特性的符号。这四个方面可以表达人类的全部理性行为，构成了至善所描述的全部领域，其中最具代表性的就是作为同一性组织的国家，作为独特性组织的自由社交、作为同一性符号的科学学院、作为独特性符号的教会，以及作为这四个领域之基础的家庭。通过这种理性思辨，施莱尔马赫把现实的社会领域都包含进了至善之中，认为它们的有机统一就是至善的真正实现。由于施莱尔马赫的伦理学和至善理论把人类理性行动的一切领域都包含在内了，以至于有研究者把这种伦理学和至善学说称为"文化哲学"或者"社会哲学"。①

在 1827 年和 1830 年，以《论至善概念》这个相同的题目，施莱尔马

---

① Ethik，S. XI.

赫在柏林科学院做了两次演讲。在这两次演讲中，施莱尔马赫进一步深化了《伦理学》中的至善观点，并且把这种理论运用到宇宙的进化过程中。在这两篇演讲中，施莱尔马赫把至善看作是通过人类理性对自然施加的累积影响而产生的和应当产生的一切东西的全体。他指出，如果至善表达的是理性在自然上的生成的话，那么要想获得善，就必须预设理性和自然的存在。然而，现代科学已经表明，对于人类来说，自然的存在要早于理性的存在，而人类理性只是自然发展到一定阶段的产物，确切地说是人类有机的肉体生活发展的产物。因此，对于至善来说，在地球的发展史上，就存在着一个转折点，而这个转折点就是理性的产生。在这个转折点之前，地球上的变化和发展虽然也表现为不断的完善，但这都不是伦理性的，是外在于善或者至善的，因为这里没有理性的参与。只有当理性被发现之后，伦理的过程才真正开始，因为它满足了产生善或者至善的两个条件。在施莱尔马赫看来，与低级的动物性阶段依靠本能活动不同，较高级的人类活动的根本特点是精神的生活，而精神生活就表现在理性对自然的控制之上，这个阶段就是伦理的阶段。在这个阶段上，理性通过对自然的不同行动而产生众多形态的善，如家庭、财产、国家、市民社会、自由社交、科学团体和教会等，以至于施莱尔马赫认为，至善包含人类事务的全部状态，它"作为理性的总作用，在特殊的和共同体的形式下，内在于我们这个星球的全部自然是可能的"。[①]

通过对施莱尔马赫伦理学思想和至善学说发展历程的简单描述，可以清晰地看出，如果伦理学是施莱尔马赫哲学体系的核心的话，那么至善概念就是这个核心中的核心。拜泽尔说道："然而，引人注目的是，在所有这些概念中，施莱尔马赫给善，更确切地说，是给至善概念以优先地位。施莱尔马赫伦理学的一个值得注意的特征就是，他给这个概念如此至高的重要性。在1812—1813年的《伦理学》中，他主张它是义务和德性的基础：这些概念都以它为前提，而它却不以它们为前提。这个概念是他一些早期论文的主题；它仍是他在柏林科学院的两个最终演讲的主题。在这些演讲中，施莱尔马赫论证了恢复这个传统概念为伦理学的中心地位的问题。他主张，现代伦理学处于如此悲惨的状况的一个主要原因就是因为它

---

① Werke I. S. 480.

未能提出对人类生活根本重要的问题。至善问题是伦理学的中心问题，它对生活行动具有最直接的定向。"① 因此，研究施莱尔马赫的至善学说，不仅对于理解其伦理学和整个哲学体系具有重要的理论意义，而且具有重要的现实意义。虽然施莱尔马赫的至善学说是"他所生活的那个伟大时代的生活理性的完整表达式"，但同样具有"潜在的"现代意义。面对当今时代价值相对主义、道德冷漠主义和庸俗物质主义盛行的现实困境，施莱尔马赫的至善学说强调的个体性与同一性、私人性与公共性以及描述性与生成性等观念，对于人们提升自身的道德境界、塑造自己的道德品格，建立良好的人际关系和社会风气，都具有重要的借鉴意义。而许多现代伦理学流派诸如新亚里士多德主义、女性主义、社群主义、普世主义和进化论，都可以从施莱尔马赫的至善学说中找到属于自己的道德遗产。因此，无论从理论上还是实践上，我们都有必要重视对施莱尔马赫的至善学说的研究。

四　施莱尔马赫至善学说研究现状综述

（一）国内外研究现状

1999 年，邓安庆先生在给即将在台湾出版的专著《施莱尔马赫》所作的自序中指出，在我国，施莱尔马赫研究完全是个空白。② 十多年过去了，我国施莱尔马赫研究的现状并没有明显的改善，虽然逐渐有研究者开始关注施莱尔马赫，在一些哲学史的教材中也出现了他的名字，但是国内学者关注的多是他的神学、解释学、美学和古典学思想，对其伦理学的研究依然可以说是空白，更遑论对其至善学说的研究了。在施莱尔马赫著作的译介方面，仅有谢扶雅翻译的《士来马赫：宗教与敬虔》，邓安庆翻译的《论宗教》，以及洪汉鼎和刘小枫等人对其解释学和美学片段的一些翻译。传记研究方面有译著《施莱尔马赫》，研究专著有邓安庆的《施莱尔马赫》。当然，所有这些著作都不是对施莱尔马赫伦理学和至善学说的专

---

① F. C. Beiser. *Schleiermacher's ethics*. In the Cambridge companion to F. Schleiermacher. Cambridge University Press，2005，p. 69.

② 邓安庆：《施莱尔马赫》，自序，东大图书公司 1999 年版，第 1 页。

门研究。近年来，研究施莱尔马赫的论文逐渐增多，同样大都是涉及其解释学和神学思想，在期刊网上很难找到研究其伦理学和至善学说的文章。

在德国，研究施莱尔马赫伦理学和至善学说的传统一直存在。施莱尔马赫逝世后，其学生及其教席的继承人特维斯顿就开始主持其著作的选编工作，并特别重视对其伦理学著作，把它看作是理解施莱尔马赫哲学体系的钥匙。狄尔泰的两卷本巨著《施莱尔马赫生平》可以说是施莱尔马赫研究的典范，该书既包括对施莱尔马赫资料的发掘，也包括对其思想的评价，其中也特别强调对施莱尔马赫伦理学和至善学说的研究。1911 年，亨泽尔（Paul Henzel）发表了《新的善论》一文，详细介绍并高度评价了施莱尔马赫成熟时期的至善思想。从 1910 年开始出版的 4 卷本《施莱尔马赫文集》，主体部分就是施莱尔马赫伦理学的著作和讲义。现在正在进行的《施莱尔马赫全集》的编撰计划共有 30 多卷，涉及 15 卷的著作与手稿，3 卷演讲，12 册布道集，5 卷通信与传记材料，以及柏拉图文集的德文翻译，等等。在全集的编辑过程中，又发现了许多新的伦理学材料。例如，一直以来，受到狄尔泰删节本的影响，研究者一直认为施莱尔马赫早期论文《论至善》的内容只是涉及对康德至善学说的批判，然而，新编辑的《论至善》不仅包含对康德至善学说的批判，还包括对至善学说的历史批判，以及对埃伯哈特道德情感论的评价。这为我们研究施莱尔马赫的伦理学和至善学说提供了更加丰富的文献资料。

在研究施莱尔马赫伦理学和至善学说的研究专著和论文中，有狄尔泰的《施莱尔马赫生平》，亨泽尔的《新的善论》，洛维（Loew）的《与康德伦理学相关的施莱尔马赫伦理学的基本问题》（1914），比尔克纳（Birkner）的《施莱尔马赫的基督教伦理学与其哲学—神学体系》（1964），舒尔茨（Scholtz）的《施莱尔马赫的哲学》（1984）、《伦理学与解释学：施莱尔马赫对精神科学的奠基》（1995），赫尔姆斯（Herms）的《施莱尔马赫科学体系的来源、发展和首要结构》（1974），麦肯斯多克（Meckenstock）的《决定论伦理学与批判神学：早期施莱尔马赫对康德和斯宾诺莎的解释》，普雷格尔（Pleger）的《施莱尔马赫的哲学》（1984）等著作。但是，在这些研究文献中，研究者们更多是关注施莱尔马赫早期的伦理学和至善学说，仅有狄尔泰的《施莱尔马赫生平》和亨泽尔的《新的善论》涉及施莱尔马赫成熟时期的伦理学和至善学说，而他们的论述都已经有一百多年的历史了。面对当今世界文化思潮的发展现状，我们有必要重新讨论和评估施莱尔马赫这一学说的当代价值。

在英语世界，学者们长期以来更加注重对施莱尔马赫神学思想的研究，专门研究其伦理学和至善学说的作品还是很少见。直至 2003 年，索克尼斯（Brent W. Sockness）还在论文《被遗忘的道德学家：施莱尔马赫与精神科学》中感慨，在英语世界所讨论的伦理学发展史中，施莱尔马赫从未获得一席之地，以至于在任何伦理学教科书上寻找他的名字都是徒劳的。① 这种说法虽然略显夸张，但也与事实相去不远。早在 1942 年，布兰特（Brandt）就出版了研究专著《施莱尔马赫的哲学》，但是作者有意忽略了对其哲学伦理学的研究，简单地把它斥责为是"站不住脚的"，更遑论对至善的探讨了。对施莱尔马赫道德哲学及至善学说的真正关切主要是从 20 世纪 80 年代开始的。布莱克威尔在 1982 年出版的《施莱尔马赫早期生命哲学：决定论、自由和泛神论》中，较多地探索了施莱尔马赫的早期《论至善》对康德的批评。在一些研究论文如《施莱尔马赫与真实的伦理学》、《施莱尔马赫对伦理理性的批判：走向体系伦理学》、《施莱尔马赫的基督教伦理学与其哲学伦理学》和《施莱尔马赫早期伦理学中的伦理冲动》等研究论文中，也是较多地关注施莱尔马赫早期伦理学和至善学说。只有在拜泽尔的《施莱尔马赫的伦理学》和克罗斯利（Crossley）的《施莱尔马赫创造学说中的宗教伦理学意蕴》这两篇论文中涉及了对施莱尔马赫成熟时期至善学说的简要介绍。因此，研究施莱尔马赫的至善学说，特别是其成熟时期的至善学说，仍然是一项重要而紧迫的任务。

（二）本书的基本思路

本书共分为七章。在第一章中，我们首先描述了施莱尔马赫伦理学的发展历程，以及伦理学在施莱尔马赫哲学体系中的核心地位。在本章的第二部分，我们描述了施莱尔马赫至善学说的发展历程，以及至善学说在施莱尔马赫伦理学和哲学体系中的核心地位。在本章的最后，我们对施莱尔马赫至善学说的研究现状以及本书的基本思路进行了概述。

---

① Brent W. Sockness. The Forgotten Moralist: Friedrich Schleiermacher and the Science of Spirit. The Harvard Theological Review, Vol. 96, No. 3, 2003, p. 345.

　　本书的第二章和第三章主要讨论早期施莱尔马赫批判的至善学说。其中第二章主要讨论施莱尔马赫对康德至善学说的批判。在该章的第一节主要是概述康德的至善学说，涉及他对道德法则、幸福、至善和道德公设等概念及其相互关系的论证。在随后的第二节中，我们主要依据 1789 年的《论至善》一文，讨论施莱尔马赫对康德上述概念的分析和批判。与康德针锋相对的是，施莱尔马赫主张至善概念不能包含幸福要素，道德法则能够直接产生至善。

　　第三章主要依据《论至善》和《批判大纲》这两本书，探讨施莱尔马赫对历史上从苏格拉底到费希特的各种至善学说的批判。在《论至善》中，施莱尔马赫分别批判地讨论了柏拉图、亚里士多德、伊壁鸠鲁派、怀疑派、斯多亚派、新柏拉图主义者乃至莱布尼茨—沃尔夫学派的至善学说，指出他们都没有真正做到把经验性的幸福要素从至善中清除出去，从而导致真正客观的理性伦理学从来没有真正建立起来。而在《批判大纲》中，施莱尔马赫从完善的伦理学体系的角度出发，分别考察了至善与伦理学最高原则、伦理学基本概念和伦理学体系的关系。他摆脱了写作《论至善》时期的唯理论，认为真正的至善既不是纯粹的理性产物，也不是纯粹的经验产物，而是理性和自然相互渗透而产生的结果。

　　本书的第四章到第七章讨论的是施莱尔马赫成熟时期描述的至善学说。其中第四章主要讨论成熟时期的施莱尔马赫对伦理学概念的独特理解，在反对康德伦理学的基础上，施莱尔马赫指出，伦理学不是关于"应然"的学问，而是描述理性与自然之间相互渗透，以及二者的同一逐渐生成的学问。他认为这样理解的伦理学必须与物理学、历史学、文化哲学和辩证法紧密相关，并成为各门学科的核心。

　　从这种独特的伦理学理论出发，施莱尔马赫认为至善所描述的正是人类理性通过作用于自然而产生的一切成果的总和，或者说是"理性的自然"的不断生成。他把这样理解的至善学说等同于伦理学本身，提出了伦理学就是至善学说的命题。他认为至善与人的理性紧密相关，进而对理性的功能和特征进行了详细的分析。他指出，人类理性具有组织和认识两种功能，具有独特性和同一性两个特征，两种功能和两个特征相互结合，就构成了至善的全部领域，它们分别是作为同一性组织的国家和商业交往，作为独特性组织的所有权和自由社交，作为同一性符号的语言和科学学院，作为特殊性符号的情感和教会，以及作为以上几个领域的源泉的家庭。这是第五章和第六章要讨论的主要内容。

在本书的第七章即结语部分，我们将指出，施莱尔马赫至善学说具有综合性、描述性、现实性和辩证性特征，它不仅包含着现代文化哲学、生命哲学和进化论伦理学的萌芽，也能够为当代人思考政治哲学、宗教哲学和环境伦理等提供重要的思想资源。

上　篇

批判的至善学说

第 二 章

施莱尔马赫对康德至善学说的批判

正如我们在第一章中所指出的，施莱尔马赫的至善学说与康德伦理学有着紧密的关系。在某种意义上，康德伦理学就是施莱尔马赫至善学说的理论来源（虽然不是唯一的理论来源），施莱尔马赫的至善学说就是作为对康德至善学说的批判和完善而发展起来的。康德虽然在《纯粹理性批判》的方法论中提出了至善概念，但是对它的详细论述是在1787年出版的《实践理性批判》中作出的。而在该书出版两年之后，作为青年学生的施莱尔马赫就写了一篇《论至善》①的长文，其中包括对康德《实践理性批判》中的道德法则、幸福和至善的关系以及实践公设理论的激烈批判，并提出了自己对这些概念的初步理解。同时《论至善》也包含着对哲学史上不同学派的至善概念的批判，而这种批判在1803年出版的《批判大纲》中得到了更加详细的深化。在施莱尔马赫看来，所有这些批判的尝试，都是在为提出自己的至善理论做准备。

因此，在考察施莱尔马赫成熟的至善学说之前，我们有必要首先考察他的《论至善》和《批判大纲》这两部文献。由于这两部作品的主要意图是对至善概念做历史的批判，并且主要是批判康德的至善学说，我们因此

---

① 《论至善》这篇文章在施莱尔马赫在世时并没有公开发表。狄尔泰在整理施莱尔马赫文献时发掘、删减并阐释了该文。此后相当长一段时间内，狄尔泰的删节和释义版本一直为研究者所引用。近年来，在为出版施莱尔马赫全集而进行的重新整理过程中，研究者们发现，狄尔泰的删节版本极不完善，其省略了施莱尔马赫对哲学史上从苏格拉底到莱布尼茨的至善学说的批判研究，这明显不利于人们全面把握青年施莱尔马赫的观点。而全集第一卷中麦克斯多克（Meckenstock）整理的版本（KGA, I.I）则整理收录了《论至善》全文。因此，文书依据的是全集版，并参照了英文译本。

把施莱尔马赫这一时期的至善学说称为批判的至善学说。我们将用两章的篇幅来讨论施莱尔马赫批判的至善学说，其中本章主要讨论施莱尔马赫对康德至善学说的批判，而在第三章，我们将讨论他对哲学史上的各种至善学说的批判。

一　康德的至善学说①

在《实践理性批判》一书中，康德的至善学说是与道德法则、幸福和实践公设等概念紧密联系在一起的。他认为至善作为道德意志所追求的最终目的，是德性和幸福之间的精确匹配，而人们只有把上帝、不朽和自由作为实践理性的公设，才能保证实现至善的可能性。康德的至善学说引起了许多争论，包括施莱尔马赫在内的许多研究者认为，康德的至善概念包含了作为质料要素的幸福概念，因而是与其纯粹形式性的道德法则相冲突的。还有一些研究者认为，至善对康德伦理学来说是不必要的，因为它所导致的实践公设会削弱人们践行实践法则的动机。② 因此，这里有必要首先考察康德关于道德法则、幸福、至善和实践悬设这几个概念以及它们之间的相互关系。

（一）道德法则与幸福

康德关于道德法则和幸福的观点与他的意志概念密切相关。意志作为一种依照对法则的表象而行动的欲求能力，在道德实践中包含两个方面的要求：第一方面，意志必须有自己的规定根据，即必须有意志赖以去行为的原则；第二方面，意志作为欲求能力，必然想要实现一个对象，因为一个无所欲求的意志是不能称其为意志的。在康德的道德哲学中，意志的规定根据与道德法则相关，而意志期望的客体则与幸福和至善相关。

---

① 对于康德关于道德法则、幸福、至善和实践公设及其相互关系的思想，作者曾在拙作《批判哲学的定向标：康德哲学中的道德信仰》（光明日报出版社 2011 年版）一书的第三章进行了较为详细的论述。这里选择了该书中与施莱尔马赫的批判相关的部分内容。

② Thomas Auxter：*Kant's Moral Teleology*. Macon：Mercer University Press，1982，p. 88.

在康德看来，意志行动的规定根据可以是准则，也可以是道德法则。二者的区别在于，准则是行动的主观根据，不一定有客观的普遍有效性，因为一个人可以把自己的个人爱好和利益作为行动的准则。与准则不同，道德法则是行动的客观根据，它是客观的、普遍的、必然的和无条件的，因为"它不涉及行为的质料及其应有的结果，而是涉及行为由以产生的形式和原则"①。康德认为，道德法则是由实践理性所颁布的实践命令，它是一条先天的形式性法则，与经验性的爱好、利益和行为的结果都毫无关系。因此，意志的行动想要获得道德上的普遍有效性，就必须使其行动的准则成为普遍性的道德法则，或者是使准则成为对道德法则的表现，这样二者就结合成为一条定言命令，即"要只按照你同时能够愿意它成为一个普遍法则的那个准则去行动"②。也就是说，意志必须摆脱外在偶然的经验的目的的影响，使自己的准则成为普遍的道德法则。

既然意志的准则可以成为普遍的道德法则，也必须成为普遍的道德法则，而道德法则又是实践理性所颁布的，那么意志和实践理性之间必然具有某种关系。康德明确指出，意志和实践理性实质上是合二为一的，"意志无非就是实践理性"③。二者都是使规律见之于行动的能力。意志只有是实践理性，才具有按法则行动的能力；而理性也只有是意志，才具有实践能力。

如果意志就是实践理性，那么被道德法则所规定的意志，就可以把这些规律看成是它自己制订的，这样，意志就既是立法者，又是遵守者。意志这种自我规定的能力被康德称为意志自律，并把它看作是道德的最高原则。他说："意志自律是一切道德法则以及合乎这些法则的职责的独一无二的原则；与此相反，意愿的一切他律非但没有建立任何职责，反而与职责的原则，与意志的德性，正相反对。"④可见，他律是指意志走出自身，在外在事物中寻找自己的规定根据。典型的意志他律就是以幸福为原则。康德指出，幸福不论客观上作为一切爱好得到满足的状态，还是在主观上是人们对终其一生的舒适状态的意识，它都是经验性的，是有质料内

---

① 《康德著作全集》第四卷，李秋零译，中国人民大学出版社 2005 年版，第 422—423 页。

② 同上书，第 428 页。

③ 同上书，第 419 页。

④ ［德］康德：《实践理性批判》，韩水法译，商务印书馆 1999 年版，第 34 页。

容的，如果把幸福作为意志的规定根据，那么道德就会陷入他律，就会成为完成别的目的的手段，从而损害道德的纯粹性。因此虽然是人人都希望得到幸福，但对道德来说，幸福只具有主观的必要性，却没有客观的必然性，不能成为纯粹道德的原则。因此，道德与其说是使人获得幸福的学说，不如说是使人配享幸福的学说。这样，对于意志行动的规定根据来说，康德完全排除了包含经验内容的幸福作为道德的原则的必要性，把纯粹实践理性颁布的道德法则看作是意志的唯一规定根据。

　　但是，在康德看来，幸福并不是在任何时候都被完全排斥在道德之外的。幸福虽然不能作为意志的规定根据，但这并不是说幸福必须与遵守道德法则的人所追求的目的或客体无关，相反，幸福正是人的道德意志所追求的目标或客体，它与道德法则一起构成至善概念，康德的这一思想主要体现在《实践理性批判》的辩证论中。正如约威尔（Yirmiahu Yovel）所说："实践哲学建立在绝对命令的基础上，但并没有被它所穷尽。非常重要的是实践理性的辩证论，或者公设学说与至善，用质料要素补充形式伦理学并为人的实践提供最终的目的。"① 据此，约威尔认为，康德伦理学应该划分为两个阶段，即形式的和质料的阶段，他说道："在《道德形而上学的基础》中和第二批判的'分析论'中，康德讨论了第一个阶段。他考察了善良意志的结构并建立了它的绝对原则，包括意志的消极与积极自由，它的动机的特殊力量，支配其立法的普遍形式，以及道德主体在制定法则和依之行为的主观能动性。另外，在第二阶段，履行作为整体的需要'为我们所有行为和节制产生某种目的'。它不仅关系着道德意志的绝对原则，并进一步限定它的全部客体。……前者告诉我们如何去行动，而后者告诉我们应该实现什么，作为道德行动的最后成果。"② 如果没有这第二个部分或阶段，那么康德道德哲学体系是纯粹的、绝对的和不完全的。

　　康德认为，意志作为一种欲求能力，是有所期望的，而所有的期望必定都有其对象，因而必定包含质料。他还指出，意志的一切期望都是指向幸福的，因为"求得幸福，必然是每一个有理性的然而却有限的存在者的

---

　　① Yirmiahu Yovel. *Kant and the Philosophy of History*. New Jersey：Princeton University Press，1980，p. 32.

　　② Ibid. ，pp. 32—33.

热望，因而也是他欲求能力的一个不可避免的决定根据"①。那么，什么是康德意义上的幸福呢？在《实践理性批判》中，幸福在客观上是指对一切爱好的满足，在主观上是"一个理性存在者有关贯穿他整个在此生的人生愉悦的意识的意识。"② 这类幸福在康德那里是质料性的，它是人的自然本性必然的总体要求，它的存在是任何人都不能无视或否认的。

在涉及意志欲求的客体时，康德从来没有否认过幸福。相反，他一再强调幸福的必不可少，"幸福原则和德性原则的这种区别并不因此立即就成了两者的对立，而且纯粹实践理性并不希望人们应当放弃对于幸福的要求，而只是希望一旦谈到职责，人们应当完全不瞻顾幸福。从某些方面来考虑，关怀人们的幸福甚至可以说是一种职责"③。可见，把幸福排除在道德之外，这并不是康德的观点，相反，如果在履行道德法则的基础上把幸福看做意志的必然客体的一部分，那么它就成为纯粹理性的一个目的了。

可见，在康德伦理学中，幸福与道德法则一方面是截然区分的，另一方面又是紧密联结的。二者的区别主要体现在它们的性质以及它们对意志的关系上。前面已经明确指出，道德法则是由实践理性颁布的，是先天的形式性法则，是没有质料内容的，而幸福则是经验性的，有质料内容的。对于意志的规定根据来说，只有道德法则才能作为意志的唯一规定根据，这样才能体现意志自律这一道德的最高原则。一旦把质料性的幸福作为意志的规定根据，道德就会陷入他律之中，进而失去自身的目的性，逐渐沦为达到别种目的的手段。但是，当涉及意志的目的时，康德认为，意志所欲求的是幸福而非道德法则，因为欲求必然指向有质料的对象，而道德法则是形式的，因而不可能成为欲求对象。

另一方面，康德也十分关注幸福与道德法则之间的联结。他指出，由于其纯粹性，道德法则本身就是最高的善，不可能再有超越其上的其他东西作为它的条件。道德法则可以成为幸福的条件，也必须成为幸福的条件，因为"幸福总是这样一种东西，虽然对于拥有它的人是愉悦的，但就

---

① ［德］康德：《实践理性批判》，韩水法译，商务印书馆1999年版，第24页。

② 同上书，第20页。

③ 同上书，第101页。

它自身而言并不是绝对地和在所有方面善的，而是在任何时候都以道德上合乎法则的举止为先决条件"①。换言之，幸福不是无条件的善，它如果不以道德法则为前提条件，那么它就可能不是道德的。另一方面，既然幸福是意志的必然期望，那么从幸福的观点看，道德学说就成了配享幸福或值得幸福的学说了，而"配享"或"值得"的标准就是道德法则，它和幸福一起构成了一个"自我酬报的道德体系"的理念，在其中"那一边为道德法则所推动，一边又为它所约束的自由，本身就会是普遍幸福的原因，因而有理性的存在者在这些原则的引导下，本身也就会成为他们自己的、同时也是别人的持久福利的创造者"（A809/B837）②。在"自我酬报的道德体系"中，把道德法则和幸福联结起来，对康德的道德哲学的完整性来说是必不可少的，而体现这一联结的就是至善概念。

（二）至善

在第二批判的辩证论中，至善是作为德性与幸福的联结而被提出和讨论的。在康德看来，既然至善包含意志所期望的幸福，而幸福又是有质料内容的，那么至善必然可以成为实践理性或者纯粹意志的完全客体，也就是说，意志所欲求的最终对象就是至善。

这里一个关键的问题是，幸福和德性在至善中是如何联结的？它们的结合是分析的还是综合的？所谓分析的结合，就是两个概念是可以相互包含的，从其中的一方能够直接得出另一方。康德认为，古代的伊壁鸠鲁派和斯多亚派就持这种观点。伊壁鸠鲁派从感性经验出发，认为德性概念是包含在幸福概念之中的，一个幸福的人必定是拥有德性，所以幸福就是至善本身；而斯多亚派则从独立于感性的实践理性出发，认为德性概念包含幸福概念，一个有德的人必定是幸福的。康德指出，以分析的观点看待德性与幸福的结合是错误的，因为："德行的准则与个人幸福的准则就它们的无上实践原则而论是完全各类，远非一致的；它们虽然同属于一个至善而使之成为可能，却在同一个主体中竭力相互限制，相互妨碍。"③ 说它

---

① ［德］康德：《实践理性批判》，韩水法译，商务印书馆1999年版，第122页。

② 参见［德］康德《纯粹理性批判》，邓晓芒译，杨祖陶校，人民出版社2004年版，第615页。

③ ［德］康德：《实践理性批判》，韩水法译，商务印书馆1999年版，第124页。

们性质不同，是指德性建立在实践理性的基础上，以先天的形式性的道德法则为指导的，而幸福是建立在感性经验之上，是有质料内容的，二者一个是意志的规定根据，一个是意志的欲求对象，这些都是不能混淆的，也是不能从一个概念中分析出另一个的。所以康德说："幸福和德性是至善的两种在种类上完全相异的元素，从而它们的联结是不可能以分析的方式被认识到的（犹如一个寻找幸福的人通过单单解析其概念就会在其举止里面发现自己是有德行的，或者一个依循德行的人就会在关于其举止的意识中发现自己鉴于这个事实［ipso facto］已经是幸福的了），而是这两个概念的综合。"① 既然这种统一是综合的，那么它是经验的综合还是先天的综合呢？康德指出，经验的综合是不可能的，因为我们没有人能够真正经验到完全的德福一致，所以，至善所包含的德性与幸福的联结必然是先天综合的。

在先天的综合统一中，德性与幸福的地位和作用是不同的，其中前者作为至上的善，是无条件的，而后者是有条件的善，是必须以前者为基础的。因此，可以把至善作为幸福与德性的联结表述为：在道德法则的规定下去追求与其相应的幸福。

康德对至善与道德法则之关系的讨论经常引起人们的误解。许多康德伦理学研究者或者认为至善所包含的经验内容是与康德绝对自律的道德法则相冲突的，因而也是不必要的；或者认为至善是对康德伦理学的蹩脚的"半神学补充"，因为它带来了对上帝存在和灵魂不朽的公设与信仰，而这些概念都是与康德宣称的"道德自身不需要宗教"的观点难以调和的。总之，这些批判的一个共同点就是认为至善与道德法则不相容。然而在康德那里，事实并非如此，道德法则和至善之间是可以贯通的，其中道德法则是至善的基础，而至善也可以把道德法则包含于自身之内。

道德法则和至善的关系是通过作为中介的意志而建立起来的，但是，至善作为意志的客体，是否能够决定意志呢？这个问题的答案在康德那里不是唯一的。如果单纯分析意志的规定根据，那么只有作为应该的道德法则才是意志的唯一决定根据，而有经验内容的至善作为期望是不成为意志的规定根据的，不然意志就是受质料的决定，就是他律了。但是当人们把

---

① ［德］康德：《实践理性批判》，韩水法译，商务印书馆 1999 年版，第 124 页。

至善看成是建立在道德法则之上的，即当至善的概念中已经包含道德法则的时候，那么"不单至善是一个客体，而且它的概念和它通过我们实践理性而可能的实存的表象同时就是纯粹意志的决定根据"①。这时，至善就可以看作是意志的规定根据的，但前提是要与道德法则相一致。既然至善可以作为意志的规定根据，那么它也可以成为道德行为的动力或动机，而那种认为仅仅是道德法则才是动机的说法是片面的，这种观点没有看到至善与道德法则的联系，也简化了至善在康德伦理学中的作用。

在康德那里，至善的作用并不仅仅体现在促进德性与幸福的匹配上，它还可以用来证明道德法则之实在性。康德认为，如果没有至善这个理想，甚至连道德法则都是难以想象的。因为道德法则虽然并不用来证明至善，但至善能证明道德法则的实在性，"促进至善是我们意志的一个先天必然的客体，并与道德法则不可分割地联系在一起，所以前者的不可能性也就证明了后者的虚妄。于是倘若至善依照实践规则是不可能的，那么命令去促进这种至善的道德法则也必定流于幻相，指向空洞的目的，从而本身就是虚妄的"②。但是，像西尔伯（Silber）那样的主张，即人有义务去取得至善的观点也是不对的。因为"对康德来说，在道德法则命令我们去做（去完成）某事和命令我们去追求（目的）某事之间是有区别的"③。道德法则不关心目的，也不命令人们追求一个目的，它只强调我们应当怎样行为；而"至善也不在我们的义务中，它是纯粹实践理性的所有目的的无条件整体，它不增加人的义务，而是给他们提供关注所有目的的统一的特殊视角"④。康德也明确说过，人们只能通过道德实践去努力接近至善，而不能完全获得至善，因为人是有限的理性存在者，是没有能力达到幸福与德性的精确匹配的，所以获得至善不是人的义务，而是人的期望，它必须建立在对灵魂不朽和上帝存在的信仰的基础上才是可能的。

---

① ［德］康德：《实践理性批判》，韩水法译，商务印书馆 1999 年版，第 121 页。

② 同上书，第 125 页。

③ Allen W Wood. *Kant's Moral Religion*. Ithaca and London：Cornell University Press，1970，p. 94.

④ Ibid.，pp. 95—96.

（三）实践理性的二律背反

二律背反是康德哲学中的一个独特概念，康德在《纯粹理性批判》和《实践理性批判》中对它都有论述。在《纯粹理性批判》中，纯粹理性的二律背反是针对"世界"这个理念的。康德指出，在对待作为整体的"世界"概念时，经验论者和独断论者分别提出两个相互对立的观点，这两个观点在他们各自的立场上都是有道理的，但在逻辑上它们又是相互背反和难以共存的。康德列举了四组相互背反的命题，并指出产生这种背反的原因在于二者都试图超越感性经验来把握超感性的理念，而康德认为："可能的经验是惟一能够给予我们的概念以实在性的东西；没有它一切概念都只是理念，是没有真实性和与一个对象的关系的。"（A489/B517）① 由于人们没有对作为整体的世界的经验，所以也不可能产生关于它的真正知识，这就是人的知识的界限，康德说道："要解决这样一些问题，如世界究竟是来自永恒还是有一个开端，世界的空间是由存在物充满到无限还是被包括在某种边界之内，世界中有任何某物是单纯的还是一切都必定是被分割至无限的，有某种生产和产生是出自自由的还是一切都依赖于自然秩序的链条，最后，有某种完全无条件的和自身必然的存在者，还是一切东西按照其存有来说都是有条件的，因而是取决于外部而就自身来说是偶然的，——这都超出了我们的理性。因为这一切问题都涉及一个只能在我们的观念中给出的对象，也就是诸现象的综合的绝对无条件的总体性。"（A481/B509）② 关于"世界"的这些问题，都是没有客观有效的知识的。所以，对于"世界"以及"自由"概念的二律背反，惟一的解决办法就是把它们看作是"调解性"的理念，并且"作为规则而设定在回溯中应当由我们做的是什么，而不是去预测在一切回溯之前在客体中自在地给予了什么"（A509/B537）。③ 也就是说，作为限制性原则，它们的作用在于为理性的正确运用规定界限，而不是积极地建构延续性的或扩展性的知识。

康德认为，实践理性也同样有其二律背反，并且这二律背反也与"世

---

① 参见［德］康德《纯粹理性批判》，邓晓芒译，杨祖陶校，人民出版社 2004 年版，第403 页。

② 同上书，第 398 页。

③ 同上书，第 417 页。

界"概念相关。前面已经指出,德性与幸福的统一不是分析的,因为从其中一个概念中得不出另外一个。既然二者的联结是综合的,那么它们之间就是一种原因与结果之间的联结。但康德指出,这种综合在现实的世界中仍然是困难的,因为幸福不是道德的原因,同样在现世的道德中也推不出幸福来。对于这种联结,他论证道:"于是,或者追求幸福的欲望必须是德行准则的动机,或者德行的准则必须是幸福的有效原因。第一种情形是绝对不可能的:因为(就如在分析论里面已经证明的)把意志的决定根据置于对幸福的渴求之中的准则,是完全非道德的,不能够为任何德行建立基础。但是,第二种情形也是不可能的,因为世界上一切原因和结果的实践连接,作为意志决定的后果,并不取决于意志的道德意向,而取决于自然法则的知识以及把它们用于这个意志的目标的自然能力,从而通过一丝不苟遵循道德法则〔而成就的〕幸福与德行之间必然的和足以达到至善的连接,在这个世界上是无法指望的。"① 可见,这两个命题都难以在现世中成立,那么至善的两个要素在现世中就无法最终统一,然而至善又是纯粹实践理性的必然要求,那么实践理性的二律背反就产生了。

康德在思辨哲学中是通过现象界与本体界之间的二元划分来解决纯粹理性的二律背反的,在实践领域中,他也采取了类似的方法。他首先认为,由于幸福是经验性的,而德性则是自由性的,并且经验不能作为自由的根据,所以把对幸福的追求当做德性的规定根据是绝对错误的。但是,"第二个命题,即德行意向必然产生幸福,不是绝对虚妄的,而只是在这种意向被视作感觉世界中的因果性形式的范围内,从而在我认定这个世界的此在为理性存在者实存的唯一方式的范围内,才是虚妄的,因而它仅仅是有条件地虚妄的"② 。这段话包含两层意思:其一,尽管把幸福看作是德性的规定根据永远是错的,但是,若把德性看作是幸福的条件却并不总是错的,也就是说,存在着一种情况,在这种情况下,德性可以作为幸福的规定根据;其二,如果把德性看成是在感性世界中作为幸福的规定根据的话,那么这个命题就是错误的,因为在感性世界中人永远也无法经验到德性与幸福的精确匹配,因而至善在经验世界中也是没有

---

① 〔德〕康德:《实践理性批判》,韩水法译,商务印书馆1999年版,第125页。
② 同上书,第126页。

可能的。

通过上面的分析和筛选，就剩下这样一种可能，即除了作为感性的自然存在者以外，我还是一个自由的理性存在者，"我不仅有权把我的此在思想为一个知性世界中的本体，而且甚至在道德法则上面具有（感觉世界里）我的因果性的纯粹理智的决定根据，所以，意向的德性作为原因与作为结果的幸福有一种若非直接也系间接（借助一个理智的自然创作者）而必然的联系，这并非是不可能的；这种联结在系单纯感觉客体的自然里面无非是偶然地发生的，而不能够达到至善"①。也就是说，当我把自己看作是理知世界的自由的存在者时，德性对幸福的原因性关系就得到了确立，虽然它是一种间接的关系。

经过对实践理性的二律背反的分析以及对这个背反的解决的尝试，康德得出以下几个结论：（1）在德性和幸福之间，"一种自然的和必然的联结，至少可以思想为可能的（但当然并不因此就是可以认识和洞见到的）"。②（2）谋求幸福的原理不能成为德性的条件。（3）德性是至善的首要条件，而幸福是第二要素，以德性为条件，并与德性相匹配。（4）只有在一个理知的世界中，第三个结论才是可能的。康德认为，只有满足这四个条件，至善才能真正成为纯粹实践理性的客体，才能成为道德意志所期望的最终目的。

接着而来的一个问题就是：这个理知世界到底是什么样的世界？康德认为，理知世界首先是一个理性的理念，它不是经验的对象，所以人们对它无法知道得更多。但是有一点可以确定，这个与现实的感性世界不同的世界，必然是一个遥远的世界，是一个不属于此岸的世界，它是作为实践理性的需要而存在的。同样可以确定的是，在理知世界的观点下，作为德性的后果并与德性相匹配的幸福也已经不再是经验世界的爱好的满足了。相反，这幸福是在以道德法则为前提的基础上产生的一种人格性的满足，它是在对爱好的克服过程中才产生出来的。

---

① ［德］康德：《实践理性批判》，韩水法译，商务印书馆 1999 年版，第 126 页。
② 同上书，第 130 页。

（四）道德公设

实践理性的二律背反导致了对一个理知世界的需要，这种需要在康德那里被称为是实践理性的公设。同样，与之相关的意志自由、灵魂不朽和上帝存在也被康德认为是纯粹实践理性的公设。

在康德那里，"公设"这个词既可以作为名词使用，也可以作为动词使用。作为名词使用的"公设"（Postulat）指的是那些在理论上不能证明，但在道德上为纯粹实践理性必然需要的命题，即意志自由、灵魂不朽和上帝存在等命题。而作为动词使用的"公设"（postuliren）是指得出上述命题的方式或途径，即这些命题是必须通过实践理性来"公设"或"设定"的。

康德的公设理论是与实践理性的二律背反的解决紧密相关的。既然在一个理知的世界中可以解决实践理性的二律背反，那么这个理知世界的根据或原因就必须被考察。同时，康德还指出，纯粹实践的二律背反也关系着另外两个问题：其一是保证意志完全与道德法则相一致，即意志达到完全的道德完善；其二是保证只要值得，幸福就应当并且必须被满足，即必须按配享的比例分配幸福。出于解决以上三个问题的需要，或者说为了保证促进至善的实现的可能性，康德提出了著名的三大公设：不朽、自由和上帝存在。①

在康德的第二批判中，不朽的地位和作用都是重要的。康德用了相当

---

① 人们通常根据《实践理性批判》认为，在康德那里，道德信仰的客体的理念，即道德公设的客体的理念就是灵魂不朽、意志自由和上帝存在。其实，在康德哲学的发展中，对道德公设之客体的论述并不是十分确定的，它"即便是在《实践理性批判》中也是有所不同的。上帝的可能性与实在性，自由和不朽、至善的可能性和道德法则本身都被称为公设"（Lewis White Beck, *A Commentary on Kant's Critique of Practical Reason*, p. 259.）。而在《哲学的神学讲义》中，康德提出的信仰对象是上帝，人类意志的自由和一个道德的世界（Kant, *Lectures on Philosophical Theology*, p. 131.）。阿伦·伍德还指出："在反思录第 8101 片段中，康德把对不朽的信仰描述为'次级的信仰'，并提出它对道德生活也许不是必要的。"（Kant, *Lectures on Philosophical Theology*, p. 131. *Gesammelte Schriften*, Vol. XIX, S. 644.）而罗尔斯更是出于不朽公设的困难而把它搁置一旁（《道德哲学史讲义》，张国清译，上海三联书店 2003 年版，第 429页）。康德的这种不确定性还表现在他的《逻辑学讲义》这部书中，康德把上帝、自由和一个"其他世界的存在"作为公设的对象。从这些著作中我们可以看出，康德并没有对道德公设的客体概念做出明确的最终论断。

多的精力来论证不朽作为道德公设的必要性。贝克曾把他的论述简化为六个命题，具体如下：（1）至善是意志的必要客体；（2）神圣，或者对道德法则完全适合的意图，是至善的一个必要条件；（3）神圣不能在感性的理性存在者那里找到；（4）它只能在一个无限的进程中被达到，并且，既然神圣是需要的，那么朝向它的这种无限的进程就是意志的真实客体；（5）只有理性的存在者的人格的持续无限，这种进程才能是无限的；（6）所以，只有假设灵魂不朽，至善才能实现。①

尽管贝克对这些命题有所质疑，认为康德有混淆至善和最高善的嫌疑，但是从中还是能够看出，对不朽的公设仍然是必需的，其意义就主要表现在保证德性的完整性，促进至善的可能性上面。因为处在自然感性世界的有限的人有欲望存在，不可能指望他能完全出于道德法则而行为（在康德那里，只有处在理知世界中的上帝才能这样）。同样，至善作为德性与幸福的统一，是一个持续性的过程，但它在感性世界中是不可能得到实现的，因为人作为感性的存在者，他在自然界中是有死的。但是作为实践理性的需要，道德法则的完整性是必须得到保证的，而至善的可能性也是不能怀疑的。那么人们就必须公设人的无限性，但这不是肉体的无限性（因为肉体只存在于经验世界中，而且在有限性上是确定无疑的），而是精神的无限性，更确切地说就是我们要信仰灵魂不朽，只有如此，德性才能有完整的可能性，而至善才有实现的可能性，不然，"德性的这些高尚的理念虽然是赞许和惊叹的对象，但却不是立意和行动的动机"（A813/B841）。② 黑格尔敏锐地看出了康德之所以公设不朽的原因，他说："他之所以提出灵魂不朽这个公设，是为了不完善的道德，亦即因为道德为感性所感染。"③

自由是康德伦理学中重要而又复杂的概念。不过对康德来说，作为道德公设的自由是先验的自由，而不是现实实践的自由，后者是可以在经验世界中得到说明的。康德还认为作为公设的自由是从积极的意义上来说

---

① Lewis White Beck. *A Commentary on Kant's Critique of practical Reason.* Chicago：The University of Chicago Press，1960，p. 267.

② 参见［德］康德《纯粹理性批判》，邓晓芒译，杨祖陶校，人民出版社 2004 年版，第617 页。

③ ［德］黑格尔：《哲学史讲演录》第四卷，贺麟、王太庆译，商务印书馆 1978 年版，第293 页。

的，因为消极的自由仅仅是一个限制性概念，其意义在于排除经验的他律原则对意志的阻碍和约束，使人摆脱充满自然必然性的感性世界；而积极意义上的自由概念则是推动意志去主动立法，按照普遍的道德法则去行为，因而它是道德法则的存在根据，是人能够成为理知世界的成员的根本原因。这个先验的自由之所以是实践理性的公设，原因在于它作为积极的概念没有经验的内容，对于它，人们不可能有客观的知识，却有主观的、道德上的必然需要。

康德对自由的公设主要有以下两个考虑：首先，被公设的自由可以看作是一个理知的（道德）世界得以存在的原因。由于理知（道德）的世界在充满自然必然性的时空世界中是不可能实现的，但是它又是必要的，所以对一个摆脱感性自然因果规律的先验自由的公设就必不可少了，它所体现的正是理知的世界。只有在这个世界里，我们才可以设想真正的出于道德法则的德性与幸福的真正协调，才可以设想至善的可能性。同时，康德公设自由，还涉及他的第二个意图，即用来说明"自由是道德法则的存在理由"。我们由实践理性颁布的道德法则而认识到自由，而另一方面，正因为有积极促进意志去自我立法的自由存在，道德法则的存在才是可以被设想的。相反，如果没有这种惟一的先天实践性的自由，那么任何道德法则以及任何根据道德法则的责任追究都变得是不可能的了。

康德指出，由于我们没有对上帝的经验，所以就不能有关于他的知识，那种对上帝存在的思辨的证明必定是失败的，它们只是理性的僭越。在他看来，唯一能证明上帝存在的途径就是通过道德公设的方式，因为"道德的论证不是要对上帝的存有提供任何客观上有效的证明，不是要向怀疑的信徒证明有一个上帝；而是要证明，如果他想要在道德上一贯地思考，他就不得不把这个命题的假定接受进他的实践理性的准则中来"①。也就是说，我们不知道上帝是否存在，但是应该相信上帝存在，因为如果没有上帝，甚至就不会有作为理性的人根据义务去行为的动机了。所以，就道德而言，我们必须公设上帝存在，因为只有（道德地）公设上帝的存在，相信他是一个道德的（理知）世界的全知、全能和全善的统治者，我们才能期望德性和幸福的合理匹配得以可能，至善才得以可能，"我需要

---

① ［德］康德：《判断力批判》，邓晓芒译，杨祖陶校，人民出版社 2002 年版，第 308 页。

上帝使我根据永恒不变的法则参与幸福，如果我配享的话"。①

可见，上帝存在的公设关系到作为纯粹理性客体和终极目的的至善概念之实现的可能性问题，即关系到德性和幸福、道德王国与自然王国的最终统一问题。因为如果上帝是存在的，那么他的全能使整个自然及其与道德在世上的关联都服从于他，他的全知使他洞察最内部的意向及其道德价值，他的全在使他贴近世上至善所需要的一切，他的永恒使在何时都不缺少自然与自由的和谐一致。因此，上帝存在的公设关系到康德道德哲学大厦的最终挺立，正如他所说："如果没有存在者给我这种幸福的话，为什么我们应当通过道德使自身值得享有这种幸福？因此，没有上帝，我将不得不要么成为一个空想家，要么成为一个恶棍，我将不得不否认我的本性及它的永恒的道德法则，我将不得不停止成为一个有理性的人。"② 如果没有上帝，不但道德流于空谈，人作为理性存在者的尊严也将荡然无存了。

在康德那里，三大公设之间的关系也是值得关注的。康德首先总结了不朽、自由和上帝存在之间的不同来源和作用，他认为"第一个公设滥觞于与道德法则的完整实现相切合的持续性这个实践的必然条件；第二个公设滥觞于对于感性世界的独立性，以及依照理智世界的法则决定存在者意志的能力，即自由这个必然的先决条件；第三个公设滥觞于如下条件的必然性：这样一个理智世界通过设定独立不依的至善，亦即上帝的此在而成为至善。"③ 简言之，不朽的公设在于保证至善中德性的神圣性，自由的公设在于保证至善超越感性世界的可能性，而上帝存在的公设在于保证幸福与德性的合理匹配。

同时，至善与不朽和上帝存在是相互论证的，一方面，不朽和上帝存在是至善得以可能的条件；另一方面，至善又是对不朽和上帝存在的道德论证的关键环节。但是，至善与自由之间却不是相互论证的，因为至善并不用来证明先天的积极自由，前面已经指出，这个自由是与道德法则相互论证的，其中自由是道德法则的存在理由，而道德法则是自由的认知理由。但是，自由却是至善之所以可能的条件，因为若没有以积极自由为基

---

① Kant：*Lectures on philosophical Theology*. Translated by Allen W Wood and Gertrude M Clark. Ithaca and London：Cornell University Press，1978，p. 159.

② Ibid.，p. 110.

③ ［德］康德：《实践理性批判》，韩水法译，商务印书馆 1999 年版，第 144—145 页。

础的理知世界的公设,那么至善就是不可能的。总之,在不朽、自由和上帝这三个公设的关系中,自由概念是基础性的,不朽概念是过渡性的,而上帝概念是终极性的。自由概念之所以是基础性的,在于它可以在自然中证明自己的实在性,并且能够与另外两个理念联系在一起,康德说:"在三个纯粹理性理念上帝、自由和不朽中,自由的理念是唯一通过自由在自然中可能的效果而在自然身上(凭借在此概念中被想到的原因性)证明其客观的实在性的超感官东西的概念,并且它正是由于这一点而使另外两个概念与自然界以及所有这三个概念相互之间联结为一个宗教成为可能。"①不朽概念的过渡性表现在,在三大批判中,康德为了保证无限遥远的德性的可能性,就必须公设作为无限存在的不朽。但是在康德的宗教和历史哲学中,不朽概念的重要性降低了,它的保证作用被转让给了上帝或历史,而它自身被康德降格为"次级的信仰",并且对道德生活来说已经变得不再必要了。上帝概念具有终极性的原因在于它不仅是至善的可能性的最终根据,而且是不朽和自由的绝对统一,并指引着康德形而上学的最终方向。

康德的至善学说具有重要的思想史意义,它不仅总结了以前思想家对该问题的探讨,也对后来思想家的探索提供了丰富的思想资源。首先,康德总结了西方伦理思想史上关于德性和幸福的不同理论,尤其是斯多亚派和伊壁鸠鲁派的相关理论,并指出由于误解了德性与幸福之间的本质区别,他们对二者的统一是不成功的。其次,康德明确区分了德性与幸福之间的本质差异,指出道德法则是由纯粹实践理性颁布的先天法则,而幸福是包含感性质料要素的经验性概念,二者之间不存在包含关系,即从德性中推不出幸福,从幸福中也推不出德性。再次,康德并不因此就认为德性与幸福完全没有关系,他试图通过分析意志概念的两个不同层面而把德性和幸福结合起来,试图建立综合性的至善概念。康德至善学说面临的问题是,这种至善在现实世界中是不可能实现的,人们只有假设一个与现实的经验世界完全不同的理知世界,或者是自由的本体世界,才能期望达到这种综合统一。这种至善理论不仅陷入了施莱尔马赫所批判的混杂了理性和感性的困境,还陷入了黑格尔所揭示的另外一种困境,即它实际上等于承

① [德]康德:《判断力批判》,邓晓芒译,杨祖陶校,人民出版社 2002 年版,第 334 页。

认至善一方面是应当实现的，另一方面又是永远无法真正实现的。① 这两个困境导致康德的至善最终变得不再具有现实性。

二 施莱尔马赫对康德至善学说的批判

早期的施莱尔马赫对康德至善学说的批判主要体现在他的《论至善》一文中，而这篇文章又几乎完全是在康德《实践理性批判》的影响下写成的。《实践理性批判》初版于 1787 年，并立即在学界产生了重要影响。当时年仅 20 岁的施莱尔马赫已经敏锐地看到康德这部著作在伦理学思想史上的重要意义，他在 1789 年就写下了《康德〈实践理性批判〉摘记》（*Notizen zu Kant：Kritik der praktischen Vernunft*）和《论至善》。《论至善》涉及康德伦理学的许多重要概念，如自由、道德法则、幸福、至善、实践公设、道德情感和道德目的等。在这些概念中，施莱尔马赫认为至善概念最为重要，它应当是康德伦理学乃至所有"实践的理性伦理学的拱顶石"，他说道："然而，正是（至善）这个概念，首先正当地证明了理性的全部权限，并且可以说是理性的实践建筑的拱顶石。也就是说，如果我们想单独依据纯粹理性的原则来规定我们的道德概念，那么至善就是根据它的一切命令而产生的东西。"② 在施莱尔马赫看来，虽然康德正确地指出了至善是纯粹实践理性的客体，但康德还是犯了历史上许多哲学家所犯的错误，即把经验性的幸福概念纳入了至善学说中，是他的客观的理性伦理的建构计划未能最终实现。施莱尔马赫感叹地说道："如果有一个概念值得人们更加仔细地研究它，并值得人们努力理解它的根据，那么这个概念就是至善。然而，确切地说，由于它通常是争论和论证的主题，并且因为狂热和研究的整个心情状态没有比在这里更起作用，导致许多外在要素不幸地溜进其中。结果是这个概念变得如此扭曲和残破，以至于现在研究和修正它变成了一个最困难的哲学任务。"③ 施莱尔马赫认为，要实现一种真正理性的伦理学，只建立道德法则与至善的适当关系即可，从而

---

① ［德］黑格尔：《精神现象学》下卷，贺麟、王玖兴译，商务印书馆 1979 年版，第 130 页。

② KGA. I. 1，S. 92.

③ Ebd. , S. 83.

不需要幸福要素的参与。同时，施莱尔马赫也批判了康德的实践公设理论，认为不需要从幸福出发，人们同样可以证明上帝存在。

（一）至善不能包含幸福要素

在《论至善》中，施莱尔马赫力图完善康德意义上的完全客观的理性伦理学。他认为，由于康德的至善概念错误地包含了具有经验性质的幸福概念，因此康德的伦理学是不纯粹的，是必须进行完善和修正的。施莱尔马赫痛惜地说："在至善那里，幸福的理念大概显示为助产士的作用。幸福理念不能满足给至善概念带来母亲般的外表和把它展示为完全纯粹的。在一定程度上对这个概念的损害，幸福理念私自与它相结合，这是我们已经在处理至善概念时碰到的一切错误的主要原因。"① 在施莱尔马赫看来，幸福完全属于感性经验的领域，它只与人们趋乐避苦的感觉密切相关，如果把人类道德建立在幸福的基础上，那么就有把人降格到动物水平上的危险。他批判道："确定的是，（加强与延续趋乐避苦的感觉）这两个渴望一起构成了幸福概念的开始，但是我们仍然丢掉了结构中最重要的部分。道德概念的进一步发展和形成——广义的'道德'一词——需要主要依靠风气和规范生活的方式来提供这个。即人类只比牛高级一点，牛放弃一切自制，把快乐当作满足自身。"② 施莱尔马赫认为，幸福论者不断扩大感性快乐的范围，并把感觉的最大范围称为幸福。但是，由于快乐种类繁多，甚至是相互冲突的，因此幸福论者无法避免的一个困境就是，如何才能统一这些相互冲突的快乐而获得统一性的幸福？他讽刺道："在幸福概念中，一部分排斥另一部分，并不仅仅因为每一次只有一部分被知觉，即因为时间条件，其中它们都在，也是因为其本身。全部的每一部分都组织另一部分，因为倾向具有与它相反的另外一个，也因为每一倾向的对立面正好在每一主体中作为倾向本身是可行的。每一倾向都通过满足得到加强，但是，由于满足一个必定减弱相反的一个，在另一个时间产生幸福的另外一部分的可能性就减小了，并且逐渐完全消失。此外，除了通过矛盾的这个消失，另一个实在的冲突通过相互损害而出现，因此在思想中，这个连续

---

①　KGA. I. 1，S. 84.

②　Ebd.，S. 85.

的整体永不能转化为在同时都存在的东西。"① 因此,"幸福的地盘只存在于那些美妙的领域,在那里想象力没有限制地独自统治,用单独的魔法似的一击来统一必须视为与我们其余永久不相容的一切。即想要产生全体,他们必须破坏它的个别部分,且如果他们想构成个别部分,他们认识到他们必须持续地与全体相冲突"②。

施莱尔马赫认为,要想消除这种困境,唯一的办法是求助于理性,让理性独自充当道德的规定根据,他说道:"全部的问题在于,置于理性的法庭前,且这是一种方法,其中理性能从这个问题中解救自身,决定幸福学说的特征,或者,如果它能上升到伦理的水平。"③ 他认为理性可以选择三种途径去解决争论并消除冲突。第一,理性或者必须在想要达到预定的目的的路上寻求错误,并提出关于它的有益建议,或者必须发现设定的幸福概念的错误,并需要限制它或改变它,直到最终或许它将适合那些想要拥有它的人的能力之内的意义。这是一种实用主义的路径,施莱尔马赫并不认同它,因为在这里理性是为经验服务的,根本没有上升到纯粹理性的高度。第二,衡量在何种程度上使人类行动符合具有系统关联的确定规则是可能的。施莱尔马赫也不认同这种途径,因为这种途径是技术性的,它关注的是行动与规则之间相符合的程度,使得道德法则缺少纯粹的绝对性,或者用康德的话说,没有达到"绝对命令"的阶段。第三,理性从自身颁布的道德法则出发,完全不考虑幸福要素的影响,从而使伦理学变成完全客观的和理性的。施莱尔马赫认为,这是人类理性所能够采取的最佳路线,而这一路线能够直接达到至善概念。

施莱尔马赫的结论就是:通过理性的检验,幸福不能被看作是理性的一个纯粹概念,因而不可能构成一个理性的命令。因此,幸福在理性伦理学中没有位置,理性伦理学所关注的是道德法则的一致性与普遍性。

但是,施莱尔马赫也发现,康德把幸福和德性联结起来是必然的,"德性与幸福的联结的必要性,是在康德'辩证论'的一开始就设定的。也可以说它在'分析论'中就被显示了"④。施莱尔马赫分析道,或许康

---

① KGA. I. 1, S. 105.

② Ebd., S. 87.

③ Ebd.

④ Ebd., S. 102.

德相信，理性必须给我们提供善行和福利之间的一种确切关系，而且这也是传统宗教和哲学的一般观念，但他难以理解追求理性伦理学的康德会如此轻易的主张这一命题。他又尝试从意志概念出发理解康德对于德性与幸福的联结。他说道："因此，德性与幸福相联结的观念必须依靠其他要素。如果我们想象意志能直接被决定，且只能被纯粹理性决定，承认这个意志与其全部准则和与理性的纯粹法则相关的行动完全适合，就会是必须包括这样一个意志的最好条件和最完满的福利。然而，与受感性影响的欲求能力的幸福在一起的是什么？这好像是康德归于这个命题的必要性的单独的令人信服的来源。至少我不知道如何去发现能如此完全赞同这个源泉的其他源泉，从这个源泉中，他的那些其他命题跳到我们不能表达赞同的命题上。"① 那么，这个源泉是什么呢？施莱尔马赫认为这个源泉就是康德把理性的纯粹法则与来源于纯粹法则的我们意志的主观规定根据紧密地同一起来，以及他过分地把理性拉近欲求能力中。在这样做的过程中，康德一方面几乎不能避免的把我们的意志误解为一个更高种类的东西，一种能够进行立法的实践理性。另一方面不能避免的把仅仅是欲求能力在时间条件下的需要看作是不可避免的，但理性本身是完全反对这种需要的。因此，康德关于意志和实践理性的关系的论述是难以令人信服的。

施莱尔马赫从康德关于幸福和德性的联结的实在性问题的观点出发讨论幸福在至善中的不必要性。他虽然赞同康德把至善的实在性安排在彼岸世界的观点，但不赞同康德认为二者的联结可以在此岸世界进行设想的观点。② 他说道："康德把德性与幸福联结的实在性排除在我们的世界之外，这样做是正确的。他这样做的根据是令人信服的，但是仍然有成千上万其他不令人信服的地方。……然而，它应当在这个世界更容易被设想为可能的吗？我并不这样认为。首先，如果认为在每一个其他状态对仍然是感性存在者的我们来说是可能的，那么依附于我们欲求能力的自然法则也将永远与实践理性的命令不同，且幸福作为遵守自然法则的结果，将不能仅仅是遵守实践理性命令的结果。其次，如果假设其反面，将不能被解释的

---

① KGA. I. 1, S. 104.

② 在康德那里，设想一个概念和一个概念的实在性之间是具有重大分别的。例如，思辨性无法证明上帝的实在性，但是这无碍它去设想一个作为世界与灵魂的最高统一的上帝理念。

是，诸如幸福的任何东西将仍然为我们所关注。因此，我们也将不能把它看作至善的一部分。"① 总之，由于幸福是一个经验性概念，它无法被看作是遵守理性的实践法则而产生的结果。

需要指出的是，施莱尔马赫在这里误解了康德。康德并不认为幸福必然是遵守道德法则而产生的直接结果。在康德看来，人们按照道德法则去行动时，是根本不考虑它能产生什么结果的。幸福作为一个在本质上完全不同于道德法则的东西，也不可能是由道德法则直接产生的。康德的观点毋宁是：虽然道德法则不产生幸福，但这并不妨碍道德法则可以和幸福相结合，共同构成至善。而这种结合的保证者也并非道德法则，而是作为公设的上帝和不朽。

通过对幸福概念的批判，施莱尔马赫认为康德把幸福概念与德性概念纳入至善学说中是不可行的。在他看来，为了建立客观的理性伦理学，作为伦理学要素的至善概念也必须是纯粹理性的产物，它只能与客观的道德法则有关，而不能包含具有经验要素的幸福概念。他指出："唯一的限制是，至善概念和现实存在者的概念在理性自身中有根据，并且与它们应用的客体相分离，并且它们承认关于这种运用的确定法则，而幸福单纯保持其自身，与任何其他的东西都没有一点儿的联系。它像不流动的水。"②

施莱尔马赫进一步指出，错误地把幸福和至善结合在一起，并不仅仅是康德一个人的做法，它是人们的一种普遍倾向。由于对幸福的渴望，人们总是不正当地把它和德性纠缠在一起，从而使道德法则处于失去纯粹性的危险之中。他说道："因此，在各个方面，我们都处在陷入幸福的控制之中和失去我们的概念的纯粹性与其果实的危险中，并且我们处于确定地返回到那些我们想从中抽身的无法解决的矛盾的危险之中。"③ 因此，人们必须清楚地认识到幸福和至善在性质上是完全不同的，幸福关注的是感性的欲求能力，而至善涉及的是纯粹的实践理性。因此，为了保证至善概念的有效性，就必须把它和幸福概念完全割裂开来，"为了能够发现错误和保持我们为自己提出的至善概念，我们将通过说明它不能与幸福相联

① KGA. I. 1, S. 102.
② Ebd., S. 106.
③ Ebd., S. 95.

结，即便是以康德所做的方式"①。

(二) 道德法则直接产生至善

从前面的分析可知，在关于至善应当如何被定义的理解上，施莱尔马赫与康德无疑是明显不同的。康德的至善包含与德性相匹配的经验性的幸福，而施莱尔马赫认为康德的至善概念导致了理性和感性之间的混合，而他想要获得的是一个完全理性的至善概念，因此他认为至善只能与道德法则相一致，成为一个理性的概念，并认为只有如此才能保证一种客观的理性伦理学所要求的必不可少的一致性。他说道："因此，只要想到它使我们的行动符合确定的原则，实际上是纯粹理性的原则，那么给予我的第一件事情就是每一步都必须符合它的限制条件：一致性的根本原则。这是最本质的规则，从它出发理性从不与其任何行动分离，即它的主张没有自相矛盾的，或者说都与它结盟。"②

从这种一致性原则出发，施莱尔马赫认为至善就是由于遵守理性的道德法则而产生的一切东西的总体，那么什么是道德法则呢？施莱尔马赫很大程度上是在康德的意义上理解道德法则的，他把它定义为"无非是理性为能够被其直接规定的意志做出的自然律"，这与康德在第二批判"纯粹实践判断的模型"中的论断相符。因此变得明显的是，施莱尔马赫指出，从这种道德法则中出现的行动产生的一切，都是至善的一部分，他说道："如果我们想单独依据纯粹理性的原则来规定我们的道德概念，那么善就是根据它的一切命令而产生的东西。在这种程度上，正如康德所说，它是纯粹实践理性的客体——但是，严格地说，它只是这个客体的一部分。相反，至善的概念是这个完全的客体且在其全部范围中，因为它表达通过纯粹理性法则的可能的全体。"③ 在这个意义上，施莱尔马赫认为，他的至善概念就是康德所称的"最高善"，它不关注幸福，而只关注道德意向和行动与道德法则完全符合。

从这种一致性还可以看出施莱尔马赫与康德的另一个明显不同。在康

---

① KGA. I. 1, S. 96.

② Ebd., S. 91.

③ Ebd., S. 92.

德那里，道德法则是一个纯粹的"理性事实"①，它根本不需要至善这一个目的来证明其客观实在性；当康德在第二批判的辩证论中说如果没有至善时，道德法则也会变得虚幻，他也不是说至善是道德法则的前提，而只是要指出把道德法则看做一个要素包含于自身的至善是由实践理性规定的意志的必然客体，它和道德法则是一种包含关系，如果否认作为德性与幸福的综合统一的至善，人们也会有否认道德法则的危险。而在施莱尔马赫那里，由于至善就是康德意义上的最高善，它与道德法则之间具有直接的因果关系，遵守道德法则必然能够直接产生至善，而至善也能证明道德法则的可靠性，他说道："如果理性不能指出至善概念，如果它不能通过这个概念描述它的命令必须产生某种自身可能的和确定的东西，当它们恰恰和纯粹遵守它的时候，那么将会遭遇到异议，它阻止我们自在地赞同幸福规则——并且理性伦理学将没有比我们每个人根据我们的倾向和能力的主观状态设计我们自己的幸福学说更高级别的确定性和义务。"② 换句话说，人们之所以信任颁布道德法则的理性，是因为通过至善给人们提供了遵从道德法则的可依赖性的切实根据。因此，道德法则和至善之间的关系就是：遵守道德法则而产生至善，而对至善的检验将把人们带回到作为与它们相关联的道德法则那里。施莱尔马赫认为，康德的失败之处就是没有坚持二者之间的这种一致性，没有成为真正理性的。

施莱尔马赫研究专家弗洛斯（Victor Froese）认为，如果对康德来说，道德法则只能被先天地证明，那么对施莱尔马赫来说，通过至善而来的后天的考量好像在它的证明中也发挥作用。③ 这里的问题是，在施莱尔马赫那里，至善真的是后天的吗？特别是如果把后天理解为经验的，那么至善是经验的吗？而经验性的至善能够证明先天的道德法则吗？如果至善是经验的，那么施莱尔马赫煞费苦心要把幸福从至善之中剔除出去的努力

---

① 关于康德的"理性事实"概念，研究者有不同的理解，有些研究者认为"理性事实"指的是"道德法则"，另一些研究者认为"理性事实"是"对道德法则的意识"，这两种观点都可以在康德的文本中找到依据。本书认为，在康德那里，"道德法则"和"对道德法则的意识"都是"理性事实"，它们在康德那里并无本质区别。

② KGA. I. 1, S. 92.

③ Schleiermacher. *On the Highest Good*. Translated and Annotated by H. Victor Froese. Lewiston：The Edwin Mellen Press，1992，p. 101.

还有什么意义呢？

其实通过施莱尔马赫在《论至善》中提供的一个著名比喻，我们可以更加清晰地看出至善和道德法则的关系。施莱尔马赫认为，如果我们把道德法则理解为一个代数方程式，那么至善就是这个方程式在坐标中所代表的曲线，二者是紧密联系在一起的，只有有了这个方程式，我们才能画出曲线，反之亦然。只有从曲线中，我们才能得出这个方程式，在公式和曲线之间具有唯一的和直接的联结方式，如果严格地遵循公式，则曲线就是唯一正确的；如果曲线以任何方式偏离公式，则曲线就是错误的。施莱尔马赫说道："如果道德法则是代数方程式，那么我们就可以想象至善无非是曲线，它自身包含通过这个方程式的所有一切。我们能清晰地看到，要么这条曲线必须从虚无中给予我们，要么，除非我们发现它的公式，我们就无法清晰地想象它。我们发现，也有在相反的方向中向后前进，并且通过对属于它的曲线的更切近的检验，也能再发现公式，它只能实践地给予我们，并且用来证明我们的确定的感觉。"① 通过这个比喻我们可以清晰地看到，在施莱尔马赫那里，至善并不是指在特殊情况中符合道德法则的个别行动的结果，而是指符合普遍的道德法则的现实行动和可能行动的总体，它本身不是一个经验概念，而是像康德一样把它看作是一个实践的调节性理念，因而它不是经验的，从个别经验中我们无法证明至善的实在性。施莱尔马赫明确地说道："尽管至善概念是道德法则的必不可少的证明，对我们来说，它只是一个调节性原则，我们必须把它看作我们意志培养的目标，而不把它看成为在完善的一些层面上保持为最高可能的一个。"② 因此，即便施莱尔马赫认为可以从至善证明道德法则，但并不像弗洛斯认为的那样可以经验性地证明道德法则。实际上，与康德一样，施莱尔马赫认为道德法则是先验的，它在本性上是完全理性的，无法通过后天经验来证明。但是在这里，施莱尔马赫误解了康德。他认为康德"把（至善）这个概念转变为建构的原则，好像它对我们来说不仅是可能实现的，而且是必须实现的"③。实际上，康德清晰地指出了至善作为一个调

---

① KGA. I. I, S. 91.

② Ebd. , S. 100.

③ Ebd.

节性的理念，其实现只是一种道德上的设定，在此岸世界中，它永远不可能真正实现。因此在康德那里，至善根本就不是一个建构性的原则。

讽刺的是，许多施莱尔马赫研究者指出，施莱尔马赫不但误解了康德关于至善只是调节性理念的思想，而且他却犯了他所批判的这种错误，即他有时把至善看作是调节性理念，有时又把它看作是建构性理念。例如，弗洛斯认为，施莱尔马赫关于至善有两个明显不相容的观点，"一个把它看作是通过遵守道德法则所能够产生的所有'可能的和确定的'善的全体；另一个把它看作是意志持续地遵守理性命令的理念，是一个其功能仅仅是调节意志的理念"①。又如，海尔曼·苏斯金德（Herman Sueskind）也指出，施莱尔马赫在至善概念是"调节的"还是"建构"的这一问题上是自相矛盾的，"施莱尔马赫一方面把至善规定为通过遵守道德法则的行动可能产生的一切东西的总和，另一方面又坚持认为至善只是一个'调节的原则'，一个引导我们培养我们的意志，而我们却无法真正得到的原则。……总之，依第一个观点，至善是'可能的'，依后一个观点，它是'不可能的'"②。确实，在《论至善》中，施莱尔马赫在不同的地方提出了至善的这两种含义。但这两种含义并非像弗洛斯认为的那样是互不兼容的。正如前面所说的，至善作为"遵守道德法则所能够产生的所有'可能的和确定的'善的全体"，本身就不是一个经验概念，而是一个实践的调节性理念，这和至善的后一种理解并无本质区别。不同的是，在后一种理解中，施莱尔马赫提到了一个重要的概念，即意志概念。在讨论康德的至善学说时，我们已经指出意志概念在康德伦理学中的核心地位，那么在施莱尔马赫这里，意志、道德法则和至善的关系又是怎样的呢？

康德把意志理解成一种欲求能力，就是一种按照对法则的表象去行动的能力，当意志行动的主观准则能够成为普遍的道德法则时，意志其实和颁布道德法则的实践理性并无本质区别，所以，康德说意志无非就是实践理性。同时，意志作为欲求能力，它必然把追求幸福作为自己的目的，而当幸福与道德法则相联结时，二者就共同构成了至善，因此至善就成了意

---

① Schleiermacher. *On the Highest Good*. Translated and Annotated by H. Victor Froese. Lewiston：The Edwin Mellen Press，1992，p. 100.

② Ibid.，p. 69.

志或者实践理性的目的。与康德不同，施莱尔马赫认为，至善不能作为意志的目的或作为欲求能力的客体，或者说，至善本身就不是目的。在他看来，如果把至善看作是目的，那么这个目的就可能成为另一个比它更高的目的的手段，从而导致概念的混乱。他说道："一个目的，要么自身依次是一个更高目的的手段，并且为了能够达到更高的目的，只有当它必须首先被给出，它才承担这个名称。自明的是，至善不属于这个等级。要么，它是字面意义上的目的，即欲求能力的客体，依据它，我们也想要其他并不真正属于这个客体的东西。谁想主张这就是至善的情况呢？当然，这是通常承认的假设，也是恰当的假设，即为了能做某种善的事情，即为了实现至善的一部分，一个人必须从不做不善的事情，即不是至善的一部分的事情。因此，如果没什么本质上是不同的，实际上，可以永远看作是附属于作为目的的至善的手段，那么，它就不能被正确地称为手段；因为如果一个人想把部分（除了其部分，没有什么属于至善）称作整体的手段，这将导致所有这些概念的混乱。同样，道德法则也不能被称为手段，因为它只包含形式，依据它至善在其部分中能够独自被产生。"① 问题是，如果至善不是目的，它是什么呢？施莱尔马赫的回答非常简单，至善就是依照道德法则而实现的或可能实现的所有东西的完善的全体，它依据特定的道德法则是可能达到的。

可见，施莱尔马赫并不像康德那样通过意志概念来联结道德法则与至善，也不认为至善是意志的一个无法完全实现的目的或者客体，他认为至善就在意志之中，而且通过至善，意志把道德法则看作是自己的指导原则。这样，至善好像成了意志的条件，而意志成了至善的"图式"（Schema）。施莱尔马赫是在康德的意义上使用"图式"这一术语的。在第一批判中，康德把图式看作是对想象力给概念提供感性图像（Bild）的普遍做法的表象，他把概念感性化的方式称为图式化（Schematismus）。例如，狗的概念意味着一条规则，人的想象力可以根据这条规则普遍地描画一个四足动物的形象，而不用局限于经验所呈现的任何一个单一的特殊形象，或者局限于人们可以具体描绘的每一个可能的图像。也就是说，人们不是通过经验中的狗的图像而达到狗的概念的，而是通过图式化的方式把经验

---

① KGA. I. 1, S. 90.

的狗都统摄到狗的概念之中了。施莱尔马赫接受了康德的图式论，并把它用在对意志和至善的讨论之中。他说道："如果我们能想象意志只被纯粹理性所决定，并且只是在名称上区别于纯粹理性，那么它的实现将只使理性与自身一致，并且其完善的结果将会是神圣的，没有德性；但是我们也可以把这种意志简单地看作是至善的图式。至善自身必须是在一个意志中，它具有其欲求的特殊的主观法则，但是它与它们相分离，仍然能够由纯粹理性自身单独决定。只有当它的所有多样性准则从属于理性的兴趣这一单一的准则时，它们才变得和谐。"① 他又说道："那么至善概念向我们引出一个意志的条件，它使所有个体行动和意志的准则相互一致，并且尽可能地被决定为符合理性的法则。它显示出，道德法则所命令的作为某种完全普遍的东西，在特殊情况中也是可能的，并且意志把这个法则看作是它的单独和持续的指导原则，永远不会在怀疑和保守中丢失，也不会在矛盾中迷失。最终，在我们把德性的最高理想看作某种稳固的和确定的东西之前，至善概念使道德法则摆脱从时时不可避免地导致义务冲突中产生的批判。"② 换言之，意志把所有个体行动的准则都与普遍的道德法则相一致时，这时的意志就是表现全部道德世界的模型了。同时，由于至善是遵守道德法则而产生的一切东西的全体，或者说是全部道德世界，那么意志就成为至善的"图式"了。

（三）至善不需要道德公设

前面已经指出，在康德那里，至善学说是与道德公设紧密联系在一起的。为了保证实现至善理念的可能性，就必须把自由、不朽和上帝作为实践公设提出来，因为只有设定了不朽，才能设想道德法则的神圣性，只有设定了上帝存在，才能设想幸福与德性之间的精确匹配，只有设定了自由，才能设想一个保证上述理念之可能性的理知世界。对于施莱尔马赫来说，为了全面地批判康德的至善学说，他也必须处理与至善概念紧密相关的公设理论。摆在他面前的问题是，道德公设有没有必要存在？如果有必要，道德公设如何才能建立起来？如果没有必要，那么如何才能保证实现

---

① KGA. I. 1, S. 93.

② Ebd.

至善的可能性？

　　首先，施莱尔马赫明确指出，为了保持理性的一致性，康德的实践公设是不必要的。施莱尔马赫赞赏康德在《纯粹理性批判》中对灵魂不朽和上帝存在的思辨证明所做的批判，并接受康德的结论，即我们的理性永远不能认识最高存在者的实存和我们灵魂的无限延续。但是，他认为康德在第二批判中对上帝和不朽概念的处理会导致两个批判中对理性的理解的不一致。施莱尔马赫认为，人类理性，不论是理论理性还是实践理性，都具有相同的使用界限，因为如果两种理性都以世界的二元论为基础，那么实践理性不应要求比理论理性有更多的权利。也就是说，既然思辨理性已经限制了上帝和不朽理念在超感性世界的运用，那么实践理性就不应该再在超感性的领域中设定它们。施莱尔马赫批判道："然而，我们如何正当地相信，上帝和不朽这些概念的假设的实践应用，比其理论应用更加必要、明显和可论证性，既然在两种运用中这个假设来自同样的基础，即来自我们理性的需要与感性限制条件的冲突，既然与思辨理性具有权利去要求在其无法控制的外在现象中实现自己的理念相比，实践理性没有更高的权利在它属于感性世界的程度上要求在我们的思想中展示它的理念。"① 因此，从人类理性的统一性角度来看，道德公设是不必要的。应该坚守康德在第一批判中得出的辉煌成果，而不是尝试用道德公设的方式来改变这些成果，施莱尔马赫说道："因此，宁愿依据在思辨理性的'辩证论'中对它们所说的一切，把上帝和不朽的概念仍然看作像在这个最新尝试（即第二批判——引者注）之前所做的那样。"②

　　其次，施莱尔马赫批判了康德从至善出发对道德公设的论证，认为从至善这个角度论证上帝和不朽也是不必要的，在他看来，道德法则本身就能保证至善的实现，因为至善本身就是依照道德法则而产生的和应当产生的一切东西的总体，因此它根本不需要这些道德公设来保证实现自己的可能性，因此这些公设是无用的，更不用说它们的必要性了。施莱尔马赫说道："相应的，这也是为什么在我们的判断中，这些公设的假设的必要性正如求助于它们的有用性一样是不可靠的。这个必要性依据于需要产生和

---

①　KGA. I. 1，S. 99.

②　Ebd.，S. 101.

使得至善成为真实的，但是在我看来，这个需要并不像人们想象的那样，具有很好的基础。什么是道德法则？它无非就是理性为意志提出的，并直接决定意志的自然律。什么是至善？它是能够通过那个法则而给出的一切事情的全体。这个全体在只为道德法则所决定的意志中将会是必要的。在这样一种尽管其中可能有其他动机，然而也能够无矛盾地只为实践理性所决定的意志中，它将是可能的。"①

值得注意的是，许多研究者以这段话为依据，认为施莱尔马赫并不像康德那样，认为至善作为一个最终的目的，只能在彼岸世界才能保证其实现的可能性，而是认为不需要设定彼岸世界，至善就能得到完全实现，并因此认为至善是一个建构性理念而非调节性理念。这种观点是片面的，说施莱尔马赫不需要设定彼岸世界是正确的，因为一个彼岸的理知世界（自由）本身就是一个实践公设，而施莱尔马赫是否认实践公设的必要性的。但是说施莱尔马赫的至善能够在此岸世界完全实现，因而它是一个建构性理念则是错误的。他们忽视了施莱尔马赫接下来的一段话："但是，在恰恰缺乏这种财产的我们的意志中，这个全体是不可能的。我们的意志不是直接被道德法则所决定的意志；而是只能通过起源于道德法则的主观动机间接地发生。……对于这种意志，（道德法则）的这些基础并不总是进入意识，并且即便它们进入意识，它们也必须与其他动机进行必要的斗争。在这方面，我们的意志是一种对它来说如果绝对地必须被设想为一个连续统一体也是无法想象的，因此无限的过程也是无法想象的。也就是说，理性并不冒险去决定对于这样一种欲求能力来说，多少至善将会并且能够实现。"② 从这段话中可以清晰地看出，至善在此岸世界的完全实现是不可能的，因此，人们必须把它看作是一个调节性的理念，它指引着人们把意志的准则努力与道德法则相一致，从而使意志成为至善在世界中的"图式"。

最后，施莱尔马赫认为，退一步来讲，即便在康德那里道德公设是必要的，也可以通过不需要幸福要素的至善概念得到证明，而不需要煞费苦心地从德性与幸福的联结那里论证实践公设。因为即便在康德那里，对不朽的设定根本与幸福无关，它只涉及德性或者道德法则的神圣性，涉及最

---

① KGA. I. 1, S. 100.
② Ebd.

高的善。施莱尔马赫认为，康德以德福一致为出发点来论证上帝存在完全
是多余的，因为当康德提出关于不朽的第一个公设时，其实关于上帝的第
二个公设已经被设定了，因为上帝存在本身就是不朽的条件和保证。施莱
尔马赫总结道："实际上，不放弃我们的主要论题，也不把幸福看作至善
的一部分，我们同样能够承认所有这些演绎；因为，就不朽来说，康德自
己对它的演绎仅仅是，我们认为是整体至高的善，而他只认为是其最高条
件；就上帝实存来说，对我们来说，不假设它，我们就不能设想不朽是可
能的。"① 因此，当康德又从德福一致的角度论证第二个公设时，它已经
与第一个相冲突了，因为第一个强调道德法则的纯粹性和神圣性，他说
道："因此，公设原来是完全不一致的，因为，正如我们上面看到的，第
二个公设的真理已经通过这种方式被预设了，在其中第一个公设与一个确
定的主张是相关的，然后通过这种关系被描述为公设。"② 他又说道："在
这两个概念之间，我们发现了如此多的联系，在每一方面我们都不能很好
地把它们看作不是必然相连的，那么，指出它们之间其他新的联结看来是
不必要的。然而，我们不能不这样做，因为它更适合康德体系而非其他。
实际上，这样的联结已经暗含在康德关于第一个公设所说的第二个是不必
要的中了。也就是说，如果道德中无限的进程被意志与实践理性的法则的
完全契合所代替，那么它就不能把我们的意识看作是属于感性世界的理性
存在。如果是这样，我们要么不得不能够把无限的序列看作已流逝的，要
么这个适合将必须不存在于整个序列中，而是它的这个或那个要素中，与
假设相反，它将被认为是最后一个。因此这个代替能够只与把无限进程
看作一个整体的存在者相关，与对他来说时间是虚无的存在者相关。然
而，我们这里得到的，不只是一个无限的进程，也有无限数量的相互无
限接近的实在，然而，所有这些必须表现为是相互分别的。因此，这种
存在者必须同时免于思想能力中固有的任何限制。最后，由于它具有判
断至善的能力，它在最高等级上必须是理性的。这三个限定无疑允许保
持关于它是否为最高存在者。"③ 总之，在施莱尔马赫看来，即使从康德

---

① KGA. I. 1, S. 99.
② Ebd., S. 101.
③ Ebd., S. 98—99.

的立场出发，至善概念也能通过排除幸福概念的方式证明不朽和上帝的概念的必要性。

理查德·布兰特在《施莱尔马赫哲学》中认为，施莱尔马赫对康德关于上帝和不朽的批判，对于《论至善》这篇文章的主要意图来说是次要的，或者说是偏离主题的。[①] 这种观点是错误的。从上面的论述可以看到，对康德的实践公设进行批判，对施莱尔马赫来说是具有重要意义的。一方面，这篇论文是批判康德理论的，而在康德那里，至善与实践公设是紧密相关的；另一方面，对于施莱尔马赫自己的至善理论来说，通过讨论它与上帝和不朽以及道德法则之间的关系，能够让人们更加清晰地看到他在至善问题上逻辑的一致性和确定性。

（四）反对康德的康德主义者

通过描述施莱尔马赫对康德的幸福、道德法则、至善和实践公设等概念及其相互关系的批判，我们可以看到施莱尔马赫并不像许多康德至善学说的批判者那样，从不同于康德的立场来批判康德。早期施莱尔马赫一直把自己看作是康德哲学的继承者和完善者，他要从康德实践哲学的体系内部批判康德的至善概念，或者说是在康德哲学的前提下对康德的至善学说提出内在的批判，以期实现康德未能实现的目标，即建立完全客观的理性伦理学。正如弗洛斯所说："在《论至善》中，康德既是批判的对象，又是施莱尔马赫运用的批判原则的来源，这个证明从这个事实中获得重要支撑，即施莱尔马赫明确地渔翁得利的力量的事实，就绝大部分而言，不是康德与其他哲学家，而是第一批判的康德和第二批判的康德。"[②] 在施莱尔马赫看来，除了把经验性的幸福概念纳入至善概念以外，康德伦理学是哲学史上最好地保持了理性伦理学客观品格的伦理学。这时的施莱尔马赫认为，在一个真正理性的伦理学中，所有伦理学概念都必须是"纯粹的"，都必须来自纯粹理性颁布的道德法则。

正因为施莱尔马赫是从康德哲学体系的内在批判出发，用康德来反对

---

① Schleiermacher. *On the Highest Good*. Translated and Annotated by H. Victor Froese. Lewiston：The Edwin Mellen Press，1992. p. 79.

② Ibid.，p. 87.

康德，那么他的《论至善》这篇文章在某种意义上就表现为受惠于康德多于对康德的反对。狄尔泰曾指出，《论至善》为施莱尔马赫后来的至善概念准备了哲学公式，它包含了一个哲学原则大纲，而这些原则中最重要的那些都是康德的，诸如自我意识必须是伦理思考的起点；在关注自我意识时，发现了先天的理性；先天理性是产生道德原则的基础；这个道德原则的统治是基础性的，从它这里，被规定为道德行动的全体及其成果的至善就产生了。①

总之，如果说康德的至善学说具有二元论色彩的话，那么施莱尔马赫则试图批判和超越这种二元论。首先，他敏锐地看到了康德至善论的困难，指出康德把幸福和德性统一起来的尝试虽然不同于以往的伊壁鸠鲁派和斯多亚派，但是当康德把经验性的幸福要素纳入至善概念之中时，他已经处于他所批判的以往哲学家相同的错误之中了，这导致他所孜孜以求的理性伦理学无法得到真正确立。其次，为了克服康德的困境，施莱尔马赫尝试在至善概念中排除幸福要素，通过仅仅保留德性而实现道德法则和至善之间的一致性，从而实现道德法则和至善之间的直接因果性。但是，施莱尔马赫至善学说面临的问题是，如果从至善中排除经验性的幸福要素，而只涉及对普遍道德法则的遵从及其带来的结果，那么至善就会变得流于形式主义而缺乏现实关切，这同样会导致他的至善变得缺乏现实性。

但是，如果康德把德性和幸福的综合统一建立在彼岸世界是一种缺陷的话，那么施莱尔马赫把德性与幸福割裂开来，从而把幸福从至善中排除出去的观点则是一种更大的缺陷。通过对比康德和施莱尔马赫的至善学说的得失，我们可以看出，第一，德性必须具有理性的品格，它必须体现人们遵守普遍的道德法则时所展现的理性力量，它体现了人超越感性欲望的道德尊严。第二，德性必须与幸福相关，如果像施莱尔马赫所主张的那样把德性与幸福完全割裂开来，那么德性就会有沦为空洞和冷峻的形式主义的危险。第三，幸福必须具有经验性的品格，它体现的是人们对其生活的主观的和客观的综合意识，但正因为它具有经验性和质料性，它就不可能是普遍的和抽象的，而是具体的和多样的，既有遵守道德法则而来的幸

---

①　Wilhelm Dilthey. *Gesammelte Schriften*，XIII band. Vandenhoeck & Ruprecht in Goettingen，1985，S. 91.

福，也有与道德德性无关的其他实践活动而来的幸福，诸如对通过熟练技艺而创造的成果所产生的满足感等等。第四，因此，德性与幸福之间的关系必须是现实的，当人们说德性与幸福之间的综合统一或者至善时，只能说至善就是在现实实践中因遵守道德法则而产生的幸福，它不能是一个处在彼岸世界的理念，而是在现实的道德实践中就应该产生，也能够产生的。总之，当人们不再抽象地谈论普遍的幸福，而是谈论由现实德性而产生的幸福时，才有可能避免康德把至善推远到彼岸世界和施莱尔马赫把至善与幸福割裂开来的错误，才有可能真正实现一种立足现实世界的，体现德性和幸福和谐统一的至善境界。当然，施莱尔马赫的这种纯粹唯理论的至善观并没有保持很久，它很快就被他的一种更加综合的具有经验品格的至善学说所取代，虽然他关于至善是遵守道德法则而产生的一切结果的基本观点没有改变。

有研究者认为，在《论至善》中，施莱尔马赫是用莱布尼茨—沃尔夫学派的完善概念来反对康德的至善概念。虽然成熟时期的施莱尔马赫很重视完善概念，但是在写作《论至善》时期的施莱尔马赫那里，完善概念还没有被他精确地提出和论证，他更多地表现为康德派而非沃尔夫派。正如弗洛斯所言："在这里更多的是，施莱尔马赫的诸论点，幸福在理性伦理学中没有位置，理性伦理学是原则性地关注准则的一致性与普遍性，以及伦理学中真正理性的思想将通过严格符合纯粹（作为经验的对立面）的概念得到保证，这些实际上在任何可辨别的形式上都是康德的（即便是对康德提出异议时），而不能归于沃尔夫学派。"[1] 而这一时期的施莱尔马赫在给朋友好友布林克曼的信中指出的："所有这些必定给你一种相当反康德的印象；然而我真心向你保证，我对这种哲学的信仰每一天都在增长。"[2]因此，在讨论这一时期施莱尔马赫对康德的批判中，我们也不能忽视施莱尔马赫对康德学说的借鉴和吸收，因为这种借鉴和吸收一直伴随着施莱尔马赫成熟的至善学说。

---

① Schleiermacher. *On the Highest Good*. Translated and Annotated by H. Victor Froese. Lewiston：The Edwin Mellen Press，1992，p. 92.

② KGA. V. 1，S. 191.

第 三 章

施莱尔马赫对至善学说的历史批判

　　早期施莱尔马赫不仅重视对当时具有重要影响的康德至善理论的批判，而且具有更加广阔的视野，他还尝试对历史上的各种至善学说进行批判研究，这种尝试在《论至善》中已经展开了，并且在 1803 年出版的《批判大纲》中得到了深化。在《论至善》中，他以历史为线索，批判地考察了以往各个历史阶段的至善理论。而在《批判大纲》中，他以更加广阔的视野，对以往的各种伦理学范畴进行了详尽的批判。对至善学说的批判虽然只属于这个《批判大纲》的一部分，却是最为重要的一部分。这些批判为施莱尔马赫提出自己成熟的至善学说奠定了坚实的基础。

一　《论至善》中的历史批判

　　有很长一段时期，施莱尔马赫在《论至善》中对历史上的各种至善学说的批判并不为人们所知。造成这种局面的主要原因就是狄尔泰的删减和注释版本的长期流行。在这个版本中，狄尔泰把施莱尔马赫的主要工作看作是对康德至善学说的批判，以至于他把对至善的历史批判看作无用的而加以删除。狄尔泰的这种影响持续了很长时间，直到麦肯斯多克修订本的出现。在这个修订本中，麦肯斯多克恢复了被狄尔泰所删减的施莱尔马赫对从苏格拉底直到康德的至善理论的批判，为人们有机会真正全面地把握《论至善》提供了文本上的依据。

　　在《论至善》中，施莱尔马赫把至善学说的发展史分为古希腊时期、新柏拉图主义——基督教时期和现代三个阶段，并着重处理了第一个阶段和第三个阶段。

（一）古希腊时期至善学说批判

在施莱尔马赫看来，古希腊时期至善学说的代表人物是柏拉图、亚里士多德、怀疑派、伊壁鸠鲁派和斯多亚派。

1. 柏拉图

柏拉图的至善学说与其理念论具有紧密关联。所谓理念，即是一般、共相，或者说是事物的概念。柏拉图把世界划分为感性世界和理念世界，其中前者是人的感官所接触到的世界，是变动不居的流变世界，它没有真正的实在性。在柏拉图看来，只有靠人类理性才能认识的理念世界才是真实的世界，因为理念作为一种非物质的概念性存在，不会随着事物的流变和消逝而消失，它能构成一种超感性的、永恒不变的、绝对真实的世界。在柏拉图那里，理念世界具有本源性，它是感性世界的原型，而后者只是作为理念世界的摹本而存在的。

柏拉图又指出，理念是多种多样的，并且是相互关联和具有秩序的，其中最高的理念是善的理念，它甚至高于美和正义，从而成为世界的最终原因，他说道："但是无论如何，我觉得，在可知世界中最后看见的，而且是要花很大的努力才能最后看见的东西是善的理念。我们一旦看见了它，就必定能得出下述结论：它的确就是一切事物中一切正确者和美者的原因，就是可见世界中创造光和光源者，在可理知世界中它本身就是真理和真理的决定源泉；任何人凡能在私人生活或公共生活中行事合乎理性的，必定是看见了善的理念的。"（517B—C）[1] 从这段话中不难看出，善的理念不仅是世界的原因，也必然是人类认识和行动的最终目的。为了看见善的理念，人们必须在私人生活或公共生活中都合乎理性地行动，从而成为知善和行善之人，因为"最善者和最正义者是最幸福的人"（580C）[2]。

在柏拉图那里，幸福的人就是追求善的理念之人，而追求善的理念之人就是依照理性去行动之人。这样，柏拉图就把幸福和理性紧密结合起来

---

① 中译本参见［古希腊］柏拉图《理想国》，郭斌和、张竹明译，商务印书馆1986年版，第276页。

② 同上书，第366页。

了。真正的幸福并不是感性欲望的满足，也不是对物质的占有和享受，而是依照理性的法则去追求善和正义。因此，柏拉图的至善无疑就是认识和追求善的理念。当然，在他看来，只有哲学家才具有认识和通达至善的能力，因为只有哲学家才具有完全按照理性去行动的天赋。他说道："我们所假定的哲学家的天赋，如果得到了合适的教导，必定会成长而达到完全的至善。"（492）① 而一般的城邦公民，总是受到感性欲求的支配，既无法认识善的理念，也没有追求善的勇气，因而无法达到至善的境地。

施莱尔马赫高度评价了柏拉图的至善学说，认为它在古希腊时期是最有价值的至善学说。原因有二。其一，施莱尔马赫指出，柏拉图明确地区分了道德法则和幸福，其中道德法则是通过"纯粹的、未被败坏的和神圣的理性"所颁布的，它是内在于人的，而幸福则是一切经验的快乐的全体，它是外在于人的，因此在二者之间必须作出区分。他说道："他（柏拉图）不仅把道德法则和幸福概念相区分，并且在某种意义上，他也把这个概念与至善相区分。他把道德法则看作独立于幸福理念，看作存在于理性中，但是他并不为更详细地检验如何和为何我们被限定于它而困扰。他把它看作是内在的。"② 从上面对柏拉图至善学说的简述可知，施莱尔马赫对柏拉图幸福概念的理解是片面的。在柏拉图那里，幸福不仅有感性的经验性幸福，还有通过认识理念特别是善的理念所带来的理性的幸福。诚然，柏拉图区分了道德法则与感性幸福，但他并没有否认后一种理性的幸福。

施莱尔马赫高度评价柏拉图至善学说的第二个原因是，他认为柏拉图的至善学说把真正的至善与道德法则紧密结合在一起，从而排除了幸福这一要素。这个评价同样是片面的。说柏拉图把至善和道德法则结合在一起是正确的，但是说柏拉图完全排除了幸福则是错误的，柏拉图只是排除的感性幸福，他保留了理性幸福，他所说的"最善者就是最幸福之人"这句话就是明证。很明显，在这里施莱尔马赫有把柏拉图强行拉入自己所赞同和追求的处理方法之中的嫌疑，这导致他对柏拉图的赞美也有了不令人信

---

① 中译本参见［古希腊］柏拉图《理想国》，郭斌和、张竹明译，商务印书馆 1986 年版，第 240 页。

② KGA. I. 1, S. 109.

服之感。

　　当然，施莱尔马赫也并非完全赞同柏拉图。他也看到，在柏拉图那里，真正的至善与道德法则并非像代数方程式与曲线那样具有直接的和唯一对应的关系，他把至善看作是某种完全外在于道德法则的实践领域，因而也是没有任何希望能够完全达到的。施莱尔马赫说道："当讨论到至善，他（柏拉图）在真正的至善和可能为人的至善之间进行了详细的区分。前者只有通过理性，通过纯粹的、未败坏的、神圣的理性才是可能的和确定的，后者也构成对道德法则的遵从，但没有外在的附加就不遵守。因此，他拥有道德法则，以及一个完全遵守它的至善，但是他相信，这个至善是完全外在于道德法则的实践领域的，且没有任何希望能得到它。"① 施莱尔马赫还指出，在柏拉图那里，还存在一种经验的至善，只不过直接地和独自地追求对这种经验的至善是为道德法则所禁止的。对柏拉图来说，人们应当追求的是真正的至善，它是一种神圣的真理，而对于经验的善，它只是在比喻的意义上来使用的。

　　但是施莱尔马赫在这里还是误解了柏拉图，他通过分析柏拉图在感性和理性、道德法则和幸福、真正的至善和经验的至善之间的区分，认为柏拉图坚持其中一个，就必定会排斥另一个。这种二元论的非此即彼的观点恰恰只是许多近现代人的观点，而非古希腊人的观点。例如，在柏拉图那里，理性不仅是提供普遍原则的能力，也是一种统治性的能力，它不仅能颁布可普遍化的道德法则，同时它也能培养人们的其他能力，使之不断朝向完善进步。再如，柏拉图认为，人除了有理性以外，还有情感和意志。柏拉图虽然指出后二者对于认识善的理念没有帮助，但并不否认它们存在的价值。相反，在理性智慧的指引下，情感和意志也能表现出适当的德性，如意志的德性是勇敢，即坚决服从和执行理性的命令，不为感性欲望所驱使，而情感的德性表现为节制，即克制感性欲望。在柏拉图看来，当理性的智慧、勇敢的意志和有所节制的情感相互和谐之时，一个人才是真正具有德性的人。

　　可见，柏拉图并没有像施莱尔马赫批判的那样，完全排斥感性要素以及经验性的至善。当然，这只是施莱尔马赫早期不成熟的观点，后期施莱

---

　　① KGA. I. 1, S. 109.

尔马赫已经充分地认识到了这种现代二元论的局限性，认识到感性世界和理智世界并不是截然对立的。后期施莱尔马赫把理性与感性、精神与自然之间的关系看作是相互渗透、不断交织的生成过程，从而提出了自己生成的伦理学和生成的至善学说。对于这一点，我们会在后面的章节中进行详细论述。

2. 亚里士多德

至善是亚里士多德伦理学的核心概念，而他的至善学说又与幸福概念紧密相关。亚里士多德认为，幸福是人们从事一切活动的最终目的，因为幸福自身就是完美自足的，值得欲求的，它自成目的，而不以其他东西为目的，不是达到别的什么目的的手段。亚里士多德说："所以，我们把那些始终因其自身而从不因他物而值得欲求的东西称为最完善的。与所有其他事物相比，幸福似乎最会被视为这样一种事物。因为，我们永远只是因它自身而从不因它物而选择它。……我们所说的自足是指一事物自身便使得生活值得欲求且无所缺乏，我们认为幸福就是这样的事物。不仅如此，我们还认为幸福是所有善事物中最值得欲求的、不可与其他善事物并列的东西。……所以幸福是完善的自足的，是所有活动的目的。"（1097a—1097b）[1] 他又说道："幸福是万物中最好、最高尚［高贵］和令人愉悦的……即使幸福不是来自神，而是通过德性或某种学习或训练获得的，它也仍然是最为神圣的事物。"（1099a—1099b）[2] 通过把幸福称为"自足的"、"最完善的"、"无所缺乏的"、"因自身而值得欲求的"、"最好的"、"最高尚的"、"最神圣的"和"所有活动的目的"，亚里士多德已经把幸福看作是最高的善、最大的善，或者说是至善了。在他那里，幸福的实现和达到至善是一回事。

亚里士多德进一步指出，把幸福看作是至善，在当时的古希腊社会中并不稀奇，甚至有点"老生常谈"的味道。对他来说，关键是要讨论如何才能获得幸福，什么样的生活才是幸福的生活。而这正是伦理学的任务所在。与当时流行的把幸福看成快乐、荣誉或者财富等观点不同，亚里士多

---

　　[1]　中译本参见［古希腊］亚里士多德《尼各马可伦理学》，廖申白译，商务印书馆2003年版，第18—19页。

　　[2]　同上书，第24—25页。

德把幸福看成灵魂的合德性的活动。他认为，虽然快乐、荣誉和财富这些东西能够给人带来幸福，但它们还不是幸福本身，甚至有的时候它们还会给人带来痛苦和不幸。只有德性才能给人带来真正的幸福，因为合乎德性的行动也是"高贵的"和"令人愉快的"，其报偿也是"最好的"，是"某种神圣的福祉"（1099a—1099b）①。因此，亚里士多德明确地说："造成幸福的是合德性的活动，相反的活动则造成相反的结果。"（1100b）②"幸福是灵魂的一种合于完满德性的实现活动。"（1102a）③ 在亚里士多德看来，如果一个人是有德性之人，那么他也必定是幸福之人，因为德性的回报正是幸福。

这样，亚里士多德就由幸福转向对如何获得或培养德性的探讨。在他那里，德性不是情感，也不是能力，而是人所具有的一种品质，一种"既使得一个人好又使得他出色地完成他的活动的品质"（1106a）④。德性的典型特征就是能够"在适当的时间、适当的场合、对于适当的人、出于适当的原因、以适当的方式"（1106b）⑤ 作出适度而又最好的选择。因此，真正的德性就是适度或者中道，而与它相对的就是不及和过度。以这种方式，亚里士多德讨论了人应当具有的许多德性，如作为怯懦与鲁莽之中道的勇敢，作为吝啬与挥霍之中道的慷慨等。总之，在亚里士多德看来，当一个人在其一生中都能实现这种合德性的活动时，这个人就是幸福之人，他也就达到了至善的境界。

在《论至善》中，亚里士多德遭到了施莱尔马赫的严厉批判。施莱尔马赫认为，亚里士多德的最大错误就在于把伦理学看作是幸福学说，把至善看作就是幸福的实现，"在亚里士多德看来，伦理学无非是幸福学说，而幸福就是他的至善"⑥。因此，亚里士多德的伦理学及其至善学说都是经验论的，还没有上升到纯粹的实践理性的层面。施莱尔马赫尖锐地批判

---

① 中译本参见［古希腊］亚里士多德《尼各马可伦理学》，廖申白译，商务印书馆 2003 年版，第 24—25 页。
② 同上书，第 28 页。
③ 同上书，第 32 页。
④ 同上书，第 45 页。
⑤ 同上书，第 47 页。
⑥ KGA. I. 1，S. 110.

道，在亚里士多德那里，根本没有实践理性，或者说亚里士多德根本不知道理性本身可以是实践的，更不知实践理性是可以独自形成可普遍化的道德法则的。因此，对亚里士多德来说，理性只不过是如何获得幸福的手段而已，"亚里士多德只想要幸福，并假定所有人都必须把幸福作为他们的目的。然而，根据幸福概念在联合所有各种行为中全面发展，他把幸福看作是所有能力的一种运用。因此，他不能从单一能力的兴趣中，或者个体的倾向中得出他的实践准则。相反，他用理性评价所有能力和倾向，去确切计算他将必须承认每一个有多少，通过这种方法，他达到幸福包含纯粹德性，但是这个概念是完全经验的，且来源于幸福和快乐"①。施莱尔马赫认为，当亚里士多德只关注于作为达到外在幸福的手段的理性时，他就丢掉了内在的自身是实践性的理性。这样，幸福和至善就仅仅表现在人们的外在行为之中了，而不是从普遍的道德法则那里产生，一种理性的伦理学在亚里士多德那里就变得不可能了。

在《尼各马可伦理学中》，亚里士多德还把德性区分为道德德性和理智德性，其中前者表现在人的合德性的实践活动中，而后者表现在人的知识推理和沉思中。如果在实践中灵魂的合德性的活动产生幸福的话，那么在知识活动中，能产生幸福的活动就是沉思活动，因为沉思活动最接近神的活动，它以不动的和永恒的东西为对象。亚里士多德进而指出，由于沉思的活动更接近于神的生活，因此相对于道德实践的生活，理论沉思的生活才是更加幸福的。他说道："幸福与沉思同在。越能够沉思的存在就越是幸福，不是因偶性，而是因沉思本身的性质。因为，沉思本身就是荣耀的。所以，幸福就在于某种沉思。"（1178b）② 亚里士多德的这种观点产生了一直困扰研究者的一个问题，即他一方面认为灵魂的合德性活动就导致幸福和至善，另一方面又认为沉思活动所带来的幸福比这种幸福和至善更为神圣的幸福，那么问题就是，合德性的道德活动所带来的幸福和至善还是不是最终的目的了呢？这个问题也被施莱尔马赫提了出来。施莱尔马赫指出，正是由于亚里士多德不知道理性既可以是沉思的，也可以是实践

---

①　KGA. I，1，S. 110.

②　中译本参见［古希腊］亚里士多德《尼各马可伦理学》，廖申白译，商务印书馆 2003 年版，第 310 页。

的，当他把理性看作人的高贵能力的时候，他就只能认为相比于以幸福为至善的实践生活，理性的沉思生活是更加高贵的，而这就导致他的伦理学出现了一种难以克服的矛盾或困难，即一方面幸福的生活是至善，另一方面沉思的生活比这种至善更加神圣，施莱尔马赫说道："正是从这种原因出发，相比于实践生活，亚里士多德给沉思生活以优先性就出现了。他不可避免地把理性看作是我们的高贵能力，并把它的行动的表现看作是最高贵的。然而，他只知道思辨的理性，不知道有实践理性。因此，他不得不承认，最完满的生活是一种其变化由思辨理性单独规定的生活，并且他煞费苦心安置的幸福概念甚至不是最高的，他本来是能把它导向他的期望的。"①

3. 怀疑派

怀疑派是晚期希腊的一个重要派别。这一派别的代表人物是皮浪，以至于怀疑派也被称为皮浪派或皮浪主义。怀疑派在认识论上对确定的真理持怀疑态度，认为人们只能认识事物呈现出来的各种现象，而无法获得任何确定的知识。因为在他们看来，一切证实都要有前提，这个前提要么是已经证实过的事物，要么是无法证实的事物。若前提是已经证实的事物，那么这个已经被证实的事物，仍然需要证实，以此类推，以至无穷；若前提是无法证实的事物，那么这个证实本身就是可疑的，靠不住的。皮浪说："因此，我既不能从我们的感觉也不能从我们的意见来说事物是真的或假的。所以我们不应当相信它们，而应当毫不动摇地坚持不发表任何意见，不做任何判断，对任何一件事物都说，它既不不存在，也不存在，或者说，它既不存在而也存在，或者说，它既不存在，也不不存在。"② 怀疑派认为，像柏拉图和亚里士多德等人认为自己发现了真理，这其实只是一种独断论，是一种意见，事实上是人们根本无法获得确定的真理。因此，怀疑派认为，对于事物，人们应当存疑，不做判断，这样人们才不会为各种理论争论所困扰，才能达到灵魂的安宁，"最高的善就是不做任何判断，随着这种态度而来的就是灵魂的安宁，就像影子随着形体一样"③。

---

① 　KGA. I. 1，S. 112.

② 　北京大学哲学系编：《西方哲学原著选读》上卷，商务印书馆 1981 年版，第 177 页。

③ 　同上。

　　在实践生活中，怀疑派否认一切确定的善恶标准，认为所谓的善恶只是人们的意见或成见，根本没有对一切人都是善的或者都是恶的事物。"毫无疑问，所有的事物都被称为善是不可能的；同样的事情被一个人称作善，却被另一个人称作恶。"① 既然没有确定的善恶标准，那么人们应当如何行动呢？怀疑派认为，在日常生活中，人们只是依照传统和习俗而行动。但是对于真正的哲人而言，他会尽可能地克制自己，使自己尽可能摆脱感官欲望的干扰。哲人既悬置意见，不做判断，也内心宁静，不采取行动。这种断尘缘、泯生死、独善其身的哲人理想被关于皮浪的一则故事演绎得淋漓尽致：有一次他和同伴们一起乘船出海，遇到了风暴。同伴们都惊慌失措，而他却若无其事，指着船上一头正在吃食的小猪，对他们说，这就是哲人所应当具有的不动心状态。②

　　施莱尔马赫认为，在怀疑派的主张中，有两点应当肯定。首先，怀疑派的"不动心"理论要求摆脱感性欲望，排斥经验性的幸福，这对于建立理性伦理学来说是至关重要的步骤，他说道："完全确定的是，怀疑论者完全抛弃了这个幸福概念，并且他们无疑这样做时干得很好。"③ 其次，排除了经验性要素之后，怀疑派把德性看成是理性的事情，从而把至善看作是理性的全部领域。"这样，如果认为他们已经以'自然的简单'为题目为自己建构了一个全新的至善思想，那么将无法充分地判断他们。在一定程度上好像怀疑论者完全知道至善构成了理性的全部领域。"④ 在施莱尔马赫看来，把至善看作完全是理性的，这也是建立完全理性的客观伦理学的必要前提。

　　在赞赏怀疑派对感性欲望以及幸福的排斥时，施莱尔马赫也看到，怀疑派犯了另外两种错误。首先，怀疑派认为至善是可能并且是必须得到完全实现的，并且为了实现这种至善，人们必须排斥一切感性欲求，因为这是达到至善的必不可少的条件。第二章已经指出，在施莱尔马赫看来，至善是不可能在现实世界得到完全实现的，它只是一个调节性的理念。与这个错误相关的第二个错误是，怀疑论者认为社会条件是产生这种感性欲求

---

① 苗力田主编：《古希腊哲学》，中国人民大学出版社 1989 年版，第 665 页。

② 同上书，第 652 页。

③ KGA. I，1，S. 112.

④ Ebd.

的源泉，他们甚至要求人们从社会中抽身出来，只过一种接近自然的生活。"他们相信，社会条件是一切相互反对的感性需要的源泉。他们相信，自然不能把许多负担加到人类身上，即残酷地把他们从高处抛向那种尽管好像被注定的东西上。这就是为什么如果一个人从一切社会中抽身，就只有靠近自然（尽管看起来是不自然的），直到其中的每个人只需要一个口袋和木棒。"① 这种独善其身的"不动心"最终甚至连美的情感和愉快的情感、荣誉的情感都不再对他们产生影响了。这样为了获得至善而放逐对它的一切欲求和情感的做法必然会导致禁欲主义，而这却是施莱尔马赫所无法赞同的，他无不惋惜地说道："这样，努力达到至善，连同许多正确的洞见，只是被一个错误的论题所损伤，就变成了毫无成果的哲学禁欲主义。"② 在施莱尔马赫看来，伴随着这种禁欲主义，人们追求至善的动机也消失了。因此，怀疑派的主张陷入了这样一个悖论，他们孜孜追求至善，最终却是否定至善。③

4. 伊壁鸠鲁派

如果怀疑主义者完全拒斥幸福的话，那么伊壁鸠鲁派和斯多亚派则寻求把幸福和德性联结起来，只不过是以完全相反的方式来做的。

伊壁鸠鲁的伦理学通常被称为快乐论或者幸福论。伊壁鸠鲁认为，人生的目的就在于追求快乐和幸福，并把这种快乐和幸福的获得看作是至善。在《致美诺寇的信》中，他说道："我们说快乐是幸福生活的开始和目的。因为我们认为幸福生活是我们天生的最高的善，我们的一切取舍都从快乐出发；我们的最终目的乃是得到快乐，而以感触为标准来判断一切的善。"④ 与柏拉图理性主义的德性论相比，这种经验主义的幸福论主张

---

① KGA., I.1, S.113.

② Ebd., S.113.

③ 有研究者指出，施莱尔马赫在讨论怀疑论者以及新柏拉图主义者（见本章的第二小节）的至善学说时，对这两个学派排除一切感性欲求的禁欲主义提出了质疑和反驳，这好像和他在第二章中批判康德的至善学说有明显的矛盾。在批判康德时，施莱尔马赫明确提出为了建立完全理性的客观伦理学，在至善中必须排除作为感性经验的幸福要素。而在这里，施莱尔马赫似乎承认感性情感在至善中占有位置。实际上，这种矛盾之说是不成立的。施莱尔马赫只承认感性情感对于人们追求至善具有激励或刺激作用，他并不承认感性情感要素可以作为构成至善的必要要素而存在。

④ 周辅成编：《西方伦理学名著选辑》上卷，商务印书馆1964年版，第103页。

人们应当追求尘世的幸福和快乐。但是，如果认为伊壁鸠鲁派只追求感性快乐和物质享受则是错误的。伊壁鸠鲁对快乐进行了明确的规定，他认为真正的快乐乃是肉体健康和灵魂平静，他说道："当我们说快乐是最终目的时，我们并不是指放荡者的快乐或肉体享受的快乐（如有些人所想的那样，这些或者对我们的意见是无知的，或者是不赞成我们的意见或曲解了我们的意见），而是身体上无痛苦和灵魂上无纷扰。"① 为了实现身体的健康和灵魂的安宁，人们就不能追求所有快乐和避免所有痛苦，因为有的快乐是会带来更大的痛苦，而有的痛苦则会带来更大的快乐。因此，真正快乐的人必定是懂得运用清醒的理性来合理地在痛苦和快乐之间进行选择的人，因而是明智的人，伊壁鸠鲁把明智看作是最大的善和德性，因为一切的其他德性都是从明智那里产生出来的。既然德性对于人们在快乐和痛苦之间进行取舍至关重要，那么伊壁鸠鲁强调快乐的生活与德性是密切相关就是自然而然的了，他说道："各种美德都与愉快的生活共存，愉快的生活是不能与各种美德分开的。"② 总之，快乐和幸福之人必定是有德性之人，反之亦然。这样的人也是达到伊壁鸠鲁派的至善目的的人。

　　站在建立理性伦理学的立场之上，施莱尔马赫并不认同伊壁鸠鲁派的幸福论和至善论。但是在《论至善》中，他把更多的精力用在了批判康德对伊壁鸠鲁派的误解之上。

　　在第二章讨论康德的至善学说时，我们已经指出，康德认为伊壁鸠鲁派把德性与幸福之间的关系看作是分析的，即幸福包含德性，一个有福之人必然是一个有德之人。施莱尔马赫认为这是康德对伊壁鸠鲁派的有意曲解。施莱尔马赫认为，对于伊壁鸠鲁派来说，他们已经看到了德性和幸福之间并非完全同一，与某些幸福相比，一些德性是更高更稳定的东西，即便是为了这些幸福，也不能牺牲掉这些德性；因此，为了依照道德法则去行动而失去一些幸福则是必要的。因此，在伊壁鸠鲁派那里，幸福和德性之间处于一种矛盾的平衡状态之中，人们不能永远按德性来行动，因为德性不关注结果（幸福），同时人们也不能为了一切幸福而放弃德性。施莱尔马赫说道："即便是伊壁鸠鲁派，看来也没有把他们为了幸福而为自己

----

① 周辅成编：《西方伦理学名著选辑》上卷，商务印书馆 1964 年版，第 104 页。

② 同上书，第 105 页。

建构的准则看作德性。他们觉察和感到，德性是某种更高和更稳定的东西，某种完全独立的东西。……因此，他们根据德性法则来解决，即使他们在这个过程中失去了一些幸福。他们并没有完全放弃德性去解决，而是对他们来说，德性不习惯于寻求结果，如果无条件地跟随它，将时常轻易地把他们带到'法拉利斯的公牛'，所有幸福人的噩梦。因此，他们承认，一个人时常不能用别的方法得到一部分幸福或者不能以别的方法避免比完全脱离德性更大的不幸，另一方面，除了完全放弃幸福又需要它，一个人时常不能遵守德性。"① 因此，施莱尔马赫认为，伊壁鸠鲁派所追求的不是把幸福和德性看成是同一的，而是把它们看作为相互附属的两个不同的原则，把二者平衡起来才是真正的至善。因此，施莱尔马赫认为康德把伊壁鸠鲁派的至善学说总结为"幸福即是德性"的观点是错误的，他们追求的是德性与幸福的均衡一致而非完全同一。从上面对伊壁鸠鲁派关于快乐和德性的关系的论述来看，施莱尔马赫对康德的批判是有道理的。

5. 斯多亚派

如果说伊壁鸠鲁派的至善学说更多地与经验主义的快乐和幸福相关的话，那么在斯多亚派这里，至善则更多地与理性及其颁布的道德法则相关，只是他们把理性理解为自然或者本性。因此，在斯多亚派这里，依照理性而生活，与依照道德而生活和依照自然而生活，表达的是同一个意思。拉尔修在《名哲言行录》中曾总结了斯多亚派的这种观点，他说："芝诺，作为第一个哲学家，在他的《论人性》中说至善就是明显的依照自然而生活，也就是依照道德而生活，因为自然领导我们走向道德。克林赛斯在它的《论快乐》，和波塞都尼亚斯与海克通等人的《目的至善论》都是这样主张的。……我们个人的本性就是宇宙的自然的一部分，合乎自然的方式的生活就是至善，就是说至善是合乎个人的本性及宇宙的自然，不应作任何为人类普遍法则习惯上所禁止的事。"② 由于人为理性既是宇宙的本性（自然），也是人的本性（自然），斯多亚派认为这种依本性（自然）而生活的人生理想必然要节制感性欲望，排除"烦恼"、"希望"和"恐惧"等情绪对人的影响，从而达到"不动心"的宁静状态。他们认为，

---

① KGA., I. 1, S. 113—114.
② 引自周辅成编《西方伦理学名著选辑》上卷，商务印书馆1964年版，第215页。

这种状态既是"快乐之人的美德",也是"完满生活的快乐"。在《实践理性批判》中,康德正是依据这些理论而把斯多亚派的观点归结为"德性即幸福"。

然而,施莱尔马赫却认为,在斯多亚派那里,德性与幸福也不是简单的绝对同一关系。他认为在斯多亚派那里,幸福包含三个部分,其中幸福的第一部分与德性相对立,例如"外在的善"和"愉快的情感",需要把它们排除出至善的领地,但他同时强调,这样的幸福其实只占幸福的一小部分。幸福的第二部分是与至善无关的,既不促进也不阻碍它,他把这一部分幸福看作至善的附加部分。在斯多亚派那里,幸福中的第三部分,也即最大和最重要的部分是作为德性的必要结果而存在的,它们构成了至善的必不可少的要素。

因此,施莱尔马赫认为,斯多亚派仅仅是排除了与德性相对的那部分幸福,他们不但追求作为"德性的必要结果"的幸福,也追求作为至善的"附加部分"的幸福。因此,"在道德法则的范围内,他们把这个法则称为他们意志的一个自然法则(因为他们相信他们能走这么远),他们这样做,至善在他们看来就变得真实了;在道德法则不能达到的范围,他们依据感性,这样做幸福就产生了。在使他们成为有德性的必要性之外,他们承认使他们幸福的需要。然而,既然幸福已经从至善中移走这么远,他们不知道有其他方法能帮助他们,而是把幸福简化为单纯的意见话题——如果他们能足够坚强地想象他们是幸福的,那么他们就相信他们是幸福的。"①如果在斯多亚派那里,至善同时包含作为道德法则之结果的幸福,又包含不与道德法则相冲突的作为"附加部分"的幸福,那么,对于斯多亚派来说,至善就并不是康德所总结的"德性即幸福",它同样是一个两种不同要素的结合。因此,在施莱尔马赫看来,康德把斯多亚派的至善学说总结为"德性即是幸福"的观点,也犯有简单粗暴的错误。

(二)新柏拉图主义——基督教时期至善学说批判

施莱尔马赫认为,在中古时期的漫长时代里,只有两种具有体系特征的伦理学,即新柏拉图主义伦理学和基督教伦理学。

---

① KGA. I. 1, S. 117.

1. 新柏拉图主义

新柏拉图主义的代表人物是普罗提诺，他以柏拉图的理念论为理论基础，并用神秘主义的方式把柏拉图《巴门尼德篇》中的"一"看作是宇宙万物的本源，宇宙万物都是从它那里"流溢"出来的，普罗提诺认为，从"一"中最先流溢出来的是宇宙理性或宇宙精神，这个宇宙理性就是柏拉图的理念世界，它是现实世界的原型。从宇宙理性流溢出来的是灵魂，它首先是世界灵魂，在从世界灵魂中流溢出个别灵魂。流溢过程的最后阶段是灵魂将物质世界造成形体。普罗提诺还指出，"一"是最为自足和完满的，就是上帝本身。而从"一"中流溢出来的东西与它相比，都是不完满的。宇宙万物由于"流溢"的先后，以及与"一"之关系的远近而构成了等级的差别，其中物质世界距离"一"最远，也最不完善。

普罗提诺还指出，"一"也是世界中一切善的根源，它是"超善"者，也就是说，它就自身而言，不是善，但相对于流溢出来的世界而言，它就是善，是最高的善。他说道："所以对于'一'而言，没有东西是善的，也没有对于它是善的事物之愿望。它是'超善'。它对于其自身而言并不是善，对于那些能够分有它的事物，它方是善。"[1] 以此类推，由于物质世界与"一"最远，它就是最低的善，在某种意义上，它甚至根本就不是善，而是邪恶的根源，因为它本身就是善的缺乏和否定。

既然物质世界本身是低级和邪恶的，那么如果有人迷恋于物质世界的享乐和幸福，则他必然就是邪恶和卑贱的。因此，在普罗提诺看来，真正的德性就是脱离物质世界，逐渐向"一"靠拢，变得与上帝相似。他说："因为诸恶存在于此世而必然地在这个世界上萦回，但是灵魂却愿望脱离诸恶；所以脱离此世是必要的。这个脱离是什么？柏拉图说，就是变成和上帝相似。如果我们变成了是公正的和虔诚的，又具有［理智的］明智，简而言之，如果我们［真］是有德性的，则变成和上帝相似就会成功了。"[2] 但是，人如何才能具有德性，变得"和上帝相似"呢？普罗提诺提供的选择是净化灵魂，即清除一切感性欲望，摆脱肉体的束缚，在禁欲、清修和"出神"的神秘状态下达到与"一"和"上帝"融为一体。

---

① 引自周辅成编《西方伦理学名著选辑》上卷，商务印书馆 1964 年版，第 275 页。

② 同上书，第 264—265 页。

　　施莱尔马赫对新柏拉图主义的伦理学进行了激烈的批判，认为这种伦理学的神秘主义特征，正好迎合了那个狂想与迷信时代的精神。他指出，这种伦理学虽然来源于柏拉图哲学，但它完全误解和误用了它的来源，是彻头彻尾的"过分狂热的误解"。这种伦理学把至善看作是外在于人的"一"或上帝，把道德法则看作是达到与"一"融为一体的工具，结果导致至善和道德法则之间是一种完全外在的关系，道德法则作为手段和作为目的的至善完全对立起来了。然而，新柏拉图主义者又通过任意的和神秘的方式把二者联结在一起。在施莱尔马赫看来，这种狂热和迷信的做法没有任何科学性可言。文德尔班也认为，新柏拉图主义者的形而上学已经退化为神话，而他们的伦理学已经退化为"妖术"。①

　　施莱尔马赫还看到，新柏拉图主义者关于德性和幸福的观点与前面批判过的怀疑主义相似。他们都完全排除感性欲求的做法只会导致禁欲主义，而禁欲主义最终会导致人们失去追求至善的动机。他追问道："如果有人问，'一旦你们丢弃一切激情和感性动机，那么你们认为还会留下什么可做呢？'怀疑论者很可能不得不陷入沉默。"② 施莱尔马赫认为，在至善问题上，新柏拉图主义者必然会陷入和怀疑论者一样的困境之中。

　　2. 基督教

　　与古希腊的至善学说相比，基督教的至善学说具有明显的不同。基督教的至善学说属于基督教伦理学，而基督教伦理学则是基督教神学的组成部分，它们都与基督教的教义和信仰相关。如果说基督教伦理学是"从基督信仰和人类理性的角度出发去研究寻求人生目的时所遵循的一些原则"③ 的话，那么基督教的至善学说就是用理性探讨这个值得寻求的人生目的是什么的学说。在《圣经·新约》中，这种人生目的或者至善被表达为相信耶稣基督所传的福音，通过悔改而进入上帝的国，"天国近了，你们应当悔改"（《马太福音》，4：17）。在基督教神学家那里，对这种至善有了进一步的阐释和发挥。例如，在奥古斯丁那里，至善就是永生，并认为它构成上帝之城的首要问题。他说道："因此，若要问我们上帝之城对

---

　　①　［德］文德尔班：《哲学史教程》上卷，罗达仁译，商务印书馆1993年版，第337页。

　　②　KGA. I. 1, S. 119.

　　③　［德］白舍客：《基督宗教伦理学》第一卷，静也等译，上海三联书店2002年版，第1页。

这些观点会做出什么样的回应，其中的首要问题是上帝之城对至善与至恶的看法是什么，那么我们的回答如下：永恒的生命是至善，永恒的死亡是至恶，为了获得永恒的生命，避免永恒的死亡，我们必须公义地生活。"①既然至善是永生，那么很明显至善在现实世界或者尘世之城中是无法实现的，因为在现实世界中人本身就是有限的，是有死的。因此，追求至善就是追求天国，追求上帝之城。奥古斯丁批评古希腊哲学家们认为人们可以通过自己的努力获得至善的观点，指出人们无法依靠自身在现实世界中获得至善或者永生，而是必须相信和祈祷上帝的帮助，"然而哲学家们以为至善与至恶可以在今生得着。他们认为至善在身体中，或在灵魂中，或在二者中（或者说得更清楚些，在快乐中，或在美德中，或在二者中）；在安宁中，或在美德中，或在二者中；在快乐与安宁的结合中，或在美德中，或在二者中；在本性向往的基本对象中，或在美德中，或在二者中。带着基督的虚幻，这些哲学家希望得到幸福，凭借他们自己的努力去获得幸福。在先知的话语中，真理嘲笑了这样的哲学家，'上帝知道人的意念是虚妄的'，或者如使徒所说，'主知道智慧人的意念是虚妄的'"②。既然在奥古斯丁看来，至善既不在于幸福和快乐，也不在于德性本身，甚至不在于幸福和德性的结合之中，那么，处于天国之中的至善到底是什么呢？在他看来，通过至善，人们所能获得的东西只能是肉体和情欲停止与圣灵的争斗，随之而来的就是幸福，这种幸福不是经验性的幸福，而是伴随着圣灵战胜感性欲望而来的永福。

那么，在奥古斯丁那里，他是否否认德性在至善中的地位呢？答案是否定的，在他看来，审慎、节制、公正等德性都是人们达到至善的手段，但是他强调，仅仅通过个人的德性，人们是无法达到至善的。如果没有上帝的帮助，这些德性也有变为邪恶的危险。托马斯·阿奎那也持类似观点，只不过他对德性的划分更为精细。他认为德性"是使一个人的善行达到完善的一种习性"③。他进而把善行分为两类，即理智的善行和意志的善行，其中一个与人的理性认识活动相关，一个与人类的实践活动相关。

---

① [古罗马]奥古斯丁：《上帝之城》下卷，王晓朝译，人民出版社2006年版，第905页。
② 同上书，第905页。
③ 引自周辅成编《西方伦理学名著选辑》上卷，商务印书馆1964年版，第375页。

相应的就有两类德性，一类是理智德性，它的最主要德目是审慎，一类是实践德性，它的最主要德目是正义、节制和刚毅。阿奎那认为，当一个人能够通过这些德性而完善其行为时，这个人就已经走上幸福之路了。但是，作为神学家，他随即指出，这种幸福只是一种有限的尘世幸福，是出于人的自然本性的幸福，它还不能称为真正的幸福，真正的幸福是超出人类本性的神性幸福，而这是通过人的理智德性和实践德性所无法获得的。相应于神性的幸福，阿奎那认为还存在着一种神学德性，通过它，人们可以接近上帝的天国，达到至善的完美境地。阿奎那指出，能够体现这种神学德性的德目就是"信仰"、"希望"和"爱"。其中"信仰"是对上帝的信靠和信心，"希望"是期待上帝的恩典或助佑，"爱"是指虔诚地把自己完全交付给上帝，渴望成为上帝的子民。在阿奎那那里，这些神学德性是人通向神性的幸福，实现至善的必要条件。

在《论至善》中，施莱尔马赫批判了基督教的至善理论，只不过是通过把它与康德的至善学说相比较而进行批判的。施莱尔马赫首先指出，基督教的至善不是出于自然必然性，而是出于最高存在者的意志，这在奥古斯丁和阿奎那那里可以清晰地看到。他接着指出，康德理论与基督教哲学有密切的一致性，"关于康德哲学我们所能说的，在总体上都能够运用于基督教，在其可以被看作是哲学的程度上"①。例如，康德和基督教都认为至善在现实世界是无法实现的，都认为至善的实现依赖于最高存在者的存在，并且把幸福看作是上帝对人之德性的报偿或恩典。

不过，二者在通往这种一致性结论的途径上，有时候是相同的，有时候是相反的。施莱尔马赫指出，在把理性划分为实践理性和理论理性这一点上，康德和基督教的划分方法是相同的。但是，在论证实践理性与至善和上帝存在的关系上，康德和基督教的方向却是相反的，康德是从实践理性出发，通过论证作为纯粹实践理性的客体的至善的必要性而设定了上帝的存在，而基督教则是从上帝的意志出发，论证了人们达到至善的必要性。他说道："《实践理性批判》已经证明了通过联结德性和幸福的必要性去构成在别处被承认的至善概念，并且通过这种必要性去设定一种最高存在的必要性，通过这个最高存在的意志，这种联结被认为是唯一可能的。

---

① KGA. I. 1，S. 119.

相反，基督教从最高存在者的实存开始，它也被看作是由实践理性的需要证明的或甚至是给予的，并且与康德明确相反，从这个存在者的意志的理念出发推出这个联结的合法性。"①

　　既然在至善问题上，康德和基督教具有如此紧密的一致性，那么前面对康德学说的批判，就完全可以运用于基督教了。但是，毕竟康德的至善学说属于一种哲学的伦理学，它是建立在人的实践理性的基础之上的，而基督教的至善学说属于神学的伦理学，它是建立在对上帝恩典的信仰之上的。因此，施莱尔马赫敏锐地发现，在基督教的至善概念中，已经混入了一个新的要素，即信仰，这个信仰一开始只是作为对德性的补充而出现的，但是它很快地就占据了基督教至善学说第一要素的位置，"义人必因信得生"（《罗马书》，1：17）。施莱尔马赫认为，这种至善概念会导致一种严重后果，即由于依赖上帝的恩典而放弃自己的德性，他批评道："人们最终奔向这种境地：不仅未来的幸福，而且信仰和虔诚都因此只能作为依赖于最高存在的意志来构成至善的所有部分，并且因此通过一种胜利的自我放弃而弃绝所有的意志力量。"② 在施莱尔马赫看来，这种"自我放弃"或者"弃绝所有的意志力量"，无疑等于放弃德性，而放弃了德性，也就等于放弃了作为依照德性而产生的结果之至善。因此，基督教的至善学说也陷入了与怀疑论者和新柏拉图主义者一样的悖论中：为了实现至善而做的努力，最终却导向对至善的取消。

（三）现代至善学说批判

　　在讨论至善发展史的第三个阶段，即现代阶段时，施莱尔马赫重点分析了把至善看作是"完善"的观点。这种观点在现代的著名代表就是莱布尼茨—沃尔夫学派。

　　完善的概念是莱布尼茨伦理学的核心。在莱布尼茨看来，完善是一种卓越的品质，依据这种品质，完善伦理学所要求的根本原则就是"促进你最大可能的完善"，它意味着人的一切行动都与人的品质的完善相一致。沃尔夫甚至把完善看作是道德上的"自然法则"，即人们应当做那些使自

---

① 　KGA. I. 1, S. 119—120.

② 　Ebd. , S. 120.

己和他人更加完善的事情，不做那些使自己和他人更加不完善的事情。很明显，为了完善人的品质和本质，人既不能把幸福当做行动的规定根据，也不能把幸福当做行动的最终目的，因为幸福与完善在性质上并不同类，"自明的是，建构这些主张，完善的哲学家完全不能运用幸福的原初概念。这个概念像与至善的其他理念一样是与他们的完善概念不相容的。因此，他们必须严格地限定它。"①

　　但是，施莱尔马赫认为，完善的伦理学体系并没有把对幸福的这种限制贯彻到底，而是以另外一种方式把德性和幸福联结起来了，因此犯下了一个巨大错误，导致完善的伦理学也不是真正客观的理性伦理学。施莱尔马赫指出，完善论者都认为，在产生作为至善的完善中，能够同时产生幸福。也就是说，当人们为了寻求能力的完善而采取行动时，必然会伴随着幸福的产生。莱布尼茨说道："每一种快乐都是基于对某种完美性的感知；人们对一个对象的爱的程度是与对其完美性的感知相当的。"② 很明显，在完善论者看来，幸福是由快乐的总和构成的，而快乐又是由出自任何能力和任何倾向的优良行动构成的。由于幸福总是伴随着提升优良品质的行动，完善论者就"把幸福概念简化为在一个给定状态中共存的最好的和最大数量的快乐，这样他们排除许多快乐的东西并允许同样多的不快乐的东西"③。然而，施莱尔马赫却主张，这种伴随着道德行动而产生的快乐并不构成幸福，因为这种快乐是理性的和纯粹的，而并非外在的和经验的。他说道："完善只是表达人类灵魂中全体能力的一种确定状态；而幸福却实际上来自这种方式，在这种方式中，这些能力不受任何影响——哪怕是最大完善，在这种方式中，这种发生总是不受环境制约的。因此，我们可以认为，从我们自我的沉思中——因为这也能影响我们的意识——我们的道德状况越好，产生的快乐就越大和越纯粹，但是，这种快乐无论如何不构成幸福。这方面的重量越是增加，奠基于外在条件的不快乐的感觉也能越来越增加。"④ 因此，在施莱尔马赫看来，完善的体系也与所有把德性与幸福结合在一起的其他体系一样，最终难逃失败的命运。而一种真正客

---

①　KGA. I. 1，S. 121.

②　[德] 莱布尼茨：《神义论》，朱雁冰译，生活·读书·新知三联书店 2007 年版，第 335 页。

③　KGA. I. 1，S. 121.

④　Ebd.，S. 123.

观的理性伦理学至今仍然付之阙如。

通过对从柏拉图到完善论的至善的批判研究，施莱尔马赫认为，一种完全客观的理性伦理学一直没有得到真正建立的最大原因，就是这些伦理学中都掺杂了经验性的幸福要素，并把幸福和至善概念紧密联系起来。因此，为了建立这样的理性伦理学，首要的任务就是把幸福要素从至善中剔除出去。

但是，在艾伯哈特（Eberhard）的影响下，施莱尔马赫这种唯理论的伦理学和至善观并没有坚持多长时间。艾伯哈特是施莱尔马赫在哈勒大学的老师，他是一个坚定的反康德主义者，曾经主办一个杂志，专门收集反对康德批判哲学的文章。艾伯哈特虽然坚持莱布尼茨学派理性主义的完善论伦理学，但是也强调道德情感的重要意义。通过对艾伯哈特伦理学的学习和研究，施莱尔马赫开始修改《论至善》中的至善理论。在1792年的《论生活的价值》一文中，他认为生活的最终目的是实现至善，而这个至善就表现在个体人性的发展上，表现在人的自我实现上。他虽然强调理性和道德法则在实现至善中的重要作用，但同时承认幸福在解释至善时也具有重要意义。不过他仍然认为幸福不能像在亚里士多德那里一样作为行动的最终目的。

二　《批判大纲》中的历史批判

在写下《论至善》14年之后，施莱尔马赫发表了他的《批判大纲》。在这部著作中，他对哲学史上的各种伦理学理论进行了详细的批判研究。在这14年间，施莱尔马赫经历了柏林浪漫主义团体的激情时期，也品尝了斯托尔普的孤寂滋味，他的观点已经与写作《论至善》时期发生了许多改变，因此《批判大纲》既总结了他早期的伦理思考，也为提出自己独特的伦理学思想奠定了基础，以至于拜泽尔认为它实际上是一部转向的著作。① 它一方面巩固了他早期的许多观点，如仍然坚持像《论至善》一致追求一种科学的伦理学体系，坚持像《论至善》中对康德的至善学说进行

---

① F. C. Beiser. *Schleiermacher's ethics*. In the Cambridge companion to F. Schleiermacher. Cambridge University Press，2005，p. 65.

内在批判一样，对哲学史上的伦理学理论进行内在的检验和批判，也坚持至善必须与人类理性密切相关，等等。但是在另一方面，《批判大纲》在内容和方法上更多地体现了与《论至善》的不同。在研究内容上，《批判大纲》不再像《论至善》那样仅仅满足于对至善学说进行历史考察，而是扩展对全部伦理学理论的批判研究，至善问题变成了批判的一个部分。《批判大纲》在研究方法上的改变是，不再像《论至善》那样以哲学家和哲学派别为线索对至善学说进行历史批判了，而是按照伦理学的原理和范畴进行批判。当然，最重要的不同是他修正了《论至善》时期追求纯粹理性伦理学的狭隘的唯理论立场，走向了对伦理学的更加综合和全面的理解，即把伦理学看作是对人类理性进入自然并与后者相统一的学说，这是他首次提出自己在成熟时期一直坚持的对伦理学的理解。

在《批判大纲》中，他把自己的批判划分为三大部分，即"最高原则的批判"、"伦理学概念的批判"和"伦理学体系的批判"，并在三个范畴下考察历史上不同的伦理学流派。这三个部分都与至善概念密切相关。

（一）最高原则与至善

《批判大纲》的第一部分是"最高原则的批判"。所谓"最高原则"，在施莱尔马赫那里也就是伦理学的形而上学基础和人性论基础，或者说是"关于人类本性和潜在的伦理判断的道德过程的基本本体论的和人类学的假设"[①]。在施莱尔马赫看来，伦理学本身并不是自足的，它还需要一种更高的，甚至超出伦理学本身的最高原则来作为其基础或者目标。在这一点上，施莱尔马赫深受费希特知识学的影响。费希特的知识学认为，一切科学知识，包括伦理学在内，都必须从一种"首要的"或者最初的"最高原则"那里演绎出来。换言之，必须有一种统摄一切科学知识的最高原则，通过这个最高原则，各种知识才能形成统一的体系。这个最高原则与其他科学不同，它不能从属于一个更高的原则，不然它就不是最高原则了。因此，最高原则的根据必须坐落在自身之中，它具有一种"直接的确定性"，能够通过自身而被直观到。

---

① John Wallhausser. *Schleiermacher's critique of ethical reason: toward a systematic ethics*. The Journal of Religious Ethics，1989，p. 28.

施莱尔马赫赞赏费希特的这种观点，认为它"不仅满足了按照知识学原理，使用诀窍，评判伦理学的一切要求，向道德实践者阐明了一切东西，而且也能轻而易举地反驳让人反对演绎的一切异议"①。施莱尔马赫利用费希特的这种观点批判以往的哲学，认为它们在用最高原则统摄全部科学知识的道路上都没有成功。他指出，古代人虽然把哲学划分为逻辑学、物理学和伦理学，却鲜有揭示三者的共同基础②；当然，没有自觉地提出这种最高原则，并不代表古代的哲学和伦理学没有最高原则，只能说他们的最高原则是作为背景隐藏在哲学理论之后的，而这正是施莱尔马赫要寻找和批判的对象，在他看来，这对于判断伦理学是否具有科学性是具有重要意义的。

施莱尔马赫进一步指出，伦理学中的这种最高原则同时也是至善的根基所在，因此对伦理学最高原则的批判也就是对至善的前提的批判。经过浪漫主义运动洗礼的他，已经改变了写作《论至善》时期完全否定幸福和经验向度的唯理论倾向，而是认为一切科学伦理学的最高原则既不能是单纯的理性，也不能是单纯的感性，而必须是二者之间的和谐统一。总之，施莱尔马赫认为，区分理性和感性是必要的，但是把二者割裂起来的做法却是错误的，因为人类理性总是要作用于感性自然，而感性自然也总是为理性所渗透，二者构成了不可分离的有机整体。因此，他强调真正科学伦理学的最高原则就是理性和感性、精神和自然之间的相互渗透和统一，这种渗透和统一所产生的有机整体就是伦理学的研究对象，就是真正的至善。

施莱尔马赫把至善定义为通过人类理性在自然的活动而产生的和应当产生的一切东西的整体，这与《论至善》的至善定义明显不同。在《论至善》中，施莱尔马赫把至善看作是依据道德法则而产生的和应当产生的一切东西的整体。但是，通过仔细对比就可以发现，《批判大纲》并没有完全否定《论至善》对至善的理解，两个至善定义都把至善看作是依据理性的道德法则而产生的东西的全体。所不同的是，在《论至善》中，至善只

---

① 转引自〔德〕费希特《伦理学体系》，梁志学、李理译，商务印书馆 2007 年版，中译本序言，XVIII—XIX。

② Werke，I，S. 21。

与道德法则相关，而在《批判大纲》中多了感性自然这个中介，至善是通过理性的道德法则在感性自然上的作用而产生的。"善不仅指主体的遵守的意志或超越此岸的最高善，也明确地指放入客观道德世界的意志的产物。施莱尔马赫的'目的王国'导致一种'客观精神'——借用黑格尔的术语——的伦理学。道德理性通过把自然组织成不同等机体和文化的象征而使自己客观化。"① 可以说，施莱尔马赫并没有完全放弃《论至善》中的至善概念，只是不断修正和完善它，这也证明了狄尔泰关于《论至善》是施莱尔马赫伦理学发展的"第一块砖"的论断是有效的。

以这个基本原则为出发点，施莱尔马赫把历史上的伦理学主要划分为三类：第一类是追求幸福的经验论伦理学，其代表人物是亚里士多德、伊壁鸠鲁、苏格兰学派和法国唯物论者。第二类是重视义务的理性论伦理学，其代表人物是斯多亚派、康德和费希特。第三类是生成的或创造的伦理学的中间传统，在其中自然是被理性赋形和改变的，其代表人物是柏拉图和斯宾诺莎。

1. 经验论伦理学批判

在《论至善》中，施莱尔马赫已经对作为经验论伦理学代表人物的亚里士多德和伊壁鸠鲁进行了批判研究。在《批判大纲》中，除了坚持批判亚里士多德和伊壁鸠鲁以外，他还重点批判了经验论伦理学的近代代表，即苏格兰学派和法国唯物主义者。

苏格兰学派和法国唯物主义者都从人的自然本性出发来建立自己的伦理学。苏格兰学派从人的自然本性中找到了道德情感，认为一切道德都源自人们的道德感，其代表人物是沙夫茨伯里和哈奇森。在沙夫茨伯里那里，道德感就等同于人们所具有的天然的情感，它体现为感激、仁慈、同情、怜悯或友情等活泼的情感，这种天然情感是人类获得幸福的唯一途径，他说道："既然如此，一个理性的人，合宜地建立天然情感，是唯一可以使他获得永久继续的心灵享受的手段，因为天然情感是使他获得确定充实的幸福的唯一手段。"② 哈奇森更进一步地提炼道德感概念，并把它

---

① John Wallhausser. *Schleiermacher's critique of ethical reason: toward a systematic ethics*. The Journal of Religious Ethics, 1989, p. 35.

② 引自周辅成编《西方伦理学名著选辑》上卷，商务印书馆 1964 年版，第 769 页。

与其他情感和感觉区别开来，认为它可以不受感性利益的影响，只关注于道德判断和道德行为本身是否"可爱"，他说道："我们并不认为这个道德感，比起别的感觉来，更需要假定有任何天赋的观念、知识或实践命题。我们所谓的道德感，只不过是我们心灵在观察行为时，在我们判断该行为对我们自己为得为失之前，先具有的一种对行为采取可爱与不可爱意见的作用。"① 施莱尔马赫认为，虽然道德感理论已经摆脱了狭隘的利己主义，但是它还是以幸福为目的的，情感和德性都是达到幸福的手段，无论这种幸福表现为心灵的满足还是肉体的享受。由于这种伦理学没有看到或者轻视理性在人性中的重要性，它必然是不完善的。

　　与苏格兰学派的道德感理论不同，法国唯物主义者从人的自然本性中找到了趋乐避苦的肉体感受性，认为一切道德都源于人们对快乐和痛苦的感觉。这种理论的最著名代表就是爱尔维修，他明确地说："只要把肉体的感受性一旦看成了道德的根本原则，人们的各种准则就不再相互矛盾了。"② 如果把肉体感受性看作是道德的根本原则，又由于肉身感受总是属于个人的，那么从个人的肉身感受中只能得出个人的感觉和利益，而公共利益就成为派生的，甚至是虚假的了。因此，这种伦理学必然会导致极端的利己主义，它把个人利益看成判断人们的行动和观念的标准，他说道："利益是我们用以判断各种行为的根据，它使我们注意每一行为对于公众是否有利、有害或无关，因而判断它是道德的，或是过恶的，或是可容许的。同样利益也是我们用以判断各种观念的根据。所以，不论道德问题或认识问题，都只是利益支配着我们的判断。"③ 在这种利己主义看来，所谓德性也只不过是人们获得个人利益或幸福的工具，"我的总的结论是：美德只不过是追求幸福的欲望；正直，这种实现于行为中的美德，就是在世界上各种不同的人与不同的政府中所奉行的对我们的国家有益的具体行为的习惯。"④ 在施莱尔马赫看来，这种建立在肉身感受性基础上的利己主义伦理学，关注的必然是肉身的享乐，它完全放弃了对理性的诉求，因而必然是片面的，甚至是错误的。

---

① 引自周辅成编《西方伦理学名著选辑》上卷，商务印书馆1964年版，第790页。
② 北京大学哲学系编：《西方哲学原著选读》下卷，商务印书馆1981年版，第191页。
③ 引自周辅成编《西方伦理学名著选辑》下卷，商务印书馆1987年版，第44页。
④ 同上书，第52页。

　　总之，在《批判大纲》中，施莱尔马赫依据其理性和自然相统一的有机论原理，批判经验论伦理学忽略或误解理性，把理性降格为一种自然冲动的错误。在关于至善和幸福的问题上，施莱尔马赫坚持了他在《论至善》中对幸福概念的批判，在《批判大纲》中，他指出幸福论伦理学都把幸福的实现看作是至善，但是由于享乐、快乐和幸福都是完全无法确定地得到衡量的，因而这种伦理学所看到的只能是个别的和特殊的东西，或者个体之间的杂乱集合，缺乏理性的同一性，因此在这里从来没有真正的科学体系。施莱尔马赫的主要观点是：首先，至善不能像在亚里士多德和享乐体系中那样表现为"集合性"的。[①]　其次，作为经验论伦理学的人性基础的感性情感和自然感受，在许多方面都与伦理学无关，因此经验论者所认定的许多善，其实都不是真正的善，"亚里士多德所称的善，要归功于其自然存在或者偶然，不只是产生于道德理念的行动。许多善都不属于至善"[②]。这样，经验论伦理学的最高原则最终会导致真正普遍和统一的至善无法得到实现，"最终的回答就是完全否定至善的存在，只考虑舒适的时刻。因此在这种体系中，如果不再有享乐，就没有相关联的生命的理念，只有死寂的要求死亡"。[③]　总之，经验论伦理学的最大失误在于，它在人性的特殊性和普遍性上过分地执著于特殊性，使普遍从属于特殊，使人类道德变成了各种相互矛盾的观点的集合体。

　　2. 理性论伦理学批判

　　与经验论伦理学相反，理性论伦理学却过分地追求理性的普遍性，使特殊性从属于普遍性，使人类道德变成了形式主义的教条。对于理性论伦理学的普遍性要求来说，只存在一个规则，每一个人都必须在其自己的位置上遵守这个规则而做相同的事情。对普遍性的过分强调导致理性论伦理学忽略或误解了现实个体的差异性，因而不能达到真实的个体，例如，在斯多亚派那里，他们虽然正确地理解了普遍性，但是，个别性却几乎被他们完全忽略了。在康德那里同样如此，他的伦理学有太多的理性，太少的激情[④]，其伦理学对感性自然的限制导致理性本身也不能产生自己的积极

---

① Werke，I，S. 81.

② Ebd.，S. 174.

③ Ebd.，S. 85.

④ Ebd.，S. 22.

实在，最终必然走向无结果的形式主义。

在《批判大纲》中，施莱尔马赫着重批判了费希特的伦理学。前面已经指出，费希特认为伦理学必须从最高原则那里推导出来，而讨论这个最高原则的学问被他称为知识学。知识学的目的是通过提出这个最高原则而使各门哲学学科作为科学的体系得到统一。费希特既不赞同笛卡儿式的把作为"我思"的主体作为最高原则，也不赞同唯物主义者把外在的客体作为最高原则，而是把作为融合主观方面与客观方面的行动者的"自我"看作为最高原则。因为自我作为主客统一体，不是某种具体的实在，而是纯粹的行动本身，"一切意识和一切存在所依据的唯一的和绝对的东西，是纯粹的活动"。①　自我作为纯粹的活动，不但能够设定自身，同时也能设定非我，进而设定自我与非我之间的统一，即"自我中的主体与客体的绝对同一"。费希特认为，自我的这种本源的和能动的设定活动，就是"绝对的活动"和"自由"，②　它既是理论哲学的最高原则和出发点，也是伦理学的最高原则和出发点。所谓理论哲学，不过是从主观东西和客观东西的和谐一致出发，认为主观东西应当产生于客观东西，是通过对客观东西的认识而达到同一。而伦理学虽然也是从主观东西和客观的和谐一致出发，但是它认为客观东西应当产生于主观东西，是通过主观东西的实践活动而达到同一。从这种观点出发，费希特认为理论哲学和伦理学之间并不是完全不同的两个东西，二者只不过是从不同的方面考察自我的自由活动而已，而这种活动本身是同一的。

但是在另一方面，与康德一样，费希特也坚持实践理性具有优先性的原则，认为实践哲学，特别是伦理学，在知识学中具有核心地位。因为他认为理性在本质上就是实践的。通过这种方式，费希特反过来又把伦理学看作是知识学的最高原则和出发点了。克朗纳曾一针见血地指出："费希特要使康德的伦理学成为哲学体系的基础和核心，他要把它扩展为体系。"③　这样，费希特就通过伦理学修正和改造了他的知识学。

施莱尔马赫虽然非常赞赏费希特关于伦理学必须从最高原则出发的观

---

①　[德]费希特：《伦理学体系》，梁志学、李理译，商务印书馆2007年版，第16页。

②　同上书，第12页。

③　转引自郭大为《费希特伦理学思想研究》，中国社会科学出版社2003年版，第66页。

点，但是他随即又遗憾地指出，费希特的伦理学并没有把这种观点贯彻到底。施莱尔马赫看到，费希特虽然自觉地提出了作为最高原则的知识学，但其伦理学并没有以这种知识学为基础和出发点，相反，他又以伦理学为出发点来改造其知识学，从而把伦理学看作是和知识学并列的而联结在一起。这种矛盾必然导致他孜孜以求的科学体系最终成为空中楼阁。①

同时，施莱尔马赫还指出费希特的另一个错误，即他像斯多亚派和康德一样，过分地追求理性的普遍性，从而使得特殊性变得不可能了。他指出，虽然费希特宣称，在意志的一般意识中，已经包含了个别规定的意义，但自我活动也要求个别规定，在那里选择并不是当前一般法则的意识。因此，结果要么是通过一般规定特殊是不可能的，要么是知识学也必须可以从一切个别的原初行动中推导出来。② 施莱尔马赫把费希特称作"新斯多亚派"，因为他与斯多亚派一样，只追求普遍的理性，从而使个体性变成了理性的外在状态。施莱尔马赫认为，如果说在经验论伦理学那里，至善是多元的或者说是杂乱的综合，那么在理性论伦理学这里，至善则是一元的。在费希特那里，至善仅仅意味着与自我的一切规定相关的使命的完全履行。这种忽视个体差异性的伦理学不可避免地导向形式主义，无法与感性和自然相结合。因此，理性论伦理学虽然有崇高的至善理想，但是由于忽略了感性自然要素的重要意义，它的至善理想也只能是镜中花、水中月，根本没有任何现实性。

3. 创造性的伦理学

由于经验论伦理学和理性论伦理学片面地割裂了理性和感性，因而它们无法形成真正的至善概念，因此它们都不是科学的伦理学。那么，在施莱尔马赫看来，什么样的伦理学才是真正科学的伦理学呢？

通过对西方伦理学史的研究，施莱尔马赫发现还存在第三种伦理学样式，它是能够把人性的普遍性和特殊性完美地结合起来的伦理学，因而有可能成为真正科学的伦理学，这种伦理学被他称为创造的伦理学。在他看来，柏拉图和斯宾诺莎的伦理学就代表着这种伦理学样式，因为在他们那里，有了理性和感性，精神和自然相互交织和渗透的思想，而这种思想就

---

① Werke, I, S. 26.

② Ebd., S. 29.

是真正的至善学说的最高原则和科学基础。施莱尔马赫说道："二人一致认同的是，无限的和最高的本质知识不是某种其他知识的结果，更不是一个或另一个知识的最初基础，也不是附加的必要的和有用的手段，而是首要的和原初的知识，是一切其他知识都必须从它那里出发的知识。"① 在施莱尔马赫看来，它们的伦理学代表着一种被重新发现的伦理学新开端。因此，在《批判》中，他也对这两位哲学家倍加推崇。

在《论至善》中，施莱尔马赫侧重于对柏拉图的至善学说进行了批判研究。前面已经指出，他认为柏拉图的至善学说是古希腊时期最具价值的学说，因为他坚持了理性的道德法则和经验性的感性幸福之间的明确区分，把至善和道德法则紧密联系在一起，从而排除了幸福要素。他认为柏拉图的唯一不足在于没有完全贯彻道德法则和至善之间的严格一致性，因为他最终承认还有某种感性的，或者说外在的经验的幸福，从而没有真正建立起完全客观的理性伦理学。

然而，在写作《批判大纲》的时候，施莱尔马赫已经摒弃了《论至善》中所坚持的极端唯理论立场，他开始看重感性和理性、精神和自然之间的相互渗透，并把这种渗透和同一看作伦理学的最高原则。由于柏拉图的伦理学不仅坚持了理性原则，同时也并没有完全排斥感性，他认为，在理性智慧的指引下，情感和意志能表现出适当的德性，坚决服从和执行理性的命令，克制感性欲望，从而达到与理性的和谐统一。施莱尔马赫认为，柏拉图的这种思想已经具有了创造性的伦理学的特征，因为在柏拉图那里，他把自然事物理解为神圣的思想，这种思想表达的就是精神与自然之间的相互渗透。此外，柏拉图在描写至善时，不仅提到了与道德法则相应的内在至善，还描述了在感性世界中通过对道德法则的遵守而形成的外在至善，这都体现了柏拉图对人类真正的神性本性的理解和把握。因此，通过提出作为"神圣思想的物"② 的概念，以及提出"描述内在的和外在的神圣本性"③ 的概念，柏拉图的理论已经体现了施莱尔马赫这个时期所强调的感性和理性之间相互渗透的最高原则。施莱尔马赫还指出，这种理

---

① Werke，I，S. 35.

② Ebd.，S. 37.

③ Ebd.，S. 178.

性对感性、精神对自然的活动或者作用的过程，在本质上就是至善的生成过程，或者说是至善的创造过程。因此，柏拉图的伦理学可以发展出一种创造的伦理学。

施莱尔马赫发现，与柏拉图一样，斯宾诺莎也把精神与自然之间的相互渗透和交织看作是伦理学的最高原则。这个最高原则在斯宾诺莎那里被称为"实体"，它之所以是最高的原则和基础，在于它是在自身之内并且通过自身而被认识到的，它无须依靠或借助其他事物。这种实体被称为"自然"，也被称为"上帝"，它虽然不是人格性的，没有意志和理智，但它却是活生生的，是无限的、唯一的和永恒的，是人们思考和认识一切事物的基础，"人们必须承认，没有神就没有东西可以存在，也没有东西可以被理解，因为没有人不承认，神是万物本质及万物存在的唯一原因，这就是说，神不仅是万物生成的原因而且是人们所常说的万物存在的原因"①。在此基础上，斯宾诺莎把万事万物都看作是实体存在的具体样式或特殊状态，它们都在实体中存在。这样，不同于康德二元论哲学，斯宾诺莎坚持了一种实体一元论思想，并以此作为伦理学的基础。施莱尔马赫指出，斯宾诺莎伦理学的"顶点"就是论上帝的那一卷，因为人类灵魂和自然事物都是从上帝学说中提出的有限与无限、普遍与特殊中推导出来的。② 因此，在施莱尔马赫看来，与柏拉图一样，斯宾诺莎伦理学也提出了一种统一理性与感性、精神与自然的最高原则，从而也符合他所设想的创造性伦理学的观点。

通过对历史上的各种伦理学最高原则的批判性考察，施莱尔马赫已经逐渐形成了他自己对伦理学原则的独特观念，即一方面尊重在自然和道德理性之间的区分，但是另一方面却反对理性超越或不再进入自然去构成和转变它的二元论思想。对此，瓦尔浩瑟总结道："自然和理性（意识）之间的对立是真实的，然而也是相对的，因为意识从自然中出现，并在赋形过程中返回到它那里。在《批判大纲》中，'尘世和超越尘世的观点'，自然和精神的和谐，来自构成的—创造的伦理学的辩证法，其中理性返回自

---

① ［荷］斯宾诺莎：《伦理学》，贺麟译，商务印书馆1983年版，第53页。
② Werke, I, S. 35.

然，并从中形成一个文化的道德世界。"① 在施莱尔马赫成熟时期关于伦理学和至善的理论中，对伦理学最高原则的这种理解得到了最为忠实的贯彻。

(二) 伦理学概念与至善

在《批判大纲》的第二部分，即"伦理学概念的批判"中，施莱尔马赫提炼出了三个重要的伦理学概念，即至善概念、德性概念和义务概念。

在伦理学史上，讨论至善、德性或者义务概念的思想家和学派比比皆是，不过大多数思想家都是侧重于讨论三者中的一个或者两个，很少有人把这三者作为伦理学的基本形态而共同提出并认真讨论它们之间的关系。施莱尔马赫认为，以往的伦理学不是忽视了义务，就是忽视了至善，没有哪种伦理学真正获得包含这三种形态的完善形式。例如，以柏拉图和亚里士多德伦理学为代表的德性论传统，特别重视对人们的道德德性或者说道德品质进行研究。在《理想国》中，柏拉图详细地总结和论证了古希腊城邦公民应具有的智慧、勇敢、节制和正义四种德性，这被称为古希腊"四主德"，甚至到了中世纪伦理学时期，这些德性还是思想家们研究的主要对象。在《尼各马可伦理学》中，亚里士多德提出了温和、勇敢、羞耻、节制、公正、慷慨、诚实、坚强、大方、明智、友爱等德目，使得古代伦理学对德性的研究在广度和深度上都达到了极高的水准。另一方面，古代伦理学也极其重视对至善的研究，在上一节中已经提到，包括柏拉图、亚里士多德、斯多亚派、伊壁鸠鲁派、怀疑派等主要哲学家和哲学派别，都对至善提出了自己独到的见解。施莱尔马赫认为，古代伦理学虽然在对德性和至善的研究中取得了巨大的成就，但是却忽视了对义务概念的研究，无论是在柏拉图、亚里士多德那里，还是在晚期希腊和罗马时期的伦理学家那里，义务都是一个不受重视的概念。他进一步指出，如果把义务看作是普遍的道德法则的必然要求的话，那么没有义务概念，也就是没有理性的道德法则概念，而没有这种道德法则概念，就注定古代伦理学必然缺乏普遍的理性形式，从而无法真正达到理性与感性之间的真正和谐与统一。

---

① John Wallhausser. *Schleiermacher's critique of ethical reason: toward a systematic ethics*. The Journal of Religious Ethics，1989，p. 28.

这也导致他们所强调的至善概念失去了其理想性的、调节性的理性特征，最终沦为个别经验活动之结果的简单集合。

与古代德性论不同，以康德和费希特为代表的义务论伦理学特别注重对义务概念的考察。在《道德形而上学的奠基》中，康德把义务看作是出于尊重普遍的道德法则而产生的行动必然性，从而提出了著名的"定言命令"，[①] 把它们看作是每一个有理性的存在者都必然认同也必然遵从的道德义务。而在《道德形而上学》中，康德又分析了诸多具体义务，如对自己的义务和对他人的义务，其中前者包括不自杀、不说谎、不吝啬、不阿谀奉承、增强自己的自然完善性和提升自己的道德完善性等，后者包括行善、感激、同情以及避免傲慢、毁谤和嘲讽等。同时，康德还把德性与义务紧密联系起来进行考察。他认为德性就是人们依照道德义务去行动的内在力量，这种德性也被他称为德性义务。所以《道德形而上学》的第二部分虽然被称作"德性论"，但主要讨论的是人的义务。在他看来，如果一个人能够出于对道德义务的尊重而行动，那么这个人就是有德性之人了。与康德相似，费希特的伦理学也重视对义务或者职责的讨论。在《伦理学体系》中，他不仅一般性地讨论人的义务，还进一步讨论了处于特定职业中的人们的义务，如作为学者，人们应当严肃地热爱和发展真理，而不应当愚弄人民；作为文学艺术家，人们应当培养自身的职业神圣感，并对人民进行审美教育，从而为人民的道德发展准备基地；作为国家官员，人们应当促进建立"一部不阻止整体共同体和各个个人走向完善的进步过程的国家宪法"[②]；而作为低等阶层，人们一方面要尊重高等阶层，还要完善和提高自身的各种手艺。与康德一样，费希特也把德性与义务结合起来，认为有能力按照普遍的义务和特殊的义务去行动的人，在本质上就是有德性的人。施莱尔马赫认为，康德和费希特伦理学都具有两个错误，首先，二人都把义务和德性紧密联系起来，认为如果人们出于道德法则而行动，

---

① 在《道德形而上学的奠基》中，共有三个定言命令，其中第一个是"要只按照你同时能够愿意它成为一个普遍法则的那个准则去行动"；第二个是"你要如此行动，即无论你的人格中的人性，还是其他任何一个人的人格中的人性，你在任何时候都同时当做目的，决不仅仅当做手段来使用"；第三个是"每一个理性存在者的意志都是一个普遍立法的意志"（见《康德著作全集》第四卷，李秋零译，中国人民大学出版社 2005 年版，第 428—439 页）。

② ［德］费希特：《伦理学体系》，梁志学、李理译，商务印书馆 2007 年版，第 393 页。

那么他们就具有了德性，但是他们没有看到义务和德性之间的区别。在施莱尔马赫看来，义务是普遍的道德法则，是行动的形式方面，而德性则是个别的，是行动者的内在能力或品质，它既具有普遍性，也具有特殊性，康德和费希特都只看到了德性普遍性的一面，却没有看到其特殊性的一面，而在这一方面，德性有时是与义务相冲突的，也就是说，形式性的普遍义务并不是在任何时候都能支配一个特殊的德性行动的，他们二人都无视或者忽视了特定环境下个别道德行为选择的复杂性。其次，二人的伦理学过分强调了义务和德性，都忽视了对作为道德行为的结果或目的的善的考察。也就是说，他们的伦理学集中于讨论道德行为的基础或者说是规定根据，即集中于讨论由纯粹实践理性颁布的道德法则，而忽视了对道德行为的结果或者目的的考察，因而在他们的伦理学中，善或至善要么是付之阙如的，要么是作为实践公设而成为虚幻的。

总之，施莱尔马赫认为古代伦理学和现代伦理学各有优缺点，从《批判大纲》开始，他就试图建立一种结合古代和现代伦理学长处的新伦理学体系。他把伦理学划分为善论、德性论和义务论三个部分，认为它们共同构成完整的伦理学体系。

在《批判大纲》中，施莱尔马赫对至善、德性和义务概念及其相互关系提出了自己独特的理解。他认为，义务作为理性的道德法则，构成道德过程的形式方面，这是产生至善的客观条件。德性作为人所具有的道德能力，构成道德过程的动力方面，是产生至善的主观条件。而至善则结合二者，构成了道德过程的目的或者结果方面，它是在道德理念的意义上所产生的东西。施莱尔马赫认为，这三个概念相互关联，共同构成同一道德过程的不同方面，因此它们对任何真正科学的伦理学来说都是不可少的概念。这被施莱尔马赫研究专家瓦尔浩瑟看作是施莱尔马赫对现代伦理学发展的一个重要贡献，"这里是施莱尔马赫对后来伦理学理论的另一个明确的贡献：要成为完善的和整体的，伦理推理必须包含所有这三个理念。它们是相互关联的，然而每一个都通过其自己明显的观点代表着道德的过程"[1]。

---

[1]　John Wallhausser. *Schleiermacher's critique of ethical reason: toward a systematic ethics*. The Journal of Religious Ethics, 1989, pp. 32—33.

需要指出的是，在《论至善》中，施莱尔马赫集中于讨论至善的概念，以及它与幸福和道德法则的关系，对至善的具体内容并没有展开详细论述。而在《批判大纲》中，施莱尔马赫则对至善的具体内容有了较为详细的描述。他把通过理性对自然的作用而产生的东西看作是至善的外在化，并认为这种外在的善包含财产、市民权利、友谊、好客、市民社会、家庭、国家、科学共同体、教会、艺术和自由社交等。[1] 正如瓦尔浩瑟所总结的，在这里"善的理念指是作为道德过程的全部历史和文化，其中精神/理性使自己外在化为社会的机体，在这些转变中作为象征认出自己，并复归到在它自己创造的这个'世界'中的生活（国家、学院、教会、自由交往的社群、友谊、语言，等等）"[2]。

（三）伦理学体系与至善

《批判大纲》的第三部分是"伦理学体系的批判"。这部分考察的是以往的各种伦理学体系的内在一致性。施莱尔马赫认为，由于伦理学所要描述的是理性作用于自然而产生的一切东西，那么真正完善的伦理学体系必须包含人类的一切理性行动。因此，一切与人类理性相关的行动都属于伦理学的范围，"没有哪种与人类真正行为相关的是超出伦理学领域的"。[3] 上面提到的国家、个人权利、市民社会、教会和自由社交等，由于它们都是道德的产物，或者说是至善的一部分，那么这一切产物之间都不应该存在根本的矛盾，它们必须能够在一个综合的体系中和谐共存。反过来说，伦理学所关注的这些对象也必须通过一个科学的体系才能得到综合的把握，他说道："与伦理学相关的实在，每一个都必须被认为是作为体系的。"[4] "一切内容必须基本属于体系，其标志必须支撑体系的普遍性本身。"[5]

从这种伦理学体系观出发，施莱尔马赫认为历史上的伦理学体系，无

---

[1] Werke, I, S. 180—185.

[2] John Wallhausser. *Schleiermacher's critique of ethical reason: toward a systematic ethics*. The Journal of Religious Ethics, 1989, p. 35.

[3] Werke, I, S. 263.

[4] Ebd., S. 250.

[5] Ebd., S. 255.

论是理性论伦理学体系还是幸福论伦理学体系，都从未实际达到这种科学性，如它们很少对爱、友谊、自由社交等重要的人类活动进行道德考察，因而它们都是有缺陷的。

　　当然，这里并不意味着施莱尔马赫认为世界上存在一种绝对不变的、可以包罗万象的伦理学体系。虽然现实存在的至善的各种特殊的表现形式必须依据伦理学的原则和概念得到说明，但这种说明是历史的和有限的，是必须符合其时代和文化传统的。如果认为有一个绝对的伦理学体系，那么伦理学就变成了纯粹的抽象。如果认为伦理学没有体系可言，那么伦理学就变成了杂乱无章的拼凑。而这二者都是施莱尔马赫所明确反对的。诚如瓦尔浩瑟所总结的："没有体系是绝对的，每一体系在变成实在的过程中，也都进入并属于它在其中出现的时代和文化。至善、德性或义务的理念是否是主导的模式，依赖于'生活'而非'理念'，依赖于伦理思想家和时代的实际兴趣、特征和风俗。当施莱尔马赫规定伦理推理是严格体系的，他是在证明，道德不仅与道德抽象相联系，也与实在的历史生活和思想家及共同体的现有兴趣相关。"①

　　通过上面的描述，可以看出，施莱尔马赫在《批判大纲》中对至善学说所做的历史批判，虽然与《论至善》具有承接之处，如认为至善是遵守理性的道德法则而产生的东西的全体。但是，在更大程度上，《批判大纲》已经超越了《论至善》中狭隘的唯理论立场，强调了感性自然在人类生活中的伦理价值所在。同时，他也没有陷入经验论伦理学轻视理性的陷阱，依然强调理性的道德法则在伦理学中的重要性。施莱尔马赫虽然尊重在理性和自然之间进行区分，却反对隔离二者的二元论，而是主张理性和感性、精神和自然之间的相互作用和和谐。因此，他把至善看作是理性作用于自然而产生的一个文化的道德世界。对至善的这种理解已经预示了他成熟时期关于生成的和描述的至善学说了，而这样的至善学说就是我们后面几章所讨论的主要内容。

---

　　①　John Wallhausser. *Schleiermacher's critique of ethical reason: toward a systematic ethics*. The Journal of Religious Ethics, 1989, pp. 33—34.

下 篇

描述的至善学说

第 四 章

描述的伦理学

1804 年，也就是《批判大纲》出版一年之后，施莱尔马赫接受了哈勒大学的邀请，从斯托尔普迁到哈勒，出任哈勒大学神学副教授兼大学牧师。从这时开始，他也开始紧张地准备提出自己的伦理学体系。他在给朋友维里希的信中写道："我的哲学伦理学表述成为一个好的整体了，不过，它将在这个道路上经过不断的修正而变得比通常的更好、更令人尊敬。"[①]为此，他在哈勒大学的第一个学期就开设了哲学伦理学课程，讲授《德性论》。一年后他又讲授了《善论》，这些讲义以摘要的形式被收录到《伦理学大纲》中。

当他雄心勃勃地完善自己的伦理学体系时，一场战争打断了这个计划。当时的普法战争已经进入关键时期，而哈勒又处于战争的要害之地。随着拿破仑的军队攻克哈勒并宣布解散大学，施莱尔马赫在哈勒的学术生涯就宣告终结了。随后，他迁往柏林，与洪堡和费希特等人共同筹划建立了柏林大学。当柏林大学建成之后，他就开始在那里任教直至逝世。

从 1812 年开始，他重新开始讲授哲学伦理学。到 1817 年，他在柏林大学多次讲授哲学伦理学课程，包括《义务论》、《德性论》和《至善论》。这些讲义表达了成熟施莱尔马赫独特的伦理学思想，这些讲义最早收录在布劳恩（Otto Braun）主编的四卷本《施莱尔马赫作品集》的第二卷（1927）中。在此基础上，比尔科纳（Hans-Joachim Birkner）以《伦理学》（Ethik）为名出版了单行本（1981），并于 1991 年出版了修订本。

在这些讲义中，施莱尔马赫提出了自己对伦理学的独特理解，并在此

---

① Werke，II，S. XII.

基础上提出了自己独特的至善理论。因此，在讨论施莱尔马赫成熟时期的
至善学说之前，我们有必要先了解一下他的伦理学概念，以及伦理学与其
他学科诸如物理学、历史学、文化哲学、教育学和辩证法之间的关系。这
不仅有助于我们理解伦理学在施莱尔马赫哲学体系中的核心地位，也为我
们理解至善在其伦理学和哲学体系中的核心地位奠定了基础。

一　伦理学与"生成"

在《伦理学》的 1812—1813 年和 1816—1817 年的两个导论中，施莱
尔马赫提出了他对伦理学概念的独特理解。他认为伦理学不是人应当如何
行动的应然之学，而是描述理性在自然上的现实活动，或者说是描述理性
对自然的不断渗透的现实之学。因此伦理学是一门关于描述理性在自然上
的"生成"的学问。

施莱尔马赫是在批判康德伦理学的基础上发展出自己的伦理学体系
的。在《批判大纲》中，他就认为康德伦理学把是与应当、自然与自由、
形式与质料割裂开来的做法是错误的，因为只靠纯粹实践理性颁布的普遍
形式性的道德法则，无法解释和指导人们的现实实践，它必然是空洞和无
意义的。在《伦理学》中，施莱尔马赫坚持了《批判大纲》中的这些观
点，他明确指出："如果伦理学只是作为法则或者应当被构型，那么它既
不表达理性和自然的交织，也不表达作为理性行动的它们之间分离的消
失，因此没有真实的存在，而只是一种确定的分离，因此是一种非存
在。"[1] 在施莱尔马赫看来，只有把感性自然与理性自由统一起来，才有
可能建立一门科学的伦理学，任何把理性和自然割裂开来的做法都是片面
的。正如多纳尔所说："伦理学仅仅建立在与理论理性相区分的实践理性
之上，建立在实践理性的普遍法则的基础之上，对他（指施莱尔马赫——
引者注）来说太狭窄了。他看到理性只是一方面，人们不能把理性和自然
割裂开来。"[2]

---

① Ethik，S. 213.
② Werke，I，S. XVIII.

与《批判大纲》不同的是，在成熟时期的《伦理学》中，施莱尔马赫给自然和理性提供了明确的界定。在他看来，所谓自然，并不是与精神或者理性毫无关系的僵死的质料，而是已经被意识到的作为物质表现出来的所有物质存在和精神存在的相互交织（Ineinander），也就是说，物质和精神总是交织在一起，当我们把它称为自然时，这只不过是说这种交织是以物质的形式表现出来而已。同理，所谓理性，也不是与自然或物质毫无关系的纯粹精神，而是意识着的作为精神表现出来的所有物质存在和精神存在的相互交织。也就是说，由于物质和精神总是已经交织在一起了，如果我们把这种交织称为精神，这只不过是在说这种交织是以精神的形式表现出来的而已。在施莱尔马赫那里，物质和精神的区别不再像在康德那里一样是本体意义上的，而仅仅是考察问题的出发点不同而已。

可以清晰地看出，施莱尔马赫的这种观点深受费希特特别是谢林的先验唯心论的影响。为了克服康德哲学中关于现象与本体、道德与幸福、自然与自由的二元论思想，费希特和谢林都认为，物质和精神是不可分割的。他们的基本口号就是：没有自然就没有理性，没有理性就没有自然。或者用谢林在《自然哲学观念》的话说："自然应该是可见的精神，精神应该是不可见的自然。"①

出于对自然和理性及其相互关系的这种理解，施莱尔马赫认为，真正的伦理学不能只追求形式性的行动法则或者命令，而应当是对表现自然和理性之相互渗透的现实生活的描述。在 1805—1806 年的《伦理学大纲》中，他指出"伦理学是对人类行为的科学描述"，②在 1812—1817 年的《伦理学》中，他同样认为："伦理学必须包含并记录一切真正的人类行动。"③在他看来，伦理学的本质不是"命令"，而是"描述"或者说是"科学的描述"（Wissenschaftliche Darstellung）。它描述的对象是全部"真正的人类行动"。而所谓"真正的人类行动"，只能是理性作用于自然的行动，或者说是理性对自然的渗透或改造活动。他说道："因此，我们

---

①　转引自［德］谢林《先验唯心论体系》，梁志学、石泉译，商务印书馆 1976 年版，中译本序。

②　Werke，II，S. 86.

③　Ethik，S. 6.

可以暂时地把伦理学定义为理性的生活，它的必要对立就是作用于自然。"① 这句话再次清晰地表明了，伦理学所要描述的，无非就是理性与自然之间的相互渗透（Durchdringung）和同一。这样，施莱尔马赫的伦理学就既不从纯粹的理性能力出发，也不从单纯的感性经验出发，而是从二者的相互渗透或者相互交织出发。

但是这里随即产生一些问题，即理性与自然之间的渗透是从什么时候开始的呢？有没有一个还没有开始这种渗透的时刻，在这个时刻上，存在着"纯粹的自然"和"纯粹的理性"，或者说存在着"无理性的自然"和"无自然的理性"？在施莱尔马赫看来，或许人们可以想象这样的从"纯粹自然"和"纯粹理性"出发的开端，但是在现实中，所谓的"纯粹的自然"和"纯粹的理性"实际上都是不存在的。人们根本找不到二者进行相互渗透的开端，或者说根本不存在理性对自然的一种原初进入，因为现实中的理性总已经渗透进自然了，而自然也总已经被理性所渗透了。他明确地说："但是，只要在每一个别知识中，伦理学把自然和理性的有机交织看作为理性行动，那么就没有这样的知识能表达一种作为有生气的力量的理性对作为僵死的和杂多的自然的原初进入。"②

总之，在理性和自然的关系上，施莱尔马赫的根本观点是，伦理学所要描述的理性不是纯粹的与自然无涉的理性，而是已经在自然存在之中的理性；同样，自然也不是纯粹的与理性无涉的自然，而是已经被理性所作用或改造过的自然。普雷格尔对此作了较好的总结，他说道："因此，'纯粹自然'和'纯粹理性'都只描述抽象，它们在现实中是不存在的，因此也不能成为伦理学的对象。历史的一伦理的过程在于，自然和理性总是在更加严格的程度上是相互'渗透'的。行动的理性具有推进'理性的自然'和'自然的理性'的统一过程的任务。"③ 著名的施莱尔马赫研究专家克罗斯利（Hohn P. Crossley, Jr.）也正确地评论道："物质存在和精神存在之间的区别是真实的，但不是绝对的，就像渗透于施莱尔马赫成熟

---

① Ethik, S. 7.

② Ebd., S. 214.

③ Wolfgang H. Pleger: *Schleiermachers Philosophie*. Berlin: Walter de Gruyter, 1988, S. 15.

思想体系中的许多对立的情况的一样。"① 这就是说，虽然理性和自然各不相同，但是它们是通过相互联系而共同存在的，任何片面地追求二者之一的倾向或学说都是错误的。

施莱尔马赫进一步解释说，与现实中没有理性和自然之间的相互的渗透的原初开端一样，在现实中，理性与自然的相互渗透的绝对完成也是不存在的。这是因为，如果在未来的某个时刻，存在着理性与自然的相互渗透的最终完成，那么这就意味着理性和自然都达到终结，理性不再行动了，而自然也不再生成了，而这与人类理性和自然的本性都是相矛盾的。因此，伦理学说描述的，并不是理性与自然之间的绝对同一，只能是二者之间的相对同一。总之，既然理性和自然之间总是处于相互交织之中，既没有绝对的起点，也没有绝对的终点。

如果真如施莱尔马赫所说，伦理学描述的理性和自然之间的相互渗透，而这个渗透总是一个已经开始却从不结束的过程，那么伦理学的描述也永远无法达到最终的完成，它总是在过程之中，用施莱尔马赫的话说就是："一切伦理知识都是对理性变成自然的表达，是一个总是已经开始却从不完成的过程。"② 在这个意义上，施莱尔马赫把伦理学的描述看作是不断的生成（Werden）过程，或者用施莱尔马赫研究者普雷格尔的解释来说，"一种'理性的自然'的生成的科学就是伦理学"③。在施莱尔马赫那里，所谓"生成"，就意味着"积累的"，它是一个从理性对自然的进入从最小化开始，通过积累逐渐达到最大化的过程。需要指出的是，在许多地方，施莱尔马赫也把理性与自然之间相互渗透的"生成"，看成是理性对自然的构成（Bildung）。在这种构成活动中，理性变成了"自然的理性"，自然变成了"理性的自然"。因此，人们的道德义务或者道德责任就在于不断地推进理性对自然的构成过程，"行动的理性具有推进'理性的自然'和'自然的理性'的统一过程的任务"④。

---

① John P. Crossley, Jr. *The ethical impulse in Schleiermacher's early ethics*. The Journal of religious ethics, 1989, p. 7.

② Ethik., S. 210.

③ Wolfgang H. Pleger: *Schleiermachers Philosophie*. Berlin: Walter de Gruyter, 1988, S. 14.

④ Ebd., S. 15.

　　总之，理性与自然的相互渗透既没有起点，也达不到终点，人们只能行走在不断推进这种渗透的路上，这像一个已经走在途中的旅行者那样，他回头看不到起点，向前也达不到终点，他所能做的，就是不断地在路上前行，不断地趋近那个可望而不可即的终点。乍看起来，施莱尔马赫的这种观点好像很悲观，因为这种渗透永远无法最终完成，人们的道德活动永远无法达到完善。然而实际上，他的这种观点包含着近代以来盛行的道德进步主义观点。因为理性与自然的渗透虽然无法达到最终的完成，但是，人们的道德活动却能不断地促进这种渗透不断走向"最大化"，不断趋向完善和完成。这恰好体现出了对道德法则的一种乐观主义，以至于有研究认为，施莱尔马赫对伦理学的这种理解，具有明显的"进化论"色彩。①在 1827 年和 1830 年的两个《论至善概念》的柏林科学院演讲中，他对这种"进化论"式的伦理学有更为详细的描述，我们会在后面的讨论中论及此点。

　　如果从这种"理性的自然"之生成的角度来看，那么在施莱尔马赫那里，伦理学的善恶也就不同于通常的理解。通常的伦理学观点认为，善和恶是对人们的具体行为是否符合道德规范而进行的道德评价。如果行为符合道德规范，那么这种行为就是善的，反之就是恶的。康德伦理学提出了更为严格的善恶观。他的善良意志学说认为，如果一个人的行为仅仅"符合"道德法则，还不能认为这个行为就是道德上善的，因为他的这种"符合"有可能是为了某种非道德或者不道德的目的。相反，只有在这个人的行为是"出于"道德法则的时候，他的行为才是道德上善的，而不管这种行为的结果如何。施莱尔马赫对善和恶的理解与上面的这些观点都不一样。在他看来，所谓伦理学上的善就是这种生成向前发展，即不断趋近理性与自然的同一，而恶就是这种生成的倒退，即理性与自然的同一变得越来越少。施莱尔马赫说道："善与恶的对立只能表达在（理性与自然的——引者注）逐渐统一过程中的积极和消极要素。"②简言之，趋向这种同一过程的生成，就是施莱尔马赫所意谓的"善"，反之就是"恶"。

---

① 邓安庆：《施莱尔马赫》，东大图书公司 1999 年版，第 150 页。
② Ethik，S. 10.

二　伦理学与物理学和历史学

施莱尔马赫把伦理学看作是对理性作用于自然的行动之描述，但是，除了伦理学以外，以物理学为代表的自然科学，同样研究理性作用于自然的活动，只不过这种活动是一种认识活动。因此，对施莱尔马赫来说，探讨伦理学与物理学之间的关系就显得十分必要了。另外，伦理学也被他看作是描述"理性的自然"之生成过程的学说，但是，除了伦理学外，历史科学的研究对象也是人类理性对自然的作用过程，它也描述"理性的自然"之生成过程。因此，伦理学也必然与历史学紧密相关。

（一）伦理学与物理学

施莱尔马赫认为，既然伦理学描述的是理性在自然上的行动，而理性对自然的认识也是一种行动，因此，认识也必须和实践一样，属于伦理学研究的对象。他说道："正如在其整体中，伦理的发展不仅构成实践的方面，也构成理论的方面，同样伦理学也不仅仅在狭隘字面意义上是行动的事情，也会是作为一种行动形式的知识。"① 普雷格尔也指出："在施莱尔马赫的意义上，伦理学是'理性的自然'的构成理论。与这个目标相应，它包含理论理性和实践理性的领域。"② 施莱尔马赫认为，只有把实践和认识都包含于自身的伦理学，才是全面的、科学的伦理学。他还指出，康德通过把认识和实践、知识和道德对立起来的而建立的意志伦理学是片面的。因为正如没有"无自然的理性"和"无理性的自然"一样，也没有"无行为的知识"和"无知识的行为"。康德所谓出于自发性的"纯粹思辨理性"和出于自由的"纯粹实践理性"，本质上只是一种纯粹的抽象，它们在现实中并不存在。

当然，人们也许会质疑施莱尔马赫的这种观点。因为自古以来，人们都习惯于认为，理性对自然的认识应当属于自然科学，特别是物理学的范

---

① Ethik，S. 11.

② Wolfgang H. Pleger：*Schleiermachers Philosophie*. Berlin：Walter de Gruyter，1988，S. 7.

畴，施莱尔马赫的这种观点是否要把物理学还原为伦理学，从而取消物理学的独立地位呢？对于这个问题，施莱尔马赫的回答是辩证的。一方面，他认为如果从形式上看，物理学和伦理学在形式上没有什么区别，因为它们研究的都是理性和自然之间的相互渗透。他说："物理学与伦理学，如果他们相互依赖且事实上它们只在它们的质料的匹配关系中是对立的，那么它们只能具有一个相同的形式。"① 这就表明，从形式上看，伦理学和物理学可以说是同一的，二者之间并无不同。另一方面，如果从内容上看，二者之间的区别还是明显的。施莱尔马赫认为，虽然物理学和伦理学都研究理性和自然之间的渗透关系，但是物理学主要是从自然的角度研究自然如何变成理性的，而伦理学主要是从理性的角度研究理性如何变成自然的。换言之，物理学考察的是被理性渗透的自然，伦理学考察的是渗透进自然的理性。可见，二者研究的对象或者内容是有区别的，物理学并不能还原为伦理学，它有其独立存在的意义，反之亦然。

在1816年《伦理学》"导论"中，施莱尔马赫详细地规定了伦理学与物理学，并对它们的关系进行了深入的探讨。他认为，物理学是对自然之本质的沉思，这使得物理学不同于一般的经验性的自然科学；伦理学是对理性之本质的认识，这使得伦理学不同于一般的经验性的历史科学。② 如果考虑到前面已经提及的理性和自然无法独自存在，二者总是相互渗透的观点，那么这里的两个定义就表达了两层含义。一方面，物理学与伦理学之间在内容上有明显区别，一个研究自然的本质，另一个研究理性的本质；另一方面，物理学与伦理学之间必须互为前提，如果没有伦理学，物理学对自然的研究就是无理性的，如果没有物理学，伦理学对理性的研究就是空洞的。因此，施莱尔马赫说："伦理学是直接以物理学为条件的，因为它对现实的描述必须奠基在被思考的客体概念之上，也就是奠基在自然之上。"③

总之，对于伦理学和物理学的关系，施莱尔马赫既不认为二者截然对立，也不片面地认为二者相互还原，而是认为二者虽不相同，但又紧密联

---

① Ethik，S. 10.
② Ebd. ，S. 203－204.
③ Ebd. ，S. 9.

系，互为条件。多纳尔曾准确地总结了这种关系，他说道："但是，与认识和实践生活的关系相关的东西是，施莱尔马赫既不功利主义地只是在实践的专门机构中提出认识，也不理智主义地只是在认识中完成行动。毋宁说，在他那里认识与行动这二者是同等重要的。或者更好地说：人们习惯于称为行动的东西，他宣布为是与组织行动相关的，它处于同样有资格的符号行动的另一边，因为二者只是理性在自然上的同一行动的不同方面。对他来说，认识不是在这个意义上的伦理任务，即认识的内容依赖于意志规定，而是在这个意义上的伦理任务，即认识是一种伦理要求的行动，占有伦理生活的一部分，并且人们必须期望只有在它之下认识才是可能的这个条件，因为人们必须期望这个认识。伦理学同样如此，带着其目标概念，通过认识被规定。"① 因此，那种认为施莱尔马赫有把物理学还原为伦理学的观点是错误的。

如果认识与实践、伦理学与物理学是不可分割的，那么道德法则和自然法则之间也可以相通吗？施莱尔马赫的回答是肯定的。1825 年，他在柏林科学院作了题为《论自然法则与道德法则的区别》的报告，在这个报告里，他专门讨论了道德法则和自然法则的关系。在他看来，道德法则与自然法则具有相同的运用，都是对实在过程的描述，而非规范。道德法则并不是像人们认为的那样去规定一种"应当"，它不能独立于任何符合它的人类活动而存在。② 当然，施莱尔马赫并不否认"义务"或"应当"的重要性，相反，正像《批判大纲》和《伦理学》指出的，他认为"义务"概念是伦理学的三个主要概念之一。但是在施莱尔马赫看来，相比于描述性的"至善"来说，义务只是一个相对次要的概念。对于义务与至善之间的关系，我们将在第五章中进行详细论述。

虽然道德法则与自然法则具有一贯性，但是施莱尔马赫并不否认二者之间的区分，就像他并不否认在理性和自然之间有区分一样。那么，道德法则和自然法则之间到底有什么样的联系与区别呢？施莱尔马赫认为，二者在描述理性和自然之间的关系上面是具有一致性的，但是它们关注的角度不同，道德法则是从理性的角度描述理性对自然的作用，而自然法则则

---

①　Werke, I, S. XVI.

②　Ebd., S. 397.

是从自然的角度描述被理性作用的自然。施莱尔马赫伦理学研究专家博伊德（Boyd）正确地总结了这一关系，他说道："对于道德法则和自然法则的对比，施莱尔马赫的彻底目的论允许他主张这两个概念之间有一种根本的一贯性。他不把自然法则等同于道德法则，因为那样将破坏他对理性和自然的区分，并使伦理学从属于物理学（或者反之），他宣称在每一概念中法则的意义都有一种根本的一贯性——道德法则，像自然法则一样，描述和规定存在，然而在程度上是不完善的。然而，即使这个概括也少说了施莱尔马赫在理性法则和自然法则之间发现的联结。理性和自然是存在的一个有机体系的方面，它可以从自然（物理学）的方面或从人类行动（伦理学）的方面得到理解。施莱尔马赫从其对产生人类生命的进化过程的描述中得出的结论是，在单个有机过程和被称为'世界'的统一中，道德法则（理性法则）是对控制我们以有意识的/理智的/理性的而著称的发展水平的规定原则的称谓，正如自然的法则（自然法则）是对控制无意识的世界的一切方面原则的称谓。"① 可见，无论是伦理学和物理学，还是道德法则和自然法则，它们都是既有区别，又紧密地联系在一起的。

但是，从某种意义上说，施莱尔马赫更加重视物理学和伦理学之间的联系，在他看来，由于伦理学和物理学研究的内容其实都是理性和自然的关系，而自然和理性的相互渗透是一个逐渐走向最大化的过程，因此，从同一性（虽然这种完全同一在现实中是不可能达到的）的角度来看，二者必然是相互贯通的，"对施莱尔马赫来说，既不存在实践理性和理论理性之间的任何最终区分，也不存在伦理学和物理学之间的任何最终区分的空间。道德哲学的最好形式将把伦理学奠基在存在（不需要假设知识能永远与存在同一）之上，因此不允许道德法则和自然法则之间的任何分离，它们每一个都是对一个单一过程的方面的描述"②。因此，也只有从这个层面上，我们才能理解施莱尔马赫的这段话："任一伦理知识，只有就其同时是物理知识而言，才能是真正的哲学知识，任一物理知识也是如此，只有就其同时是伦理学而言，才是真正的哲学知识。"③ 在他看来，当这两

---

① G. N. Boyd. *Schleiermacher's "Ueber den Unterschied Zwischen Naturgesetz und Sittengesetz"*. The journal of religious ehics，1989，p. 46.

② Ibid.

③ Ethik, S. 204.

个领域达到完善的阶段时，伦理学就是物理学，而物理学也就是伦理学。虽然这个完善的阶段在现实中是不可能的，但这并不妨碍人们去设想它。从这种同一的角度出发，施莱尔马赫有时也把伦理学称为科学的"伦理—认识的"（sittlich-erkennenden）行动。

（二）伦理学与历史学

既然伦理学是一种对理性作用于自然的生成过程的描述，那么伦理学描述本身就必须是现实的和过程性的，或者说是历史性的，因而伦理学必须与历史学具有紧密联系。在 1805—1806 年的《伦理学大纲》和 1816—1817 年的《伦理学》中，施莱尔马赫都把伦理学看作是一门关于历史的学问。在他看来，历史本质上就是人类在世界中行动的领域，而历史学作为一门描述人类在世界中活动的经验科学，必然要成为伦理学考察的对象。当然，在他那里，历史学和伦理学还是有区别的。历史学研究的对象是人类在世界中的一系列个别活动，而伦理学就是对这些个别历史现象背后的本质描述。他说道："对有限存在的经验表达，就这个有限存在是理性，或者是理性定在的认识来说，是历史学科；对同一存在的沉思表达，或者对理性本质的认识，是伦理学，或者伦理理论。"[1] 换句话说，历史学是关于特殊的理性存在的知识，而伦理学是关于普遍的理性存在的知识。或者说，历史学是关于历史现象的描述，而伦理学是关于历史本质的描述。

施莱尔马赫认为，虽然伦理学与历史学的研究对象不同，但伦理学并不排斥经验性的历史学。相反，它甚至要以历史学为条件，因为只有在历史学那里，伦理学才能获得研究的材料和对象。他说："根据内容，道德学说是以历史研究为条件的；因为如果没有关于特殊本身的知识，那么一般不能被认为是产生特殊的。——伦理学说能与同行的历史学一样具有同样多的保证。后者越是贫乏，前者就也越贫乏和单面化，或者在占优势的倾向那里越任意。"[2] 这也表明，在施莱尔马赫那里，现象和本质、特殊和普遍从来都不是相互割裂开来的，没有特殊，就没有普遍，反之亦然。

---

①　Ethik, S. 204.
②　Ebd., S. 207.

对此，拜泽尔评论道："施莱尔马赫伦理学的历史概念包含了人类行为的全部领域，它是有意和明显宽泛的。施莱尔马赫认为，没有什么人类行动的方面不处于伦理学的领域内，因为伦理学主要处理意志，而意志隐藏在我们所有行动的后面。一旦意志开始处理产生自它如何应当这样做的问题时，那么进一步它该选哪个选项的问题也就出现了。但是，一旦我们思考选择，不管愿意与否，我们所做的就是伦理的。……既然伦理学处理一切人类行动，且既然一切人类行动都应当导向至善的创造，因此没有行动是完全无涉的。"① 在此基础上，施莱尔马赫再一次指出康德把理性与感性、沉思与经验割裂开来，进而轻视经验历史，强调伦理学必须先天理性出发的观点是片面的。

当然，把伦理学与历史联系起来，是施莱尔马赫一直都具有的观念，在早期的《论至善》中，他就说道："一切历史学家都是哲学家，而一切哲学家都是人类精神的历史学家。"② 而在《伦理学大纲》中，他也指出，伦理学的样式（Stil）就是历史性的，因为"只有在显相以及显相的法则被给出的地方，才有一种科学的直观。……因此这种样式既不是命令式的，也不是商谈式的。因此，伦理学的形式就是一种直观的发展"③。也就是说，只有在历史的样式下，人们才能真正直观到一种理性和自然之间通过相互渗透而产生的"生成"或者"发展"。

如果伦理学表现出历史的样式，那么伦理学就不能仅仅是静态的或当下的，而应当同时包含人类在所有时代的历史活动。面对纷繁复杂的历史活动及其客观表现，如风俗习惯、文学、艺术、宗教、国家、法律等，伦理学的任务就是通过提出一系列的原则和规范，从而使它们变得能够被清晰地理解。这样理解的伦理学被索克尼斯称作"精神科学"（Geisteswissenschaften）的基础，他说："施莱尔马赫的伦理学不仅是一种传统意义上的道德理论，也是后来在 19 世纪被称作精神科学之全体的基础。"④ 这

---

① F. Beiser. *Schleiermacher's ethics*. In the Cambridge companion to F. Schleiermacher. Cambridge University Press，2005，pp. 68—69.

② KGA. I，1，S. 83.

③ Werke，II. S. 87.

④ Brent W. Sockness. The Forgotten Moralist：Friedrich Schleiermacher and the Science of Spirit. The Harvard Theological Review，Vol. 96，No. 3，2003，p. 341.

个论断是有道理的。众所周知，精神科学的著名倡导者是狄尔泰，他把科学分为自然科学和精神科学，认为前者研究的客观外在的自然世界及其规律，而后者研究的则是人类历史和文化世界。在狄尔泰那里，这种精神科学还可以划分为许多学科，"历史学，政治经济学，法学—政治学，关于宗教、文学、诗歌、造型艺术和音乐的研究，关于哲学世界观与哲学体系的研究，以及心理学等都是这样一些科学"。[①] 狄尔泰认为，理解和解释这些精神科学的核心是人的体验，因为这些精神科学都是人之内在体验的表达和外在化。与狄尔泰不同，施莱尔马赫更加强调理性，他把这些经验性的精神科学看作是作为理性科学的伦理学的材料，而把伦理学看作是研究这些精神科学所提供的材料之本质的学问。狄尔泰也看到了这一点，他认为施莱尔马赫与谢林和黑格尔等人一起，"开启了一个用概念体系处理历史过程的新的研究方向"[②]。狄尔泰所说的"概念体系"在施莱尔马赫那里无疑就是伦理学。

施莱尔马赫认为，当伦理学与物理学和历史学达到完全同一的时候，也就是理性与自然、沉思与经验同时达到了完美的相互渗透，就达到"世界智慧"（Weltweisheit）的理念。他说道："知识的最高统一，既表达存在领域的相互关系，作为伦理与物理的完美渗透，也表达沉思和经验的完美的同时发生，就是'世界智慧'的理念。"[③] 前面已经指出，理性和自然的相互渗透是一个永远都在生成，却永远无法达到绝对同一的无限过程。同理，伦理学与物理学和历史学的完全同一也是一个永远都在生成，永远都在趋近，却永远无法实现的过程。因此，在有限的现实世界中，这样的"世界智慧"是不可能得到完全实现的。但是，这并不是说"世界智慧"的理念是无意义的，毋宁说，它是一个可以思维的目标或者理想，为伦理学提供了一个发展的前景。文德尔班正确地描述了这种"世界智慧"的特点，他说道："在所有这些特殊学科中，在材料内容方面或在形式方面占优势的不是两种因素中的这一方就是另一方。虽然在其中对立面之一方总是力图奔向另一方：经验知识学科倾向于理性结构，理论学科倾向于

---

① ［德］狄尔泰：《精神科学中历史世界的建构》，安延明译，中国人民大学出版社 2010 年版，第 73 页。

② 同上书，第 100 页。

③ Ethik, S. 204.

对事实的理解，物理学倾向于物质世界的意识和有机体的起源和发展，伦理学通过意志合目的活动倾向于对感性的控制和渗透。但是在世界认识活动中，没有一个地方达到了现实的东西同观念的东西完全协调平衡；相反这种协调却只形成了思维的目标，绝对的、无条件的、存在于无限而无法达到的目标；思维极想成为知识，但是永远也不会完全成功。"① "世界智慧"的理念类似于康德哲学中的"调节性理念"，它虽然并不构成确定的科学知识，也不构成实践活动的实在对象，但作为总体性的理念，却能"调节"知识和实践，为它们提供方向，让它们朝着不断趋向和接近它的方向而发展。在这个意义上，我们可以说，所谓"伦理学的生成"，所表达的无非就是"世界智慧的生成"，或者说，伦理学就是一门走向理性与自然相同一的世界智慧的学问，虽然这种"世界智慧"无法得到最终实现。

三　伦理学与文化哲学和教育学

如果把伦理学理解为描述理性作用于自然而产生的结果，那么它就必然要超出传统的关于伦理学是关于人们应当如何行为的一系列规范这一范围，把人类全部文化领域都包含在内，因为文化在本质上就是人类理性作用于自然而产生的结果。更进一步来说，如果把伦理学理解为对理性在自然上的生成过程的描述，那么伦理学必然与教育学也密切相关，因为无论在家庭教育和学校教育中，还是在国家教育和教会教育中，教育的目的总是要使年青的一代在肉体和理智上都向着更加完善而生成。因此，在施莱尔马赫看来，伦理学必然与文化哲学和教育学具有紧密关系。

（一）伦理学与文化哲学

在上面的讨论中，我们已经指出，在施莱尔马赫那里，理性和自然，经验科学和理性科学从来都是不可分的。因此，作为对有限人类理性进行沉思的伦理学，必然与全部所有其他科学具有紧密的关系，从而必然涉及人类文化和历史的全部领域。这样理解的伦理学，已经不再是人们习惯上认为的那样，是一门包含人们正确行为之规范的应然之学。它研究的范围

---

① ［德］文德尔班：《哲学史教程》下卷，罗达仁译，商务印书馆 1993 年版，第 802 页。

要比作为规范的伦理学宽广得多，以至于许多研究者认为，它实际上已经变成一种广义上的文化哲学或社会科学了。施莱尔马赫研究专家索克尼斯曾总结道："这种'精神科学'所产生的宽广范围，在德国研究者用来刻画它的各种标签中得到了反映。它被标示为一种'历史的结果理论'（Graeb），一种'社会实在的解释学'（Flalcke），一种'文化哲学'（Reble），一种'哲学的社会学'（Garczyk），以及'人文科学的基础'（Scholtz）。"①

值得注意的是，虽然有这么多研究者都把施莱尔马赫的伦理学归结为一种文化哲学或社会哲学，甚至把他看作是现代文化哲学的先驱，但是在施莱尔马赫的众多伦理学作品中，他却很少提及"文化"这一概念，即便是在使用"文化"这一概念时，他也是在一般的意义上讨论它，并没有给它下一个确切的定义。在 1805—1806 年的《伦理学大纲》中讨论"至善"概念时，施莱尔马赫曾经提出一个理解至善的视野，即以"一种完善的文化理念"理解至善。② 这种观点有把至善理解为一种文化过程的倾向。在 1812 年《伦理学》对至善的诸领域进行讨论中，施莱尔马赫从个体人格性与共同体的共同善出发来理解文化。他认为，当作为个体的人在占有和让渡之间达到相对平衡时，个体就达到了一种完善的文化状态。但是，施莱尔马赫随即指出，个体的文化完善是与全体的文化完善紧密结合在一起的，个体的完善只有在共同体中才是可能的，是"在作为文化使命的全体领域，在全部土地上的稳定扩展中被发现"的。③ 反之亦然。由于个体和共同体从来都是无法割裂开来的，因此文化的这两种表现方式其实是"同一命题"。

还需指出的是，施莱尔马赫并不承认一种超越国家界限的普遍文化，他所谓的作为公共善的文化，是限制在国家，特别是民族国家的范围之内的。他认为，由于各个民族国家在地理、气候等方面的不同，也会导致文化的不同，因而文化的完善也应当以国家为界限，他说道："最后，文化过程在国家疆域的全部范围中达到其完善性，并且显现为民族行动的纯粹

---

① Brent W. Sockness. The Forgotten Moralist: Friedrich Schleiermacher and the Science of Spirit. The Harvard Theological Review, Vol. 96, No. 3, 2003, pp. 343—344.

② Werke, II, S. 92.

③ Ethik, S. 44.

结果。只要全部原材料依据民族设置的标准被组织，前者就出现了。只要个体不与共同体完全分离，且偶然通过最多方面的联结而失去力量，后者就出现了。"① 在这一点上，他明显不同意许多启蒙运动的倡导者所主张的"世界公民"概念，在他看来，这一概念是建立在抽象理性基础上的，它抹平了人们由民族性和地域性所表现出来的差异性。

　　当然，对施莱尔马赫来说，文化仍然属于伦理学描述的一个领域。它作为理性作用于自然的活动领域，它的完善过程，无论作为个体的完善还是共同体的完善，都体现了至善在不断地走向完善。这也是施莱尔马赫在《伦理学大纲》中提出用"一种完善的文化理念"来理解至善的原因所在。在《施莱尔马赫论文化与教育》一文中，研究者赫尔姆特（Girndt Helmut）曾对施莱尔马赫的文化学说进行了恰当的总结，他说道："理性在历史中通过知识意愿的神圣原则而进行的思辨描述过程就是文化过程，这个过程的目标，对最高知识和至善的描述，就是一种完善的文化理念。"②

　　应该警惕的是，如果像上述格莱布（Graeb）、弗拉克（Flalcke）、雷布勒（Reble）、佳尔奇克（Garczyk）和舒尔茨（Scholtz）等人一样，把施莱尔马赫的伦理学看作是文化哲学或者社会科学，有时候会产生一种误解，即认为施莱尔马赫通过把伦理学扩展到人类文化历史的领域，实际上是把伦理学消解在文化哲学或者社会哲学之中，从而取消了伦理学之独立存在的意义。例如，施莱尔马赫《伦理学》的英文编译者在英文版"导论"就曾指出，施莱尔马赫的伦理学"可以典型地作为在文化哲学或者哲学心理学中的应用，但是它不能通过作为一种充分的规则伦理学的检阅。在无数的制度、社群和构成的成果中的一些地方，证明道德规则的任务被忘记了"③。然而，这样的观点是错误的。首先，文化哲学和社会哲学都是产生于现代的哲学流派，在施莱尔马赫生活的年代，根本就没有这些哲学形态，因此，即便施莱尔马赫的伦理学表现出了文化哲学和社会哲学的特征，也不能认为他的目的是要把伦理学消解到文化哲学中去，至少施莱

---

①　Ethik，S. 105.

②　Girndt Helmut，*Kultur und Erziehung bei Schleiermacher*，Zeitschrift fuer philosophische Forschung，23（1969）.

③　Schleiermacher. *Lectures on philosophical ethics*，Trans. By Louise Adey Huish，Cambridge University Press，2002. Introduchtion，pp. xxix－xxx.

尔马赫并没有这样的自觉意识。认为施莱尔马赫消解伦理学的观点，其实就是以现代文化哲学和社会哲学的理论来套施莱尔马赫的伦理学，这最终会导致一种双重误解，即一方面误解施莱尔马赫的伦理学，另一方面误解文化哲学和社会哲学。其次，从施莱尔马赫对伦理学的理解来看，他并不是要把伦理学消融于文化哲学或历史哲学中，而相反，他要把现代文化哲学和社会哲学所考察的对象都纳入对伦理学的考察范围之内。毋宁说，他要使文化哲学和社会哲学都从属于伦理学，成为伦理学的分支。在这个意义上，他不是要消解伦理学，而是要赋予伦理学以更加崇高的地位。因此，在施莱尔马赫那里，伦理学仍然是伦理学，只不过它研究的范围更加宽广了。在《作为伦理学的文化理论》的论文中，索克尼斯也坚持这样的观点，他认为，如果把文化哲学和社会哲学看作是伦理学的功能，那么就把这些学科都包含在伦理学之中了，而伦理学也仍然可以被称作是一种道德哲学。[1]　索克尼斯的这种理解与施莱尔马赫的观点是相吻合的。

（二）伦理学与教育学

如果把伦理学理解为描述理性对自然的作用过程的学科，理解为把整个文化及其历史发展和传承都包含于自身的学科，那么伦理学就必然与教育学（Paedagogik）紧密相关。因为教育作为人类文化得以保存和传承的主要形式，自身就是人类文化活动的有机组成部分。

不过，施莱尔马赫并不把文化作为联系伦理学和教育学的中介，而是认为教育学与伦理学具有直接关系。在他看来，教育学研究和描述的理性在一种特殊的自然（即人）上的活动或者作用，因此，教育必然从属于广义的伦理学，从而构成伦理学的一个特殊领域。通过探讨教育的内涵、教育的对象、目的、种类和方法等几个问题，我们可以清晰地看到教育学与伦理学的这种紧密关系。

施莱尔马赫认为，教育学是作为伦理学的特殊组成部分而存在的，它研究的是伦理学原则在人类教育领域里的特殊运用，"因此，教育理论与

① Brent W. Sockness. *Cultural Theory as Ethics*. In Christentum-Staat-Kultur: Akten des Kongresses der Internationalen Schleiermacher-Gesellschaft in Berlin, Maerz, 2006. Walter de Gruter · Berlin · New York. S. 519.

伦理学更加精确地联系在一起，教育理论是与伦理学相关的艺术"①。因此，作为一门从伦理学中产生出来的学科，教育学必须把伦理学作为其前提，并且在伦理学中找到自己的位置和作用，施莱尔马赫明确地说："它（教育学）的地位在我的伦理学体系中得到了确证，同时它解决其任务的本质形式也在我的伦理学体系中得到了确证。"② 换句话说，如果伦理学在本质上是对理性在自然上的活动的描述，那么教育学不过是对理性在特殊自然（人）上的活动的描述而已；如果伦理学的任务是描述理性与自然之间的逐渐渗透并最终走向统一的发展过程，那么教育学的任务就是描述理性在（作为个体的和作为共同体的）人那里的发展过程。因此，如果没有伦理学，教育学就无从建立，如果离开伦理学，教育学就失去了方向。相反，如果人们的伦理学知识越丰富，人们的伦理行动越完善，那么教育学的理论就会越丰富，而教育活动也会越来越完善。可见，施莱尔马赫所说的伦理学与教育学之间的关系，与人们日常理解的道德教育根本不是一回事。

教育学与物理学和历史学都不相同。物理学把无机自然当做研究客体，而教育学把人当做研究对象。历史学把已经发生过的人的活动当做研究的对象，而教育学把活生生的人当做研究对象。我们知道，人既是一种个体性的存在，又是一种社会性的存在。教育既然把人作为研究对象，那么它就必须把人的这两种存在形式作为研究对象。虽然人们能进行自我反省和自我教育，但是这种反省和教育更多地被称为自我修养或提高。施莱尔马赫所讲的教育更加侧重于人们之间的相互影响，更确切地说，教育研究的对象是上一代人对年青一代人的影响，教育的任务一方面表现为培养年青一代的个体能力，特别是理性能力，另一方面表现为使年青一代认同和继承共同体的文化或者生活方式，也就是成为理性作用于自然而产生的成果（在施莱尔马赫那里就是善）的承担者，从而使全部人类社会关系从一代向另一代不断发展和完善。很明显，教育学的任务正好体现了上面已经提到的伦理学描述的任务。也正因为此，施莱尔马赫才把作为教育对象

---

①　Werk，III，S. 402.

②　Ebd.，S. 402.

的年青一代称为"纯粹的伦理学客体"。[1]

既然教育是伦理学关注的独特领域，而教育的对象是年青一代，那么教育要把年青一代带向哪里呢？或者说，教育的目标是什么呢？对这个问题的回答，又要回到上面提到的关于人的两种存在方式的讨论上。施莱尔马赫认为，由于人具有个体性，那么这也就意味着人不可能是千人一面的，每个人都有自己独特的个性和能力。也就是说，教育对象是具有多样性的。问题是，教育的目标是要消除这种多样性，还是要保存并完善这种多样性呢？施莱尔马赫选择的是后一种，即教育的最终目标是达到理性对个体独特本性的塑造。施莱尔马赫的这个观点明显坚持了他早期参加浪漫派运动时所倡导的个体性和多样性原则。

但是，这还不是教育的全部目的。施莱尔马赫在强调多样性的同时，并没有忽视人作为社会性存在所表现出来的普遍性。在他看来，这种普遍性就表现在人的共同交往和相互影响中，它就表现在国家、市民生活和学术生活等现实领域中。因此，在施莱尔马赫那里，还存在着教育的另一个目的，即通过教育，让年青一代投入共同体的伦理生活之中，使全部人类关系能够一代代地通过共同体生活而达到不断完善。施莱尔马赫说道："人的规定性就是，把世界纳入自身并在世界中描述自身。然而它总只是达到个别时刻而非全部。个别时刻能够代表全部，就人们在其中作为与普遍在一起的特殊，以及在一种规定中作为它的反面而言。因此，每个人都通过普遍的教育而无害其禀好的准则，只能是孩童向人的教育的目的。"[2]

总之，在施莱尔马赫那里，教育的目的具有两个方面：其一是个人自然能力的全面发展，其二是人们的共同体生活逐渐走向完善。他还指出，就像人把独特性与普遍性统一于自身一样，教育目的的这两个方面也不是相互分离的。虽然二者并不总是和谐一致，在个体需要与共同体需要之间有时会发生冲突，但是从总体来说，二者的目标是一致的，也是相互渗透和相辅相成的。二者相互渗透得越多，其中一个为另一个牺牲得就越少，而教育行动在伦理学上就是越完善的。因此，明显的是，完全排斥共同体生活，个人完善就是不可能达到的，完全否定个体多样性，也不会有真正

----

[1]　Werk，III，S. 402.

[2]　Ebd.，S. 454.

的共同体生活。赫尔姆特正确地总结了施莱尔马赫的这一思想，他说道："理性的普遍性在文化共同体中发现个体。它是个体之间的伦理联结。在与个体只能生活于其中并从中走出的共同体的这种协调一致中，它具有了其意向和行动的标准。教育的目的是一种伦理的目的，是个体与文化公共关系协调一致的伦理性。因此，个体必须导向对共同体的协调一致，在这种共同体中，它首先保持为善的，然而文化就是这样的共同体的协调一致。"①

既然教育体现的是人与人之间的相互影响，而人们之间的相互影响又表现在许多方面，那么教育就必然具有许多类型。在施莱尔马赫看来，如果从教育活动所产生的不同领域来看，教育至少可以分为四类，即家庭教育、学校教育、国家教育、教会教育。在这些种类中，家庭教育是最原初的，它表现在父母对孩子的教育。学校教育分为初级教育和大学教育，其中前者以培养学生的个体能力为主，使学生得到全面发展，而后者以培养学生的意志和意向为主，它们使他们与科学和文化的理念相协调。如果说家庭教育和学校教育都表现个体发展的教育目标的话，那么国家教育和教会教育更多的是体现共同体生活的教育目标，其中前者以进入国家政治生活为目标，后者以进入教会共同体为目标。施莱尔马赫说："在国家教育和教会教育的时代，普遍的独特性首先很少在相互联系的个体中被指出，然而它更多地连接机体的共同体的特性，并且走向国家和教会的构成。"②不过，由于施莱尔马赫认为国家在本质上是民族共同体③，他认为这种进入民族共同体的生活是有限制的。相反，由于教会是具有相同宗教情感的人们的统一体，它可以超出民族共同体的界限，因而它是普遍的。施莱尔马赫说道，教育的"原初的发展是在家庭，后来在国家之中，但国家是有限制的，完全基于历史的观点，普遍的共同生活只能在教会中"④。

为了实现教育的目的，即实现个人自身独特能力的完善与共同的伦理生活的统一，需要哪些教育方法或手段呢？施莱尔马赫认为，有两种方法

---

① Girndt, Helmut, *Kultur und Erziehung bei Schleiermacher*, Zeitschrift fuer philoso-phische Forschung, 23 (1969), S. 565.

② Ethik, S. 129.

③ 对于国家与民族共同体的关系问题，我们将在本书第六章第一节中进行详细论述。

④ Werk, III, S. 471.

可以实现上述目标，其中第一种方法是广泛性（Extensive）教育，另一种更是精深性（Intensive）教育。所谓广泛性教育，就是说对受教育者个体人格的培养，使他们的多样性能接受统一的世界观，同时又能用多样性表达这种世界观。所谓精深性教育，指的是受教育者的意识从纯粹的经验性发展到具有思辨能力，从而达到经验与先验、主观与客观的综合统一。简言之，广泛性教育主要指人的个体素质教育，而精深性教育主要指人接受共同理念并进入公共生活的教育。正如赫尔姆特所说："广泛性的技术教育使学生相信文化的多样性，并塑造其自发性能力，这样，他在其行动中最终能够参与到发展中的世界构成的共同行动中来。相反，精深性教育影响学生的意志和意向，它们使他们与文化的活生生的理念相协调，因此它们也在他们那里持续存在。"[1]　当然，这两种教育方式虽然各有侧重，但并不是可以割裂开来的，它们是为了完成教育目标的两个方面，在本质上都表现为教育同一对象的发展和进步。

施莱尔马赫进一步把教育分为三个阶段，其中第一个阶段是早期教育或者童年（Kindheit）教育，这个阶段主要适用于广泛性教育，使学生的能力得到全面发展。第二个阶段是精深性教育，使学生具有思辨能力。第三个阶段就是前两个阶段的综合，即通过把广泛性教育和精深性教育结合在一起而达到一个更高的阶段，即个体中的独特性与共同体的普遍性之间的统一。

另外，施莱尔马赫认为，如果说从时间上来说，广泛性教育是先于精深性教育，那么从逻辑上来说，精深性教育要先于广泛性教育。也就是说，当人们在对儿童进行广泛性教育时，必须已经先行预设一种共同生活的伦理理念，赋予广泛性教育以内容。如果没有这样的一种伦理理念，一切教育活动都是空白的。赫尔姆特正确地总结道："意向与意志的精深性教育决定性地先行于技术的广泛性教育，后者只能促成知识和能力。但是，如果没有一种文化的活生生的共同理念，知识和能力都是死的。施莱尔马赫对教育学的强调就立足于人的精深性教育上，因为教育学就是使文

---

① Girndt，Helmut，*Kultur und Erziehung bei Schleiermacher*，Zeitschrift fuer philoso-phische Forschung，23（1969），S. 564.

化的思辨过程进一步推进到至善的敞开。"①

四　伦理学与辩证法

在 1816 年的《伦理学》"导论"中，施莱尔马赫对科学进行了详细的划分，除了前面提到的物理学、伦理学、历史学和教育学以外，还有一种经验性的自然科学。施莱尔马赫是通过两种方法来划分这些学科的。就研究的不同内容来说，可以划分为研究自然的物理学和自然科学，研究理性的伦理学和历史科学。就研究的不同方法而言，可以划分为进行理性沉思的物理学和伦理学，进行经验观察的自然科学和历史学。同时，施莱尔马赫还提出一个作为这些学科之前提或来源的最高知识，即辩证法，它既是方法，又是形而上学。下面的表格可以清晰地表明施莱尔马赫对科学的划分：

作为方法的辩证法	作为形而上学的辩证法	内容	
		自然	理性
方法	理性沉思	物理学	伦理学
	经验观察	自然科学	历史学

上面已经讨论了伦理学与物理学、历史学和文化理论之间的关系，这里讨论它与辩证法的关系。

简言之，施莱尔马赫的伦理学与辩证法紧密相关，在他建构自己独特的伦理学体系时，辩证法起着重要作用。

施莱尔马赫认为，不论是伦理学、历史学还是物理学，都不是最高的科学，因为它们所处理的对象都是处于矛盾之中的有限事物，因而自身也是有限的。但这些学科之间并非毫无关系，而是处在一个和谐的统一体中，它们都是从一个最高原则演绎出来的。他说道："伦理学的当前表述不应当被视为这种自己独立的科学，而是从一种假设的最高知识演绎出来

---

①　Girndt, Helmut, *Kultur und Erziehung bei Schleiermacher*, Zeitschrift fuer philoso-phische Forschung, 23 (1969)，S. 566.

的科学。"① 而研究这个最高知识的科学被施莱尔马赫称为辩证法。他曾经多次讲授辩证法课程，并留下了大量讲义。这些讲义分为两部分收集在《施莱尔马赫全集》的第十卷中。

施莱尔马赫的辩证法分为两个部分，其中第一个部分被称为先验部分，或者是形而上学部分，第二部分被称为形式部分，或者说是逻辑部分。其中第一部分研究存在和思想之间的内在关系，而第二部分则是研究思想在自身和对自身进行考察的根据。施莱尔马赫认为，辩证法的这两个部分不能割裂开来，他说道："逻辑，形式哲学，如果没有形而上学，先验哲学，就不是科学；形而上学如果没有逻辑就只能具有某种任意和幻想的形态。"② 在他看来，把形而上学和逻辑割裂开来的后果就是当时"超验形而上学"的盛行，这使得形而上学与物理学和形而上学之间的桥梁被截断了。他批判道："现代所称的形而上学和逻辑不是别的，正是相互分离的辩证法的这两个方面，以这种理解，盗走了它们的正当生命；由于这个原因，没有留下从形而上学延伸到物理学和伦理学的桥梁，因此产生了人们命名为'超验的错误。在这种分离中，形而上学变成了某种完全暂时的东西。另外，逻辑则正好作为无意义的和不连贯的东西，因此，这种分离的结果就是哲学的死亡。"③ 因此，在他看来，辩证法既是科学，又是艺术，它在批判的运用中意味着逻辑，在建构的运用中意味着形而上学。可以看出，施莱尔马赫试图恢复柏拉图传统中关于辩证法是一门"谈话艺术"的古典含义，即它是关于讲话、交谈、论证、推理、争论的艺术。

在对伦理学的探讨中，施莱尔马赫辩证法的两个含义都得到了很好的体现。就第一个含义来说，他的辩证法是一种形而上学，是对无矛盾的最高知识的表达，或者说是对最高存在的表达，他说道："我们寻求的最高知识不是由对立决定的，而是对最高存在就其本身的纯粹表达；正如最高存在只是最高知识对其本身的描述一样。"④ 在这个意义上，他把辩证法

---

① Ethik，S. 192.

② 转引自 Normunds Titans. *Overcoming Metaphysics as a Problem in the History of Philosophy：The Contribution of Friedrich Schleiermacher*. Lewiston：The Edwin Mellen Press，2006，p. 177。

③ KGA. I. 10. 2，S. 7.

④ Ethik，S. 194.

称作是一种超越知识和行动、理论和实践之间的对立的知识的最高科学，因而是一种形而上学。他说道："辩证法，我们称之为最高原则的科学，与柏拉图的语言运用相应，超过了伦理学和物理学。"①

但是，施莱尔马赫不是像传统形而上学那样把最高存在者和最高知识看作是确定存在的，而是认为最高存在和最高知识是超越的，是人们无法确切地认识到的，它们只是作为我们思考一切其他存在者和其他知识的根据才有意义的。换言之，这样的最高科学或者绝对知识是只能设想而实际上是不存在的，他说道："最高存在既不作为实物也不作为行动向我们显现。"② 又说："最高知识在我们的意识中并不直接揭示自身，而只是作为我们其他知识的内在根据或来源而存在，正如最高存在对我们的意识不是直接可见的，而是一切其他存在的内在根据和源泉一样。"③ 正如普雷格尔所说，在施莱尔马赫那里，无论是作为最高科学的辩证法，还是从辩证法那里推导出来的伦理学，他们都是处在一种不断生成的状态之中，他说道："像其他科学一样，伦理学的原则必须从一种最高科学那里推导出来。施莱尔马赫把'辩证法'称为最高科学。然而在这个推导的研究那里出现了问题，即辩证法本身仍然是不完善的。这个知识不导向放弃一种推导，而是导向一种洞见，即每一个推导直到辩证法的完善都具有一种暂时的品格。伦理学和辩证法都处于一种完善的、一种相互依赖的过程。因此伦理学必须也放弃提出'一种在其顶点的确定命题'，这就是说，没有辩证法吸收的命题能够提升绝对有效性的要求。"④ 也就是说，辩证法并不研究一个确定不移的存在，并不产生确确实实的知识，它仅仅是人们从中推导出其他有限科学的基础或源泉而已。

在施莱尔马赫看来，只有作为最高科学的辩证法不包含矛盾，而其他一切具体的科学都包含矛盾。他又指出，在各种各样的矛盾中，有一个最高矛盾，这个矛盾就是物质存在和精神存在之间的矛盾。正如前面已经指出的，从物质关系来看物质和精神之间的矛盾是自然，从精神关系来看物

---

① KGA. I. 10. 2，S. 711

② Ethik，S. 195.

③ Ebd.，S. 196.

④ Wolfgang H. Pleger：*Schleiermachers Philosophie*. Berlin：Walter de Gruyter，1988，S. 14.

质和精神之间的矛盾是理性的。由于人们无法认识到最高存在，但是人们可以设想最高存在在现实世界的表象，或者说是其图像，他说道："最高存在的最高图像，且因此一切确定存在的整体的最完善观念，是理性与自然的完全渗透和统一。"①而关于这种最高存在的最高图像的知识，就是施莱尔马赫所说的"世界智慧"。

从这种最高的矛盾或对立出发，施莱尔马赫又把哲学划分为两门基本学科：自然科学和人文科学，它们的典型代表是物理学、自然知识、伦理学和历史科学，其中物理学和自然知识研究从自然方面来看的自然和理性的交织和渗透，其中物理学研究自然的本质，而自然知识研究经验存在本身，"对作为自然的有限存在的沉思表达，或者是对自然本质的认识来说，是物理学或自然科学；对存在本身的研究表达，或者自然的存在者的认识，是自然知识"②。伦理学和历史学研究从理性方面来看的自然和理性的交织和渗透，其中伦理学研究理性的本质，而历史学研究理性的经验表现，"对有限存在的经验表达，就其是理性，或者是对理性存在者的认识来说，是历史学科；对存在本身的沉思表达，或者对理性本质的认识，是伦理学，或者道德学说"③。在他看来，只有物理学和伦理学是两种真正的科学，而其他所有的学科都要附属于这两个学科。

就辩证法的第二个含义来说，它不是形而上学，因为它没有像费希特和黑格尔那里的第一原理及其演绎，也不建构知识，相反，只是包含科学研究的工具，或者说，它只是一种方法，"它只能是一种永不停止的启发式的发现的试错过程，永不能达到完全的知识"④。换言之，辩证法是一切知识的建筑术，是一切科学研究的方法论。这个方法论是在逻辑的或者形式的意义上得以运用的，他认为逻辑是"关于思想在自身和对自身进行观察的根据的信息"，逻辑作为"认识的艺术学"，其核心概念是"矛盾"（Gegensatz）。在施莱尔马赫这里，矛盾就是"有差别的同一"。所谓"有

① Ethik, S. 200.

② Ebd., S. 203.

③ Ebd., S. 204.

④ Normunds Titans. *Overcoming Metaphysics as a Problem in the History of Philosophy: The Contribution of Friedrich Schleiermacher.* Lewiston: The Edwin Mellen Press, 2006, p. 175.

差别的同一"是指这些矛盾都是无法完全消除的，不可能是矛盾的一方把另一方完全纳入自身，也不可能像在黑格尔那里二者最终发展到更高一级的矛盾。

在《伦理学》中，他提出了众多的矛盾统一体，诸如普遍与特殊、同一与独特、个体与共同体、情感与理性、理论与实践等等。在他看来，这些对立的部分永远存在，无法完全消除。用现代德国哲学家海德格尔的话来说，它们就是人的"生存情态"。施莱尔马赫强调，人们不应当妄图取消这些矛盾，而是应当"安居"在这些矛盾中，在这些矛盾之间的"振荡"（Oscillation）中寻求伦理问题的解决。施莱尔马赫在这里借用了物理学的"振荡"概念，来描述矛盾之间的相互关系。也就是说，人总是在矛盾的对立两极之间来回振荡或者波动，而不能超出这个矛盾本身，也没有哪一个部分能得到充分地完成，虽然矛盾双方在不断的交织和渗透中能够越来越接近，但是却永远无法达到完全的同一。《伦理学》到处都体现着这种"振荡"的辩证方法的运用。例如，伦理学是理性和自然的相互渗透和同一，但是这种渗透和同一永远无法最终完成；人既是个体的存在，又是共同体的存在，既具有独特性，又具有同一性；实践中总是有认识的要素，而认识本身就是一种实践。重要的是，通过辩证法，他把社会生活的各个领域如国家、学院、教会、社交、家庭和个人财产都包含在自己的伦理学之中，使伦理学获得了更加实在的内容。

他的这种尝试，表面上看与黑格尔在《法哲学原理》中的做法相似。在《法哲学原理》中，黑格尔认为伦理应当把实在的家庭、市民社会和国家都包含在内，以此来实现对道德的主观性和抽象性的超越。但是，二人对辩证法的理解在本质上是不同的。在黑格尔那里，发展或者"生成"都是绝对精神的自我发展和生成，它是有起点和终点的，而客观世界只是精神发展过程中的一个阶段，是绝对精神的外化，最终要复归于精神本身。而在施莱尔马赫的辩证法看来，发展和生成从来就不单单是精神的事情，精神总是已经与自然联系在一起的，没有脱离自然的精神，也没有脱离精神的自然。在他那里，没有一个作为起点的精神或自然，也没有一个作为终点的精神或自然。自然和精神总是已经处在相互交织和渗透之中，二者走向同一的发展或者生成也永远达不到终点。形象地说，在黑格尔那里，世界的发展虽然是螺旋式上升的圆圈，但是它总是同心的圆圈，而这个中心就是绝对精神，相反，施莱尔马赫一直反对同心圆理论，他认为同心圆最终会使矛盾完全消解，结果总是一方把另一方吞噬掉。他坚持一种具有两个圆心的椭圆理论，这种理论表明，在运动中，两个圆心虽然总是相互交织在一起，并且通过相互作用而接近，但是两个圆心永远不能达到重合，不然它就是圆而非椭圆了。也就是说，在施莱尔马赫这里，矛盾双方总是处在相互振荡之中，永远无法达到真正的同一。

　　由于对矛盾的理解不同，二人在对伦理学的理解也是大相径庭的。例如，黑格尔通过思辨辩证法，认为国家是伦理发展的最高环节，它是家庭和市民社会的完全实现，黑格尔把国家描述为"伦理理念的现实"，是"绝对自在自为的理性东西"，[①] 在讨论国家与市民社会和个人的关系时，黑格尔认为，市民社会和个人只有成为国家的成员或部分，才具有真正的伦理性，他说："如果把国家同市民社会混淆起来，而把它的使命规定为保证和保护所有权和个人自由，那么单个人本身的利益就成为这些人结合的最后目的。由此产生的结果是，成为国家成员是任意的事。但是国家对个人的关系，完全不是这样。由于国家是客观精神，所以个人本身只有成为国家成员才具有客观性、真理性和伦理性。"[②] 而在施莱尔马赫那里，出于同一性的组织，个人是国家成员，必须服从国家的法律和制度。另一方面出于独特性的组织，个人又具有国家不能干涉的独特性，个人在才能、财产和自由社交领域具有不受国家干涉的权利，这一点也是他最为看重的，对于个人财产，他说道："由于在家庭和房屋中所有这些功能都具有同一性，因此政府对房屋内部的任何入侵都是最令人憎恨的，房屋的神圣性是个人自由的第一要求。"[③] 对于自由社交，他说："作为独特的组织，自由社交只有与国家完全分离才能出现，因为后者只能在外在特征那里保持存在，在没有内在条件的个体那里，这些特征能频繁地出现。但是，一旦自由社交依据外在特征来组织，那么它就死亡了。"[④] 对于市民社会中的自由，他指出，"国家的真正伦理性在于，完全不能质疑所谓的

①　[德] 黑格尔：《法哲学原理》，范扬、张企泰译，商务印书馆 1961 年版，第 253 页。
②　同上书，第 253—254 页。
③　Ethik, S. 101.
④　Ebd., S. 127.

市民自由"①。我们将在后面几章详细论述施莱尔马赫的国家、所有权和社交等概念。

　　综上可知，施莱尔马赫把伦理学看作是理性在自然上的生成的观点，并非是一种偶然的理论，而是为其哲学体系所必然要求的。在此基础上，他提出了自己对至善的独特理解，这正是我们随后几章将要讨论的对象。

---

① Ethik，S. 101.

第 五 章

至善与理性

　　施莱尔马赫成熟的至善学说是与他对伦理学的特殊理解密切相关的。通过把至善理解为"理性的自然"的生成，他把伦理学和至善学说看成在本质上是同一的。通过讨论至善与德性和义务的关系，他更加确定了至善的核心地位。这样理解的至善与理性的功能和特征密切相关。在对理性的考察中，施莱尔马赫提出理性具有组织和符号两种功能，并且具有独特性和同一性两种特征。在他看来，理性的功能和特征相互交叉结合，就构成了至善的四大现实领域，它们分别是同一性的组织、独特性的组织、同一性的符号和独特性的符号领域，这些领域把人类生活的各个环节如经济活动、政治活动、科学活动、宗教和社交活动，以及作为这些活动之基础和萌芽的家庭都包含在内。对这些现实领域的描述就构成了至善学说的主要内容。

　　我们将用三章的篇幅讨论施莱尔马赫这种独特的至善学说。在本章中，我们将讨论至善的定义、至善与德性和义务的关系以及理性的功能和特征。在第六章中，我们将分别讨论至善的各个现实领域。在第七章中，我们将讨论施莱尔马赫至善理论的特征，以及它所具有的历史意义和当代价值。

一　善、至善和生成

　　施莱尔马赫《伦理学》的核心部分是"善论"，而"善论"又叫"至善学说"。他不是在传统意义上把善理解为对道德行为的评价，而是认为善就是对"变成"道德的一切东西的客观描述，或者说是对理性与自然的不断渗透的描述。他也并不像康德那样把至善看作是处于彼岸世界的完美理想，而是认为善和至善并没有本质的不同，一切个别善的有机统一就是至善，至善就体现在现实的具体善中。他说道："每一变成道德的东西都是一种善，这个单一的东西也是全体，因此是至善。因此，伦理学的客观描述就是对至善理念的描述。"① 据此，他认为当他在"善论"中讨论各种具体的善时，他也是在谈论至善。

人们或许会追问，善和至善之间到底是一种什么样的关系呢？至善是许多甚至所有个别善的简单集合吗？施莱尔马赫对这个问题的回答是否定的，在他看来，至善不是个别善的简单集合，而是一切个别善的有机统一。因为不论至善还是个别的善，都不是集合的，而是有机统一的，其中每一部分之间都是相互作用和交织的。施莱尔马赫说："每一个自为的，在与其全部领域的关联中同时是产生的和被产生的东西，是一种有机组织的东西，是伦理地生成的东西，是一种善。因此，每一伦理的自为存在者的整体就是善的体系和理性的有机体，因此伦理学就是至善学说。"② 通过这段话可以看出，一方面，善本身就是一种伦理地生成的有机体；另一方面，诸善之间并非是一种一盘散沙式的关系，而是作为体系紧密地联结为一个整体的。因此至善作为善的体系或者有机体不可能是各种善的简单相加而得到的整体。

人们或许会进一步追问，如果至善是各种善的有机统一，那么至善是否是一种与个别善是同类的，只是外在于并高于个别善的新的个别的善呢？施莱尔马赫的答案也是否定的。因为在他看来，至善作为个别善的有机统一，不能独立于个别的善而独立存在，而只能在个别善中才能存在，因此它不能是在比较的意义上高于个别善的一种特殊的善。反过来，个别善也不能独立于其他善，不能不作为至善的一部分而存在，离开了至善和其他的善，个别的善也就无法得到确证和认识。在 1827 年《论至善概念》的演讲中，施莱尔马赫明确地说："但是'至善'这个表达同样在哪里都不是在比较的意义上，即其中一个最高级别包含每一个在级别上低的东西，但因此同时又排除对它自身来说不能再是这个术语的东西；而是在这

---

① Ethik，S. 16.
② Ebd.，S. 224.

个意义上，即其中每一级别作为至善的个别部分都是较高的和较完善的，但是仍然不能被看作和表达为就它自身也发生了而言。"①

既然伦理学所描述的"理性的自然"的不断生成就是善，而善的有机统一体就是至善，那么伦理学的这种描述在本质上就是至善学说。"伦理学就是至善学说。"② 如果伦理学以生成为根本特征，那么至善学说也是以生成为根本特征的。也许反过来说更能符合施莱尔马赫的本意，即由于"至善学说"表达的就是"理性的自然"的不断生成的理论，因此伦理学的描述才体现出生成的特征。

仍待解决的一个问题是，在施莱尔马赫这里，至善是否像个别的善一样是一个确定的存在？它是否是一个可以实现的对象？答案是否定的。在他看来，至善作为一切个别善的有机统一，在世界上只是一个可以思考但无法完全实现的理想。前面已经指出，在伦理学的描述中，理性与自然的完全统一（在此可以称为至善的完全实现）是一个总是已经开始却永远也无法真正实现的生成过程，因此，人们永远无法完全实现至善，而只能生成个别的善。既然没有至善的完全实现，也就没有关于至善的确切知识，人们真正具有的只能是关于各种个别善的知识，施莱尔马赫说道："我们没有对于至善作为理性在自然中的存在的统一的特殊知识，而只有一切个别善的相互作用和相互交织的知识。"③

那么，在这里，施莱尔马赫是不是又回到了康德第二批判的老路上去了呢？康德认为，至善作为幸福与德性的综合统一，它在现实世界中没有实现的可能性，人们只有设定上帝、不朽和自由等理念，才能设想至善的可能性。那么，由于至善在世界上完全实现的不可能性，施莱尔马赫是否也需要设定这些理念来保证它的可能性呢？答案仍然是否定的。在他看来，虽然人们无法达到至善的完全实现，但人们无须像康德那样寻求超验存在的帮忙来实现它。因为至善作为个别善的有机整体，它本身就必须体现在各种个别的善之中。在个别善的不断生成中，人们已经不断地接近至善了。施莱尔马赫说道："因此这里第一个完善的和自为存在的善，在生产和被生

①　Werke, I, S. 463.

②　Ethik, S. 224.

③　Ebd. , S. 239.

产的交织中的第一个真正的有机的伦理的要素，就是大全和全体的图像。"①
如果这里的"大全"或者"全体"可以看作是至善的完全实现的话，那么
我们也可以把个别的善看作是至善的"图像"，在每一个别善中，人们都
能发现至善的影子，虽然它不是至善本身。因此，施莱尔马赫不需要像康
德那样设想至善在彼岸世界的实现，并为这种实现设定先验条件。

在施莱尔马赫看来，如果作为个别善的这些"图像"是人类现实生活
中的各种伦理行动的实现，那么至善的理想就是人类所有伦理行动的有机
整体而已。这样理解的至善把所有人类理性生活都包含于自身了，正如德
国著名施莱尔研究专家亨泽尔（Paul Henzel）所言："因此至善必须把这
种人类关系的全体纳入其中，并且使它们以有机的形式得到发展。所有人
类行为必须在它之中找到位置，每一个个别者都必须在这种它与至善的实
现的协作中能够认识其独特的伦理任务。不是在对普遍的排除中，不是在
进入普遍之中，至善对于伦理个体来说才能被看到，而是在与那个任务的
独特关联中，这个任务提出普遍，并且通过这个任务实现自己。"②

综上所述，在施莱尔马赫那里，道德、善和至善在本质上是相通的，
它们都是对"理性的自然"的生成的客观描述。

在 1827 年和 1830 年，施莱尔马赫在柏林科学院以"论至善概念"为
主题进行了两次演讲。在这两次演讲中，他深化了自己关于作为生成学说
的至善理论，并且把这种理论运用到宇宙的进化过程中，以至于有研究认
为，他在赫胥黎和斯宾塞等人之前就提出了一种进化论的伦理学。下面我
们简要考察一下这两篇讲义中的至善概念。

在这两篇演讲中，施莱尔马赫把至善看作是通过人类理性对自然施加
的累积影响而产生的是和应当是的一切东西的全体。他说道："这是至善，
一种完善的自成一体的全体，就像我们的星球是在空间上是自成一体的全
体一样，因此一切向外超过这个范围的人类行动都是无法达到的；我这样
表达，当一切理性行动与它的效用被给出时，完全充满的空间就是好像没
有空的间隔，也没有彼此在空无中产生的对象。"③ 这样的至善也是无法

---

① Werke，I，S. 463.

② Paul Henzel. *Die neue Gueterlehre*，im *Schleiermacher*：*der philosoph des Glaubens*. Berlin：Buchverlag der，Hilfe'，G. m. b. h.，1910，S. 88.

③ Werke，I，S. 470.

得到完全实现的，它只能在作为其图像的个别善的生成和发展中体现自己，"就像柏拉图的苏格拉底合法宣布的是，它的显相在个别中是一种无限小的图像"①。

但是这里的问题是，作为至善的图像的个体的善总是不完全的，它怎样来表现完善的至善呢？施莱尔马赫认为，人们确实不能把每一个体的善都称做至善，但它可以通过与其他的善相互补充而变得更加完善，更加接近至善，这样它就能作为图像来表现至善了。也就是说，孤立的个体的善并不能表现至善，但是如果是所有个体的善之间处于相互补充之中，组成一个有机的全体，那么个体的善就能作为图像表现至善了。施莱尔马赫举例说："就像在每一个身体中每一肢体都是其余肢体的补充，在每一个国家中，每一个个别存在都是其余个别存在的补充，这时每一个才在它与所有他者的关系中得到完全的发展，并且得到完全的认识。"② 因此，要想使至善得到正当的描述，我们一方面必须把个别善看作是不同于其他善的独立存在，另一方面把个别善看作是与其他善相联结而构成一个有机整体的。施莱尔马赫明确说道："至善应当以这种方式来描述：必须一方面这样证明，就像理性行动是不同的和相互分离的，但是另一方面也证明，就像通过理性行动充满的全体部分与同一个相关地同样分离或者团结在一起。"③ 在他看来，通过对至善和个别的善之间的关系的描述，人们就可以不必像康德那样煞费苦心地寻求实现至善的先验条件了，而只需把目光转向对现实的个别善的不断生成以及个别善之间的相互关系上来即可。

如果善表达的是理性在自然上的生成的话，那么要想获得善，就必须预设理性和自然的存在。现代科学已经表明，对于人类来说，自然的存在要早于理性的存在，而人类理性只是自然发展到一定阶段的产物，确切地说是人类有机的肉体生活发展的产物。因此，在地球的发展史上，就存在一个转折点，而这个转折点就是理性的产生。在这个转折点之前，地球上的变化和发展虽然也表现为不断的完善，但这都不是伦理性的，是外在于善和至善的，因为这里没有理性的参与。只有当理性被发现之后，伦理的

---

① Werke，I，S. 469.

② Ebd. ，S. 472.

③ Ebd.

过程才真正开始，因为它满足了产生善或者至善的两个条件，其一是有自然，其二是有参与自然发展过程的理性。施莱尔马赫说："当至善应当生成时，理性必须总是已经在人类组织中被给出，独特的自然总是已经被给出，通过它至善必须被生成。"① 值得注意的是，即便这个转折点本身，即从无理性到出现理性的转折，也不是伦理过程，不是一种善，因为这个过程是一个自在的过程，它没有人类理性的主动参与。

在《论至善概念》I 中，施莱尔马赫还提到了他 1825 年在柏林科学院举行的一个名为《论自然法则与伦理法则的差别》的演讲。在这个演讲中，他不但讨论了自然法则和道德法则之间的关系，还以生物进化为例讨论了这两种法则的一贯性。他指出，从物理世界向植物生命和动物生命的进化虽然是一个巨大的进步，但是这个进步本身是无关道德的，随着理智生命（人）的出现，出现了理性的行动，这时伦理过程就开始了。施莱尔马赫说道："我在以前的论文（《论自然法则与伦理法则的差别》）中提出了已经给出的这一点，并且思考了地球上的生命向着生物性发展——不管是突然的还是渐进的，在后一种情况中，不管是逐级的还是依据一些相互部分再扬弃的行动和反应，这不仅外在于我们现在的领域，也外在于每一个伦理的考察。但是较高的级别应当添加精神的生活，就像它为人类所特有，并且它在人之内和为了人而在地球上控制和付诸行动。我们最好用理性这个名称来表示这个独特的原则，因为据此或许最少已经事先撒播误解，因此，在这之中，理性包括了我们的全部任务。因为正如单纯的重力连同复合过程和分裂过程为植物所采取，而动物把二者联合到一起：因此来自这些的人性应当再次凸显自身并把它们包含在自己之内。"② 在施莱尔马赫看来，与低级的动物性阶段依靠本能活动不同，较高级的人类活动的根本特点是精神的生活，而精神生活就表现在理性对自然（包括对人的动物性欲求）的控制之上，这个阶段就是伦理的阶段。在这个阶段上，理性通过对自然的不同行动而产生众多形态的善，诸如家庭、财产、国家、市民社会、自由社交、科学团体、教会等等，以至于施莱尔马赫认为，至善包含人类事务的全部状态，它"作为理性的总作用，在特殊的和共同体

---

① Werke, I, S. 474.
② Ebd., S. 461.

的形式下，内在于我们这个星球的全部自然是可能的。"①

人们也许会问，在施莱尔马赫的这些个别善中，有没有一个善是最高的或唯一的至善，以至于其他的善都可以被它所包含，甚至为了它而被取消其独立性，就像在黑格尔那里认为国家就是家庭和市民社会的真理。参照前面我们对施莱尔马赫辩证法的讨论可知，在他那里是没有一个最高的至善形态的，因为在施莱尔马赫那里，人类活动的每一个形态都具有自己不可取消的独立价值，它们每一个都是至善的表现，在它们之间没有价值上的高低之分。施莱尔马赫明确指出："所有这些都是单一的，并且不能没有他者。但是就我们对它采取一个观点或者另一个观点而言，至善有时显现为在独特生活的纯真的和充分的交流中的黄金时代，有时显示为在地球上对民众的分散的统治中的永久和平，或者显现为在语言共同体中的知识的完善性和不变性，以及显现为虔诚信仰的自由共同体中的天国，它们的每一个在其特殊性中都把其他的包含进自身并描述全体。"② 可见，在现实世界中，没有哪个具体的善可以作为至善本身而把其他的善完全消解到自身之中。即便处在相互联系的整体之中，所有的善都具有自己独立存在的价值。

二 至善、德性和义务

在 1803 年的《批判大纲》中，施莱尔马赫已经指出，真正科学的伦理学体系必须充分包含至善、德性和义务这三个基本概念，因为它们都是伦理学所关注的基本领域或者内容。在他看来，无论是古代的伦理学还是现代的伦理学，都是片面的，古代伦理学重视善和德性，忽视了义务；而现代伦理学中注重的则是德性和义务，善的重要性却下降了。但是，在《批判大纲》中，虽然施莱尔马赫在指出以往伦理学的缺陷的同时，已经提出要建立一种完善的伦理学体系的构想，但这种构想是他在成熟时期才得以实现的。在《伦理学》中，他不仅把伦理学看作是描述理性和自然之间的相互渗透的学说，还明确地把伦理学划分为善论、德性论和义务论三

---

① Werke, I, S. 480.
② Ebd., S. 465.

个部分，并详细地论述了这三个部分各自所关注的问题，以及这三个部分之间的相互关联和规定。前面我们已经讨论了他的至善概念，这里我们将讨论他的德性和义务概念，以及它们和至善之间的相互关系。厘清这些内容，更有助于我们理解至善在施莱尔马赫伦理学中的特殊地位。

（一）德性与至善

德性自古就是伦理学家们关注的核心概念。在《理想国》中，柏拉图就鲜明地提出了智慧、勇敢、节制和正义这四种德性，它们被称为古希腊"四主德"。在《尼各马可伦理学》中，亚里士多德对德性的探讨更加详细和丰富，以至于后人把他看作是德性论的最大代表。亚里士多德认为，德性是人所具有的一种品质，一种"既使得一个人好又使得他出色地完成他的活动的品质"①。因此，德性既不是感性感情，也不是理性能力，因为这二者都是人天生具有的禀赋，而德性却不是人天生就具有的，而是在后天实践过程中进行选择的品质，这种选择就是在不及和过度之间选择中间状态，因此，它必然以追求适中或者中道为目的，它最好的表现就是在适当的时间、适当的地点、出于适当的原因、以适当的方式、选择适当的人和事。这种德性虽然不是情感，却与情感相关，它是在过多和过少的两种情感中选择适中的情感，例如，在麻木和暴怒之间选择温和的情感。亚里士多德把德性划分为理智德性和道德德性，其中前者是通过教育和学习才产生和发展起来的，而后者是通过风俗习惯而逐渐养成的。二者的共同特点就是都需要在时间中通过实践经验才能获得。

与亚里士多德不同，近代的斯宾诺莎和康德都把德性理解为人所具有的一种理性能力。斯宾诺莎认为，德性就是人的本性或本质，而作为人的本性或本质而存在的不是情感，而是理性，因为"唯有当一个人遵循理性而生活，他才可说是绝对地依照他自己的本性的法则而行动，而且也唯有这样他才能永远地必然地与别人的本性相符合"②。因此，在斯宾诺莎那里，德性就是理性本身，"遵循德性而行，即是遵循理性而行"③。他还指

---

① ［古希腊］亚里士多德：《尼各马可伦理学》，廖申白译，商务印书馆 2003 年版，第 45 页。

② ［荷］斯宾诺莎：《伦理学》，贺麟译，商务印书馆 1983 年版，第 194 页。

③ 同上书，第 195—196 页。

出，人所能具有的最高德性就在于认识神或上帝，因为人关于神的知识越多，那么他自己的德性就越大，他就能发展得越完善，同时也越幸福。与斯宾诺莎一样，康德也把德性理解为人的理性能力。但不同的是，如果说在斯宾诺莎这里，作为德性的理性更多地是一种认识能力的话，那么在康德那里，德性则是一种实践能力，是一种依照纯粹实践理性颁布的道德法则而行动的能力，它既不是内在的情感，也不是外在的义务，而只涉及形式性的道德法则，是人的实践理性所具有的先天能力。因此，在康德那里，德性不能像在亚里士多德那里一样是通过经验性的风俗习惯而养成的，他说道："但是，德性也不能仅仅被解释和评价为技能和（就像宫廷布道人科休斯的获奖论文所说的那样）长期的、通过练习获得的道德上良好的行动的习惯。"①

施莱尔马赫赞同斯宾诺莎和康德的观点，也把德性看作是人所具有的一种理性能力。不过，他是从自己对伦理学和至善的独特理解出发来讨论德性的。他认为，如果说至善学说描述了理性与自然的相互交织和渗透，那么德性论则只与理性相关，它研究的是如何能够实现善的理性能力，特别是存在于个体中的理性能力，施莱尔马赫说："德性论的客体不直接是作为对立于自然整体的理性整体，而是在人类个体中的理性。"② 因此，德性论是要把理性与自然相互渗透而产生的结果排除在外的，它只考察单纯的理性能力，他说道："在德性论中，产物不是被设定为显现的，而是仅仅设定为隐含的，不可见的。它仅仅是人类本性中的理性，或等于说是人类本性提升到理性的级次（Vernunftpotenz）。"③ 依据这种理解，他批判了亚里士多德的德性概念，指出后者根本没有区分感性和理性，从而不仅把理性看作德性，甚至把感性的禀好（Neigung）也看作德性了，他批判道："因此，认为德性是一种禀好是错误的：就像古人在亚里士多德理论中所做的那样，在那里，如果是适度的衡量，每一种性好都是一种德性，也像在和谐理论中现代人所做的那样，在那里，德性构成每一性好与

---

① ［德］康德：《道德形而上学》，选自《康德著作全集》第六卷，李秋零、张荣译，中国人民大学出版社 2007 年版，第 396 页。

② Ethik, S. 135.

③ Ebd. , S. 16.

所有性好的关系。"①

　　这里的问题是，如果像斯宾诺莎、康德和施莱尔马赫那样，把德性看作是人的理性能力，那么这种能力与人所具有的其他感性能力特别是禀好、倾向或情欲之间有什么关系呢？在斯宾诺莎看来，人的理性和禀好或者情欲和德性之间是相互矛盾和冲突的，禀好或者情欲是理性的阻碍力量。如果像斯宾诺莎所说的那样，理性就是人的本质或者本性的话，而人的本质就是通过认识神而走向自由的话，那么情欲就是一种使人受奴役的力量。因此，德性作为一种理性能力，它必然表现为另外一种力量，一种遵守理性法则、克制感性欲求的力量。斯宾诺莎说道："德性与力量我理解为同一的东西。换言之，就人的德性而言，就是指人的本质或本性，或人所具有的可以产生一些只有根据他的本性的法则才可理解的行为的力量。"② 我们可以从两个方面来理解斯宾诺莎"德性就是力量"这一论断，从积极方面来说，德性的力量就是产生使人依据其"本性的法则"而行动的力量；从消极方面来说，德性的力量就是克制诸如痛苦、快乐、嫉妒和欲望等禀好对人的奴役的力量。与斯宾诺莎一样，康德也把德性理解为一种力量，一种克制感性禀好的力量。或者用他自己的话说，德性是一种反抗感性冲动的"道德上的勇气"，"反抗一个强大但却不义的敌人的能力和深思熟虑的决心是勇气（fortitudo)，就我们心中的道德意向的敌人而言是德性（virtus, fortitude morals［道德上的勇气]）。"③ 这种道德勇气一方面是通过始终尊重道德法则而产生的行动的必然性的力量，一方面是与阻碍或败坏道德法则的感性欲求进行"战斗"的力量。

　　施莱尔马赫继承了斯宾诺莎和康德关于"德性就是力量"的观点，认为德性是与禀好相对立的，它就出现在与禀好的斗争中，"我们能把这个（理性与禀好的）关系看做一种冲突，因此，把所有德性都看做斗争，因为只有在斗争中，德性才出现并发展"④。然而值得注意的是，如果说在斯宾诺莎和康德那里，理性和感性之间的对立和冲突是不可调和的，而德

---

　　① Ethik，S. 137—138.

　　② ［荷］斯宾诺莎：《伦理学》，贺麟译，商务印书馆 1983 年版，第 171 页。

　　③ ［德］康德：《道德形而上学》，选自《康德著作全集》第六卷，李秋零、张荣译，中国人民大学出版社 2007 年版，第 396 页。

　　④ Ethik，S. 137.

性的力量就在于排除感性禀好对人的影响的话，在施莱尔马赫这里，德性虽然也关注理性与禀好之间的冲突和斗争的，但是德性的实现并不在于要排除感性禀好，而是通过调节和修正，使感性禀好与理性相一致，他说道："在德性中，我们能够把理性与感性的关系看作为同一个，因为德性只是完美的，因为没有性好能够不同于它。"① 也就是说，在施莱尔马赫那里，德性虽然也强调理性和禀好之间的斗争，但是斗争的结果不是把理性和禀好完全割裂开来，只要理性而放弃禀好，而是使后者与前者相协调，从而构成一个二者都不可缺少的统一体。

此外，像康德一样，施莱尔马赫也认为德性是一个人是否值得幸福的标准，他说道："在幸福被理解为至善中的个别领域那里，德性足够产生幸福吗？经验地看，就相比于个体能够追求的，每一领域能够给他的总是要么更多要么更少，因此一方面德性使人们不幸，另一方面没有德性人们也能幸福而言，那么答案就是否定的。就人们对至善的分享在于他真实地感受到它的生成，以及在其中感受到自身而言，那么答案是肯定的。这两个答案在适当理解的如下公式中得到统一：德性决定一个人是否值得幸福。"② 这里与康德的不同点有二，其一是他认为至善是对理性作用于自然的现实描述，而不是一个处于彼岸的理念。其二是认为德性不是至善的一个要素，而是与至善互为条件的，他说道："因为既然在每一个理性与自然的交织中，理性是行动的，且只作为已经与自然相统一的行动，因此善的全体只通过德性的全体存在和变为存在，且后者在前者之中和与前者起得到设定。"③ 因此，德性"与至善的关系必须在这两个公式中得到表述：至善的每一领域需要所有德性，每一德性贯穿至善的所有领域"④。

施莱尔马赫认为，德性可以划分为作为意向（Gesinnung）的德性和作为能力（Fertigkeit）的德性。前者被理解为"行动的纯粹理想内容"，而后者被理解为"置于时间形式下的理性"。换句话说，意向的德性是提出内在的理想性的德性，而能力的德性是使理想外在化，或者在现实中表现出来的德性，"如果意向是那种根本上允许自然和理性的统一被产生出

① Ethik，S. 137.
② Ebd.
③ Ebd.，S. 221.
④ Ebd.，S. 136.

来的品质，那么道德的能力就是那个允许这种统一在一个确定的程度上存在于一个人中，以及在所有根本方向上继续发展的品质"。① 邓安庆先生曾对这两个概念进行了较为详细的疏解，他说道："Gesinnung 在德语中是个多义词，它是指品质、品性，也指内在的信念，思想和观念。所以它绝不是直接表现出来的道德，而是内在的东西，是和内心的坚定信念紧密相连的品质。Fertigkeit 本义是指经过长期训练后达到的熟练技巧，其含义源自 'fertig'，既有完成了的、结束了的、做好了的意思，也有经验的、成熟的、完善的意思。因此，Fertigkeit 与 Gesinnung 相对，不是内在的东西，而是外在的东西；不是思想、信念，而是行为、能力；不是一种萌芽、开始的状态，而是完成了的、经历过的、成熟的状态。"②

对于施莱尔马赫把德性划分为意向的德性和能力的德性，人们或许会产生两个疑问。其一，既然施莱尔马赫把德性看作是一种理性能力，或者说把德性看作是一种能力，而在这里又把德性划分为意向的德性和能力的德性，那么意向的德性还是一种理性能力吗？如果是，那么它岂不是就从属于后一种能力的德性了吗？而如果不是，那么它岂不是不是一种能力，进而不能是一种理性的能力，最终就不是德性了吗？其二，既然施莱尔马赫把德性看作是一种理性能力，把德性论看作是排除理性与自然相渗透而产生的结果，仅仅是对一个人的理性的考察，又说能力的德性是在现实中外在地表现出来的，这是不是相互冲突的呢？对于第一个疑问，这里需要指出的是，当我们把施莱尔马赫的德性描述为理性能力时，我们把这种能力看作是人本身固有的理性禀赋或者力量，它可以用德语词 "Potenz" 来表达，或者用英语词 "power" 来表达。这样的能力本身就既具有一种内在的或者潜在的力量（即 Gesinnung），又具有外在的和实现的力量（即 Fertigkeit），因此，把这样的德性划分为内在的作为意向的德性和外在的作为能力的德性，是符合理性这种能力的本质的。这样理解的能力也有助于回答第二个疑问，因为在施莱尔马赫那里，既然作为德性的理性在本质上具有一种向外实现自身的能力，那么这种理性就具有通过在自然上的活动而产生结果（即善）的能力，但是，德性论并不考察这个结果，不然它就是

---

① Ethik，S. 154.

② 邓安庆：《施莱尔马赫》，东大图书公司 1999 年版，第 154—155 页。

（至）善论了。但是，德性论却可以抛开这个结果，单独考察理性的实现活动本身，虽然这个活动总是与自然相关，也总是产生一定结果的。因此，在施莱尔马赫这里，对德性的划分并不与他关于德性概念本身的理解相矛盾。其实，如果考察他所提出的具体德性条目，就能更容易地消除上述疑问了。

施莱尔马赫综合了古希腊和基督教的德性学说，提出了四种具体德性，分别是属于意向德性的智慧和爱，属于能力德性的审慎和坚韧。其中智慧之所以是一种德性，在于智慧是一种选择的能力，而人们的行动通过它都能得到一个理想内容。它又分为情感的智慧和知识的智慧，其中前者是个别的，它关注人的快乐和不快的情感与理想内容的关系；后者是普遍的，它关注的是一切东西都必须被思考为带有理想内容。爱作为德性是想要进入生成过程或者组织过程的理性，就说它是想把自然事物变成自己的机体的理性，施莱尔马赫说："爱指向在意识的形式中自然把事物拉向自己的途径，并且爱指向有机的统一，例如，把自然组成一种理性机体的爱。"① 可见，这种作为一种德性的爱，本身并不是感性的爱慕或情爱，而是出于理性的爱，或者说这种爱就是理性本身。总之，在施莱尔马赫那里，如果说智慧更多地说是认识的理性，那么爱就是进行构成的理性。

施莱尔马赫把审慎看作是智慧在时间中的外在显现，它是在一个经验主体的一切认识活动中的产物。而坚韧则是爱在时间中的外在显现，它越是强烈，则那些作为爱的对象而存在的东西，在时间中的显现就越强烈。当坚韧与懒惰相对立时，那么它也可称做勤奋或勤勉，当它与例行公事相对立时，它就可以称做正确性或者精确性。施莱尔马赫认为，四种德性都是密不可分的，它们共同体现了理性的认识和组织功能（对于这两个功能，将会在本章的后面两节进行讨论）。

（二）义务与至善

如果说德性论描述的是个体的内在的理性能力，那么义务论描述的就是个体在特定时刻的外在行动过程。施莱尔马赫说道："义务论是对作为

---

① Ethik, S. 151.

一种运动的伦理过程的描述，也因此是时刻与行动的统一。"① 与康德一样，施莱尔马赫也同意义务必须与行动的法则相关，但二人的不同之处在于，康德是从普遍的形式法则的角度观照每一个别行动，而施莱尔马赫则是从个别行动中理解法则，在他看来，每一个对义务的追问都只能是在每一具体行动中的追问。当然，施莱尔马赫并不否认个别行动与全体或者普遍相关，在他看来，每一合义务的行动的概念都包含伦理性的全部理念于自身。施莱尔马赫说道："合义务的行动是这样的，尽管它只在单一的领域中造成某种东西，但是同时在意识中被设定为对一切满足的兴趣，据此在第一个意义上个别的领域是行动的客体，而在后一个意义上一切领域的全体都是行动的客体。"② 他还说道："义务的本质，即在每一伦理行动中确立与过程全体的关系，也必须在客观描述中出现，因为每一有机部分都只有在其与全体的关系中以及与全体的关系一起被设定。"③ 也就是说，虽然义务关注的是个别行动中所表现的法则，但是，这个个别行动并不是单独的、孤立的。相反，它总是与行动的过程全体密切相关。

因此，个别行动既表现出了特殊性，又表现出了普遍性，既表现出了共同体的构成，又表现出了占有。在施莱尔马赫看来，这四个表现相互结合，就构成了四个不同的义务领域，即共同体的普遍构成是法律义务的领域，普遍的占有是职业义务的领域，共同体的个别构成是爱的义务的领域，个别的占有是良心义务的领域。也就是说，"爱的义务领域属于形成个体化的共同体。它与良知义务相同，都是个体化的，但良知义务是个体对至善的同化和养成，而爱的义务则是要服务于集体的构成。就构成集体而言，爱的义务与法律义务同属一类，但法律义务是形成普遍的共同体，爱的义务则是形成个体性（特殊的）共同体"④。

法律义务讨论个体与共同体的普遍构成之间的关系，或者是说个体如何构成普遍的共同体的义务。施莱尔马赫通过四个命题来表现这一义务领域的特征：（1）这样进入每一个共同体，以至于你的进入同时也是一种占有；（2）进入每一个保留你整个人格性的共同体中；（3）这样进入共同

---

① Ebd. , S. 166.

② Ethik, S. 169—170.

③ Ebd. , S. 17.

④ 邓安庆：《施莱尔马赫》，东大图书公司 1999 年版，第 171 页。

体，以至于你已经在其中发现了自己，以及这样在其中发现自己，你已经居于其中；（4）在每一共同体中，行动是内在刺激和外在需要的同时出现。① 可见在施莱尔马赫看来，人有构成普遍的共同体的义务，但是在这个构成过程中，个人的独特性和人格性不能被抹杀，共同体和个人之间应当处于一种同一的关系之中，即从个体身上能看到共同体，而从共同体那里也能看到每一个体的完整人格。

职业义务讨论个体占有与共同体占有之间的关系，或者是说如何使个体占有得到共同体的承认的义务。施莱尔马赫也用四个命题表现这一义务领域的特征：（1）总是以这种方式占有，即你的占有同时也是一种进入一共同体（in-Gemeinschaft-Treten）；（2）当保持你自己的个体性时，保证所有普遍的占有；（3）你的占有是这样的，你在自身中已经发现的占有，也就发现了所有你占有的东西；（4）在一切占有中，行动这样产生，内在刺激和外在要求同时发生。② 在他看来，个体占有与共同体占有之间并不存在矛盾，个体占有只有进入共同体之中，才是真实的，而共同体占有就是对个体占有的一种确证。没有得到共同体承认的孤立的占有是不存在的。

如果法律义务和职业义务都是从普遍方面考察个人与共同体之间的关系，那么爱的义务和良心义务都从个体方面考察个人和共同体之间的关系。施莱尔马赫提出良心的义务，就是想表明义务本身虽然是普遍的，却不是外在的，它是从个体独特的人格性而产生的对普遍法则的占有。他说道："就独特性从人的角度看是人格性的真正方面来说，在个体的占有中被把握的，在人格性的条件下来自普遍的伦理意愿。"③ 这就是说，在个体的占有中也保持着普遍的东西。因此，他提出了这样的命令：以独特的方式占有，同时使占有也要变成共同体的。

所谓爱的义务，就是通过爱来建立个体的共同体，如婚姻和家庭的共同体，它们都是个别的和特殊的，都需要爱来维系。但是，这些个别的共同体并不与普遍的共同体完全分离，而是处在相互依赖和相互补充之中。

在分别论述了至善、德性和义务这三个基本概念之后，施莱尔马赫还

①　Ethik，S. 173—176.

②　Ebd. ，S. 177—179.

③　Ebd. ，S. 321—322.

进一步指出，善论、德性论和义务论虽然具有不同的对象和功能，但是它们具有紧密的关系，并不能完全相互割裂开来。在上一节中，我们已经讨论了至善与德性的关系，他认为至善与德性密不可分，任何至善都需要德性，而德性也贯穿于任何善的产生过程之中。这里我们还要讨论一下义务与至善和德性之间的关系。就义务和至善的关系来说，施莱尔马赫认为，只有当行动与义务相符合时，才能产生善的结果，或者说善也只能通过个别的行动得以实现，因此，"至善是符合义务的一切行动的整体"①。就义务和德性的关系来说，只有当德性在每一时刻的行动都有助于产生符合义务的东西时，德性才能存在，而只有在一切义务的发生中都有德性在起作用时，符合义务的行动才是道德的。因此，德性和义务也是互相表达的。

总之，在施莱尔马赫那里，至善、德性和义务总是同时存在的，"如果一切善都被给出了，那么一切德性和一切义务都必须同时被设定；如果一切德性都被给出了，那么一切善和一切义务也必须被同时设定；如果一切义务都被给出了，那么一切德性和一切善也必须被同时设定。"② 因此，只有把至善论、德性论和义务论都包含于自身时，伦理学才真正成为完整的或综合的体系。我们已经知道，这种综合的伦理学体系，是施莱尔马赫在早期写作《批判大纲》之时就已经提出来的构想，不过在当时，这个构想并没有得到真正实现，而在《伦理学》中，他终于实现了这一构想。正如拜泽尔所说，在成熟时期的施莱尔马赫看来，伦理学"不是义务伦理学、或德性伦理学、或善的伦理学，而是包含它们的全部。他主张，义务、德性和善的概念，对伦理学都是根本性的，并且每一个都不能简化到其他之中。每一概念都是必要的，因为它聚焦于人类行动的一个方面：善聚焦于行动的目的，义务聚焦于支配它的规范，德性则是关于产生善的能力和依照义务而行动的能力。他坚持，每一个概念都能提供人类行动的完全解释，因此所有它们可被看成是一个和同一主体问题的交互解释"③。

同时，就像在《批判大纲》中所做的那样，施莱尔马赫在《伦理学》中再次批判了古代伦理学和现代伦理性的片面性，他认为，在古代伦理学

---

① Ethik，S. 168.

② Ebd.，S. 221.

③ F. Beiser. *Schleiermacher's ethics*. In *the Cambridge companion to F. Schleiermacher*. Cambridge University Press，2005，p. 69.

中，善的理念是最突出的，但是义务是最不显眼的，而在现代伦理学中，善的理念几乎完全消失了，义务概念在重要性上甚至超过了德性概念。施莱尔马赫认为，他自己孜孜以求的包含善论、德性论和义务论这三个方面的综合伦理学，已经超越了以往所有伦理学的局限性，从而使伦理学具有了真正的科学性。

在这里，人们也许会产生一种疑问，即在上一节中，我们已经指出，施莱尔马赫把伦理学看作是至善学说本身，而在这里，他又把伦理学看作是包含至善论、德性论和义务论三者于自身，后一种理解的伦理学明显比前一种理解多出德性论和义务论这两部分内容，这岂不是前后矛盾吗？表面上看，这种质疑是合理的，但本质上还是错误的，它没有全面了解施莱尔马赫关于伦理学与至善学说之间的真正关系。在我们看来，当施莱尔马赫说"伦理学就是至善学说"时，他是就伦理学的本质内涵而言的，他所理解的伦理学在本质上就是描述理性和自然通过相互渗透而使得"善"不断生成的过程，而善的有机统一体就是至善，因此，伦理学的这种描述在本质上就是至善学说。反过来说也是如此，由于"至善学说"表达的就是"理性的自然"的不断生成的理论，因此，至善学说在本质上就是伦理学本身。另外，当施莱尔马赫说伦理学包含至善论、德性论和义务论与自身时，他是就伦理学所包含的范围或者说是就伦理学的外延而言的，把至善论、德性论和义务包含于伦理学之中，既符合对伦理学的传统理解，也符合施莱尔马赫对伦理学本质的论述。由于伦理学本质上就是至善学说，它们都是描述"理性的自然"之生成过程的学问。但是，要了解"理性的自然"的生成，人们还必须了解什么是理性，以及理性是如何作用于自然的，而这些内容恰恰是德性论和义务论要探讨的内容。因此，要讨论伦理学和至善学说，就必须把德性论和义务论纳入考察范围，这也才有了施莱尔马赫所说的至善、德性和义务这三者必须同时存在的说法，也才有了伦理学必须把这三者包含于自身之内的说法。

当然，如果施莱尔马赫把德性和义务包含在伦理学之中，并且使它们与至善论具有同等重要的地位的话，那么这样做的确与"伦理学是至善学说"的论断相矛盾。但是，施莱尔马赫并没有这么做。在他看来，虽然伦理学包含至善论、德性论和义务论这三种形态，并且这三种形态密不可分，但是它们在重要性上还是有差别的。施莱尔马赫认为，相比于德性和义务，至善概念是具有优先地位的，因为至善最能体现伦理学的本质，也最接近他所追求的最高知识，他明确地说："作为最接近最高知识和作为最自主的至善学说，必须优先于其他的。"① 在他看来，至善是义务和德性的出发点，这些概念都以它为前提，而至善却不以它们为前提。同时至善也是德性和义务所要追求的目标，而至善却不以后二者为目标。综上可知，在施莱尔马赫那里，一方面把伦理学看作是至善学说，另一方面把至善论、德性论和义务都纳入伦理学的考察范围，这两种主张之间是可以相容的，并不存在所谓的前后矛盾或自相矛盾。

三　理性的功能：组织与符号

如果至善论所描述的就是"理性的自然"的生成，或者说是理性在自然上的行动，那么就有必要考察理性的功能和特征。

康德把理性的功能主要分为理论运用和实践运用。施莱尔马赫接受了这种划分，并以自己的方式重新论证了这两个功能。在他看来，理性有两个主要功能，分别是组织功能（organisirende Function）和认识功能（erkennende Function）。

（一）组织功能

所谓组织功能，也可以称作是构成功能（bildende Function），它主要体现理性的实践运用，即理性对自然的改变。在组织活动中，理性是主动的一方，是组织者，而自然是受动的一方，是被组织者。施莱尔马赫说："就一切在道德学说中被表述的存在都是理性和自然同时作用于自然的表达，那么自然和理性的相互关系就被思考为自然为了理性而被组织，而理性行动被思考为一种组织活动。"② 总之，在这种组织功能中，理性把自然当作组织的材料，而自然就成为了理性的"机体"。

施莱尔马赫哲学研究专家普雷格尔认为，施莱尔马赫是在希腊词

---

① Ethik, S. 224.
② Ebd., S. 231—232.

"organon" 的意义上运用"组织"这一概念的。① 这个希腊词在原意上意味着把某种东西当做工具。对施莱尔马赫来说,既然自然称做"被组织的",那么它就成了理性的工具或手段,而相应的,理性不但是组织的原则,同时也是组织活动的执行者。他说道:"在这个行动中,就像从理性和组织的预先同一存在出发一样,理性同样也是推动的原则,就理性已经在组织的原初构成那里已经变成了原则;在这种作为理性的机体的行动中,在任何时候自然都已经共同地表现为与原初的组织建立了联系,就像这样一种原初的组织通过作为推动原则的理性是它的相关自然一样。因此最终的就是这个有效性,因此至此属于至善的方面无非就是为了人类精神功能的全部尘世自然的尽可能的组织。"② 也就是说,从组织功能来看,当人类理性能实现对全部自然世界的完全组织时,至善就得到了完全的实现。

在施莱尔马赫看来,理性的组织活动遍布于人类的全部生活领域。例如,在个体生活领域,作为组织者的灵魂必须对作为机体的肉体或者自然进行组织或控制,以期使二者达到较高的和谐和完善。在公共生活领域,理性的组织活动构成公共机构如国家和社会交往,人们必须在这些领域中生活,并寻求使自己和他人都达到和谐和完善。"因此,理性无论如何必须拥有无理性,理性必须以任何形式带来它,它组织,并因此这个组织是理性的那个独特行动方式,通过理性它显示并表达了它对无理性的统治。因此灵魂把身体构成其控制的机体。我们不是作为纯粹的精神来管理事物的,而是当我们通过我们身体的机体拥有它,但是同时通过这个过程事物本身得到组织,它变成第二个秩序的分支。我们的组织的势力范围越是不断扩大,越更加显示出先前的东西在其魔圈内只不过变成了材料。"③ 总之,通过理性的组织功能,无理性的自然界逐渐为理性所改造,从而不断上升到理性的等级,达到"理性的自然"的不断生成。

---

① Wolfgang H. Pleger: *Schleiermachers Philosophie*. Berlin: Walter de Gruyter, 1988, S. 19.

② Werke, I, S. 476.

③ Paul Henzel. *Die neue Gueterlehre*, im *Schleiermacher: der philosoph des Glaubens*. Berlin: Buchverlag der, Hilfe', G. m. b. h., 1910, S. 88.

（二）认识功能

理性的第二个功能是认识功能，它表达的是理性的理论运用。前面已经指出，在施莱尔马赫看来，伦理学不仅描述理性的实践运用，也描述理性的理论运用。理性不仅改造或者控制自然，也去认识自然，并反过来通过自然认识自身。在这个认识过程中，自然就变成了理性认识的符号，而理性认识活动就变成了一种符号性的活动。施莱尔马赫说道："就在理性和自然的道德相互关系中我们把理性设定为主动的而言，理性就必须在那种相互关系中被认识，就自然变成理性的符号而言，因此理性行动是一种符号性的行动。"① 也就是说，在理性认识活动中，理性和自然也是相互交织的，理性从作为符号的自然那里认识自己，而自然作为符号使理性从自身那里得到显现，因此在认识活动中，理性和自然的关系就是："自然的一切符号都根植于理性行动；当理性作为能力存在于自然中时，它是符号性的。"②

人们也许会很好奇，施莱尔马赫为什么要把"认识"和"符号"联系起来，甚至作为同义语来用。普雷格尔提供了一个解释。他认为这两个概念之所以可以作为同义语来用，原因就在于理性在认识过程中强调反思，理性不仅要认识客观的、外在于自身的对象（自然），而且也要认识理性自身，或者反思自身。但是理性只有通过自己在对象中的存在才能认识自身，因为在对象那里，保留了理性认识的每一个个别行动。如果没有自然这样一个与理性相关的参照物，理性就无法反思到自身。因此，自然作为理性反思的中介，就表现为理性存在的符号，而这样一种理性存在于其中的自然，或者说作为符号的自然，本身就是通过理性的认识活动产生的。所以理性认识活动也就成了符号性的活动。而其他动物之所以没有这种符号性的认识能力，关键就在于它们没有理性，不能产生自我意识与对象之间的对立，因而不能把对象当作认识的符号。③ 普雷格尔的这种解释虽然是站在卡西尔文化哲学关于符号的理论来解释施莱尔马赫，但也是符合施

---

① Ethik，S. 233.

② Ebd.，S. 234.

③ Wolfgang H. Pleger：*Schleiermachers Philosophie*. Berlin：Walter de Gruyter，1988，S. 22.

莱尔马赫的基本思想的。关于施莱尔马赫和卡西尔的符号理论的异同，我们将在本书的第七章进行详细讨论。

施莱尔马赫同样以人的精神和肉体为例讨论了理性的这种符号功能。他认为精神（理性）不仅作为组织者控制肉体，同时它也认识肉体，并且在肉体中认识自身。他说道："但是，对于其中另一方面的理性行动，尤其是对于其中精神能得到认识的身体而言，这个理性行动的通常表达是，身体是精神的符号。因此，我们可以用符号的这个名称来确切地指称我们的第二个理性行动。如果父母的理性没有在孩子的形成和运动中认出自己，这里这样一种两性生活已经也不可思议了。如果他们没有相互认识，那么也就没有同时性的关系了。因此这就是至善的这个方面的生成的开端，最终将会是这样，如果在全体自然那里能够表现全体理性，那么所有理性都得到认识，并且所有尘世自然在这个公示中得到澄清。"① 也就是说，如果全部的自然作为理性的符号能够表现全部理性，而全部的理性都能在全部自然中得到认识，那么就达到至善的实现了。当然，这样完善的至善阶段只是一个美好的理想，在现实世界中，理性无法认识全部自然，而自然也无法表现全部理性。因此，理性和自然的符号关系也是一个在朝向更加完善的路上的不断生成的过程。

前面已经提及，施莱尔马赫认为理性的这两种功能，即组织功能和符号功能，并不是完全分离的。施莱尔马赫并不像康德那样认为认识只涉及经验的自然世界，而实践涉及先验的自由世界。相反，他认为认识活动和实践活动都处在人们生活的现实世界之中，它们虽是理性的不同运用，但它们之间相互交织，密不可分。在组织中总已经有认识存在了，而认识总已经渗透在构成之中，因此任何把二者割裂开来的企图都是错误的。他说道："理性的两个主要功能，组织功能和认识功能，实际上不是分离的，而是每一行动都是作为部分包含一个或者另一个，因为通过组织构成，认识是加强的，且在每一认识情况下，一个新机体都被设定了。"② 因此，只有一个理性，也只有一个自然，理性是组织行动和符号行动的执行者，自然是这两类行动的承担者，分别是理性的组织功能的机体和认识功能的

① Werke，I，S. 478.
② Ethik，S. 19.

符号，其中机体就是符号，符号就是机体，"既然理性通过所有被它统一的自然而行动，那么它的每一符号也都是它的机体。既然它只能通过被它统一的自然而行动，那么理性的每一机体也都是它的符号"①。如果把组织功能和符号功能割裂开来的话，人们必然又要回到康德区分理论与实践，划分自然世界和自由世界的二元论的老路上去。对此，亨泽尔也指出："纯粹的组织让人类消失在事物的明显的多样性中，纯粹的符号则让人类从未达到真实的形态和关系，因此人类关系的这两种全体领域必须被纳入至善的规定之中。对此在人类的全部的完善的组织和符号中才接近真实。这个概念不是理念，但或许是一个理想，在其实现那里，全体人类和每一个个体都以其独特的方式相互协作。"② 可见，只有坚持这两种功能之间的相互联结和渗透，人和自然世界的统一性，以及人性本身的统一性才能得到设想和保证。

人们或许会问，除了组织和符号功能以外，就没有其他的理性行动了吗？或者说，这两类行动能涵盖人类理性的一切行动吗？施莱尔马赫的回答是肯定的。在他看来，如果理性的这两个功能能够得到完善的执行和实现，那么理性和自然之间的相互渗透关系就已经得到了最好的描述，作为最高理想的至善就能得到最好的表现，因此对人类来说，没有什么理性行动是外在于这两类行动的。施莱尔马赫说道："因此，如果我们追问，是否有外在于这二者的其他理性行动，通过它能或者不能变成至善的组成部分；那么我们会想到，如果这二者得到实行，那种虽然已经完成的剩余的东西，或者那个仍然能够期望的东西，它完全生活在理性的兴趣中，那么全部理性都到处得到表现，并且所有其他可达到的东西也都是服务于它的机体：因此，我相信，将不能发现任何东西。"③ 也就是说，理性在自然上的全部作用，都可以用组织功能和符号功能得到完全的表达，没有什么理性行动是外在于这两种形式的。

当然，施莱尔马赫关于理性的两种功能的思想并非是他的独创。传统哲学的主要观点就是把人类的理性行动分为认识行动和实践行动。施莱尔

---

① Ebd. , S. 234.

② Paul Henzel. *Die neue Gueterlehre*, im *Schleiermacher*: *der philosoph des Glaubens*. Berlin: Buchverlag der, Hilfe', G. m. b. h. , 1910, S. 89.

③ *Werke*, S. 478.

马赫这一学说的意义在于，在试图克服康德二元论困境的德国唯心论时代，以不同于费希特、谢林和黑格尔的方式，提出了一种理解认识和实践之间关系的新途径。

四　理性的特征：独特性和同一性

从上面的论述可知，伦理学所关注的是理性对自然的组织行动和符号行动，而至善就表现为这两类行动的完全实现。由于理性总是人的理性，而人既是个别性的存在又是一般性的存在，因此理性的特征也既表现为独特性（Eigthuemlichkeit），又表现为同一性（Identitaet）。

（一）独特性

这里的独特性又可以称为个体性，它标示的是作为行动主体的个体具有完全不同于其他人的独特价值，它构成一个人的独特的人格性。例如，在构成活动中，它表现为："独特性的品格是构成行动中的一个主体的行动，由此它不是其他主体的行动；独特性的品格在被构成的机体中是一个主体的机体，由此它不能是其他主体的机体。"[①] 可见独特性表现的是区别性和多样性。

对独特性或者个体性的强调，是施莱尔马赫在早期研究自我实现的伦理学和参加柏林浪漫派运动中就已经形成的观点，这种观点集中体现在他于1800年发表的《独白》一书中。在该书中，他就批评康德伦理学普遍的形式性决定了它无法解释个体所具有的内在的独特价值。与康德强调普遍性的道德法则不同，施莱尔马赫更加注重个体性的发展，在他看来，每个人都有依照自己独特的方式来发展和完善自己的人性的自由和权利，而伦理学就应当是对每一个人的自我实现的描述。因此，普遍的道德法则与个人的欲求和倾向在道德上具有同等的价值，它们对于人的自我实现来说都是必不可少的。而在《伦理学》中，施莱尔马赫不仅认为独特性是个人的权利和自由的最主要表现，还提出了体现这种独特性的现实生活领域。在他看来，个人的才能和财产，私人性的自由社交和教会中的情感表达，

---

① Ethik，S. 46.

都是表达独特性的现实领域，它们的伦理价值就在于具有不受公共权力以普遍性和公共性的名义进行干涉的权利。在比较施莱尔马赫和黑格尔的辩证法时，我们已经提及到施莱尔马赫对这些个人权利的捍卫了，在后面的章节中，我们还会详细讨论这些独特性的现实领域。

拜泽尔认为，施莱尔马赫的个体性原则不仅是对康德伦理学的修正，也是对斯宾诺莎哲学的改造。施莱尔马赫认为，虽然相对于康德的二元论来说，斯宾诺莎的实体一元论更具有真理性，但是斯宾诺莎的一元论是以消灭个体的实在性为代价的。因为在斯宾诺莎那里，个体只是作为无限的样式而存在的，本身并不是独立的实体，而施莱尔马赫依据其"有机论的一元论"① 思想，认为个体与整体一样，都具有实体的意义。在有机体中，整体必须通过个体得到认识，而个体之间又通过相互依赖和支撑来表现整体。拜泽尔评价道："尽管施莱尔马赫不是第一个反对康德伦理学的一致性的人，但是认为他的个体性伦理学没有什么新的和有特色的东西的结论也是错误的。这是因为，不同于席勒、施莱格尔和洪堡，他的学说的最终来源表现出的是斯宾诺莎。突出的是，在《斯宾诺莎研究》的许多段落中，施莱尔马赫都关注'个体性原则'，每一事物都不同于其他事物的原则。施莱尔马赫认为，个体差异在斯宾诺莎的单一普遍实体中并没有消失，而是每一个有限的事物作为无限的表现都具有独特的价值。"②

施莱尔马赫研究者茱莉亚·拉姆（Julia A. Lamm）认为，由于施莱尔马赫的哲学思考都是在康德批判哲学所限定的范围内展开的，因此，他与费希特和莱茵霍尔德等人一样，是一个后康德派哲学家，但是，不同于其他后康德派哲学家的是，施莱尔马赫一直对康德哲学保持有清醒的批判立场。在讨论《论至善》时，我们曾指出，他是一个"反对康德的康德主

---

　① 本书第一章已经指出，早期施莱尔马赫曾经写过论斯宾诺莎的两篇论文，在这两篇论文中，他一方面批判雅可比对斯宾诺莎哲学的误解，另一方面也从有机体论的角度改造斯宾诺莎哲学。为了克服斯宾诺莎实体一元论有取消个体的缺陷，受当时生物科学发展的启示，他提出了一种整体和个体相互依存，二者在动态活动中相互表现的"有机的一元论"思想。要了解施莱尔马赫对斯宾诺莎哲学的评论，可以参考他本人在 1794 年写的两篇论文：《斯宾诺莎主义》（*Spinozismus*. KGA I. I, S. 513—557）和《斯宾诺莎体系的简要提示》（*Kurze Darstellung des Spinozistischen Systems*. KGA I. I, S. 563—582）。

　② F. Beiser. *Schleiermacher's ethics*. In *the Cambridge companion to F. Schleiermacher*. Cambridge University Press, 2005, p. 61.

义者"。而在接触到斯宾诺莎哲学之后，他又开始用斯宾诺莎哲学改造康德哲学。但是与谢林和黑格尔等"新斯宾诺莎主义者"不同，施莱尔马赫又站在康德批判哲学的立场，批判了斯宾诺莎的理性独断论和形而上学倾向，并通过提出有机的一元论、伦理的决定论、更高的实在论和非人格化的上帝等观点改造了斯宾诺莎哲学。通过这些努力，施莱尔马赫形成了不同于其他古典哲学家的独特的哲学体系。因此，可以把施莱尔马赫称为"后康德派的斯宾诺莎主义者"。拉姆说道："说施莱尔马赫是一个后康德派也是不充分的，因为这同样可以说诸如费希特和赖因霍尔德等思想家。施莱尔马赫区别于他的时代的其他后康德主义者的一个基础就是，他求助于把斯宾诺莎作为一个纠正他发现在康德那里被误导的方式。由于这个原因，他最好被理解为一个后康德派的斯宾诺莎主义者。"[1] 在拉姆看来，最能体现施莱尔马赫与康德和斯宾诺莎相区别的地方，就在于在康德和斯宾诺莎那里，个体性、独特性和多样性都湮灭在理性的同一性之中了，而在施莱尔马赫这里，个体性和独特性的实在性被真正确立和高扬起来了。

（二）同一性

施莱尔马赫虽然非常注重个体性的意义，但是他并没有片面地强调个体性，而完全摒弃普遍性和共同体性。在他看来，个体性和普遍性是人类理性行动的两个根本特征。在伦理学中，他用同一性这个术语来表达理性行动的这种普遍性或共同性。在他看来，任何人都不能与世隔绝，完全切断与他人的联系，因为人在本质上就是与其他人，甚至是所有人一起行动的，人总是已经处在一个共同体中的，"每一个别人中的精神生活同时也是为一切人的，也是为其他人的"[2]。既然在共同体之中，个体与个体都是处在一个有机联系之中的，那么每一个个体都必须在强调个体独特性时，也必须体现同一性的特征。

施莱尔马赫认为，现实生活的许多公共领域，诸如在国家、商业交换、语言和科学研究中，任何个体的活动都必须能够体现他人甚至共同体

---

① Julia A. Lamm, *Schleiermacher's Post-Kantian Spinozism*: *The Early Essays on Spinoza*, 1793—94. The Journal of Religion, 1994, pp. 476—505.

② Werke, I, S. 465.

的同一性要求。在他看来，国家本身就是一种同一性的公共财产，它是为每一个公民所拥有的共同体；商业交往所强调的也是财产的同一性特征，因为如果只强调财产的私人性或独特性，那么一个完善的、同一的商业社会就无从建立。施莱尔马赫明确指出，财产"就是在普遍性观点下的组织，它处在共同性的统治之下，它使这个共同性在其构成的形式中首先成为可能的"①。同样，科学学院这种科学认识和教育机构本身都是由共同语言所组成的语言共同体，它和语言密切相关，一方面，由于语言是在科学共同体中被使用的，因此，语言不能是私人语言，它必须具有同一性和公共性。另一方面，只有存在一种能够被科学共同体的所有人都能理解和使用的公共语言，科学学院才有可能被建立起来。因此，科学学院和语言是相互规定的，它们共同体现了人类理性认识的同一性特征。

　　施莱尔马赫对同一性的强调有助于克服极端的个人主义，甚至是利己主义的倾向。在施莱尔马赫生活的时代，与康德义务论伦理学相对峙的伦理学流派就是在英国和法国流行的功利主义伦理学，这种伦理学从自然主义出发，认为道德来源于人的经验，不论这种经验是来自身体感受还是心理体验。在启蒙运动时期，功利主义最先是与利己主义联系在一起的，即认为行为的出发点是个人利益，这种利己原则在霍布斯、蒙德维尔、拉美特利和爱尔维修那里都有体现。英国思想家霍布斯和蒙德维尔毫不隐讳地宣称人性是恶的，认为人只被情欲所驱使，而行为的动机就是私人的个人利益，社会上的公共善只是人们自私自利的一个结果。这种理论用"人人为自己，社会为大家"来描述最为适合。在法国思想家拉美特利和爱尔维修那里，人的肉身感受性成了道德的基础，其中前者把低级的感官欲望，如饥饿和爱情看作是人生的基本动力，而后者则把肉体趋乐避苦的感觉叫做"自爱"，并把它看作是道德的基础以及批判标准。虽然这些思想家也谈公共的利益和幸福，但他们理解的幸福只不过就是一般人或者多数人的福利，所以它陷入了某种庸俗的实利主义和小市民的世故圆滑，从而导致公共的幸福对他们来说仅仅变成了一个口号，因为，当人们把个体利益看作是至高无上的原则时，社会和国家就越来越变得虚无缥缈。施莱尔马赫

①　Paul Henzel. *Die neue Gueterlehre*, im *Schleiermacher: der philosoph des Glaubens*. Berlin: Buchverlag der, Hilfe', G. m. b. h. , 1910, S. 88—89.

伦理学坚持理性和自然、个体和整体相统一的原则，他在反对康德先验的理性伦理学忽视了个体性和经验性的同时，也反对利己主义伦理学对理性和普遍性的消解，从而确立了诸如国家、商业交换、科学共同体和语言等公共领域的伦理价值。普雷格尔正确地总结了施莱尔马赫的这一思想，他说道："由于个别人的行动必须在与所有人的'共同行动'的关系中被看到，那么个别人就不能提出行动的标准。因此伦理过程必须从理性的统一体的观点中被看到。……通过这个规定，施莱尔马赫避开了两个危险：他首先提供了不是个别人主观任意的伦理行动，另一方面又不抽回理想的主体。人类共同体是一个经验的现实，它必须作为伦理的东西首先在历史过程中得到实现。"①

如果说独特性的东西属于个体人格的话，那么同一性的东西就属于共同体。对于人的理性生活来说，这二者是缺一不可的。施莱尔马赫说道："因此，每一理性行动的统一都停留在二元要素中，其中一个设定了人格性，而在另一个中，依据在物理生活中吸引与排斥的类比，通过行动在共同体中的出现，这个行动又被消除了。"②

施莱尔马赫进一步指出，同一性和独特性的划分，其实是根源于理性和自然的本质特性之中的。人的理性总是表现出同一性的特征，通过理性，人们是能够作出相同的决断和行动的。另外，被理性作用的自然总是表现出独特性的特征，因为现实的自然总是个别的、特殊的，理性只能针对这样的自然来行动，而不能去设想一个普遍的抽象的自然。施莱尔马赫说道："事实上这两个部分，即理性寓于作为人类本性的普遍性和作为个别的特殊性，是不能分离的。因为如果没有普遍性的特性，这个存在就不是理性的，如果没有特殊性的特性，行动都不是自然的，而是只能在每一个中，这一个才能出现，而另一个显现为背景。"③

人们也许会问，如果人类的理性在自然上的行动既是独特性的，又是同一性的，那么独特性和同一性之间的关系是什么呢？二者是同等重要的吗？抑或是其中一个是另一个的基础？对这些问题的回答是这样的：第

---

① Wolfgang H. Pleger: *Schleiermachers Philosophie*. Berlin: Walter de Gruyter, 1988, S. 16.

② *Ethik*, S. 21.

③ *Ebd.*, S. 20.

一，独特性和同一性在性质上是不同的，甚至是对立的，其中一个突出个体的价值，另一个突出共同体的价值。第二，独特性和同一性是相互联结的，当我们说它们之间的对立时，并不意味着它们中的一个要取消另一个。在施莱尔马赫看来，独特性和同一性永远是同时存在的，人们的每一理性行动都同时表现出同一性和独特性。换言之，每一理性行动都是由独特性和同一性共同构成的。施莱尔马赫说道："二者当然是对立的，但是或许是这样对立的，它不是一个扬弃另一个，而是相互联结。这里当然保留了关系的巨大多样性，以至于一个与另一个能够处于平衡之中；或者独特性作为最小化在同一性那里，反之亦然。"① 第三，在任何一个现实的行动中，同一性和独特性总是处在不均衡之中，要么是同一性占主导，独特性是从属的，要么是独特性占主导，同一性是从属的。正因为如此，可以把前者称为同一性行动，把后者称为独特性行动。施莱尔马赫说道："但是，一种有限的和确定的东西，可以作为在我们中的知识和为我们的存在，不能纯粹同时是普遍的和特殊的，只能普遍占优势，从中产生特殊，或者是特殊占优势，从中产生普遍。"② 第四，同一性和独特性这两个特征是互为基础的，在独特性的东西之中，总能发现同一性的基础，反之亦然。他说道："同一性和独特性这两个特征事实上也总是联结在一起的。因为最独特的东西也总是具有同一性的基础，这个同一要么在要素中要么在结合中，正如它没有这个基础就给不出消息那样。在本质地完全同一的一种行动中也有独特性，如果也只作为最小化在其中被同时思考和设定。"③ 总之，在施莱尔马赫看来，理性的独特性和同一性特征总是处在一种张力之中，二者既相互冲突，又相互依赖，它们既体现了人类理性行动的复杂性和多样性，又体现了人类行动的共同性和统一性。

通过对理性的功能和特征的考察，可以得出两个结论：其一，人类理性在自然上的行动表现为既是组织的，又是符号的，既是同一的，又是特殊的。其二，理性的两个功能和两种特征，明显存在于人类生活的现实领域诸如国家、商业交往、个人财产、自由社交、语言、科学共同体、情感

---

① Werke, I, S. 480.
② Ethik, S. 198.
③ Ebd., S. 22.

和教会之中。在施莱尔马赫看来，既然这些领域都是人类理性作用于自然而产生的结果，那么这些领域都属于至善的范畴。

　　为了更加清晰地研究这些领域，施莱尔马赫把理性的功能和特征相互交叉，组成至善的四个方面：同一性的组织（identische Organisierung）、独特性的组织（eigentumliche Organisierung）、同一性的符号（identisches Symbol）、特殊性的符号（einzelnes Symbol）。此外，他又使国家、财产、家庭、自由社交、科学学院和教会等现实的社会领域分别从属于这四个方面，使它们既相互区别，又相互联系，共同构成了完善的至善学说。我们可以通过下面的图表清晰地看到施莱尔马赫对理性的功能和特性，以及对至善的诸现实领域的划分。由于本章已经详细地讨论了他的至善概念和理性概念，那么图表中的这些社会领域就构成了下一章所要讨论的内容。

	理性的功能		
理性的特征		组织	符号
	同一性	商业交往 国家	语言 科学
		家庭	
	独特性	个人财产 自由社交	情感 教会

第 六 章

至善诸领域

在第五章中，我们已经讨论了后期施莱尔马赫对至善概念的独特理解。在他看来，至善并不是像康德在《实践理性批判》中所论证的那样，是一个只有在彼岸世界中才能有其实现的可能性的理念，而是体现在人类理性对自然的现实作用之中的，是一种"理性的自然"的不断生成。人类理性对自然的作用分别表现在四个方面，即同一性的组织、独特性的组织、同一性的符号和独特性的符号。这四个方面包含了人类文化的所有方面，它们构成了表现至善的独特领域。在本章中，我们将分别论述施莱尔马赫对这几个领域的描述，并探讨这些领域之间的相互关系。

一　同一性的组织

所谓同一性的组织，指的是理性对自然的普遍性或者公共性的构成活动，在这个过程中，个体总是在普遍的交往中来确定和实现自己的要求，他说道："因此同一性的特性在组织过程中通过一种普遍的图式化宣示自身，并且负担这个的东西，构成了一种普遍运用（交往）的领域，在这个领域中个体通过能力和需要确定自己的要求。"① 这里他借用康德的图式化（Schemtismus）概念，来表明从普遍性要求的个别化和现实化。在施莱尔马赫看来，能体现这种同一性的组织功能的领域就是国家（Staat）和商业交往（Kommenz）的活动领域，因为当人们走出个人的独特领域，从事普遍的交往与合作时，就能够创造或者构成这些领域。

---

① Ethik, S. 26.

（一）商业交往

在施莱尔马赫那里，同一性组织的一个典型领域就是商业交往的领域，或者说是经济交往的领域。在这个领域中，人们主要是在共同体的经济活动中实现自己的需要。施莱尔马赫认为，财产（Besitz）、劳动分工（Theilung der Arbeiten）、商品交换、契约和货币对于实现这一领域具有重要意义。

在施莱尔马赫看来，商业交往的共同体是以劳动分工和占有财产为前提的。首先，如果没有劳动分工，如果没有人们之间对对方所有物的相互需要，那么就不会发生交往。除此之外，人类生活的一切领域从根本上说都是由劳动分工所造成的，"这个分工塑造一切文化领域，它在工具的领域中表现得最强烈，在这方面个体的天赋表现为兴趣和偏好，但是它在体育中表现得最弱，因为每个人都必须寻求完全拥有其机体"。① 因此，每个有理性的个体都必须参与到劳动分工中去，并且在劳动分工中维持其理性存在，"每个人都一方面是理性的代表，另一方面又是理性的机体。作为理性的代表，他有志于劳动分工，作为理性的机体，他必须确信他将通过理性的全部活动得到维持"②。

另外，如果一个人没有财产，不占有什么东西的话，那么他就没有能力进入商业交往的领域。也就是说，只有占有某物，才能放弃对它的占有。但是，仅有占有还不够，因为如果没有财产的放弃，没有对客体的占有的放弃，人们也没有用以进行商业交往的客体或对象了，因为进入商业交往领域的一个明显特征就是放弃占有，或者说是把占有交付到交往活动中去。施莱尔马赫说道："每一个自然构成的行动，就它在人格性那里并列而言，是获得，结果是财产；有时候对构成过程的共同体性而放弃财产，是交往。"③ 可见，只有满足劳动分工和占有财产这一前提，人们才能进入劳动分工的领域。

如果劳动分工和占有财产是商业交往的前提，那么商业交往又能够反

---

① Ethik, S. 41.

② Ebd. , S. 41.

③ Werke, I, S. 480.

过来使劳动分工和占有财产得到确证或规定。施莱尔马赫说道："理性和因此作为理性代表的个体，能够承认个人权利，只是就每一事物能够再次达到交换的地步为限；作为理性机体的个体，能够向共同体交出某物，只是就他从某物被全体承认而接收它为限。因此，在个体情况中，某人能只就他交出某物，就他要么接收类似的某物作为报答，要么承认这个交出对客观的理性目的是必要的为限。"① 正是在交往活动中，一个人才显示出自己所从事的职业，才显示出自己对某物的占有。

在交换的过程中发生了物品的转移，物物交换模式就是最初的一种商业交换。施莱尔马赫认为，这种交换的局限性太大了，只有在为了交换而产生的货币的概念中，交换才得到了较好的实现。亨泽尔指出，早在货币哲学家西美尔和卡尔纳普对之进行详细考察的货币作为功能符号的意义之前，对货币的这种思考已经在施莱尔马赫的伦理学中被建立了。② 施莱尔马赫认为，货币是与商品交换相关的，但是货币本身不能是商品，它是用来衡量商品的价值手段。他还看到，在历史上货币几乎都是以贵重金属的形式出现，而后来产生的纸币本身不是货币，它只是作为货币的语言或者符号而存在的。

在对商业交换的考察中，施莱尔马赫还发现了与货币相关的另一个要素，即说服（Ueberredung）。所谓说服，就是交换双方相互努力地使对方接受自己所提供的对对方放弃某物的报酬或者补偿。施莱尔马赫举例说，如果 B 对 A 的说服是组织性的，那么 B 就必须通过属于自己的人格性的全部范围而在构成的整体中说服 A，这时，B 对 A 的补偿就是在于 A 停止了从事自己的人格性范围的行动的补偿。而这个补偿是可以以货币来衡量的。当然，说服也是双向的，交往双方都尝试对对方进行说服，这就相当于我们通常所讲的讨价还价。所以，在交换中，必须依赖于货币与说服的相互关联，而"货币之所以是货币，就在于它不需要说服把它看作是等价的"③，也就是说，说服和货币是以不同的方式出现在交换之中的，如果说服增加了，那么交换的安全性就会减低，因为提供的货币报酬

---

① Ethik，S. 41－42.

② Paul Henzel. Die neue Gueterlehre, im Schleiermacher: der philosoph des Glaubens. Berlin: Buchverlag der, Hilfe', G. m. b. h.，1910，S. 89.

③ Ethik，S. 42.

被推迟了。施莱尔马赫认为，在交换中，只有从货币和说服产生的财产关系才是具有道德价值的，如果只有货币而没有说服，那很可能是贿赂，反之就可能是欺诈。

既然交换行动必须具有货币和说服，那么二者之间的平衡状态就体现在符合契约的状态中。施莱尔马赫认为，契约只有在国家中才成为可能，符合契约的状态也只有在国家中才能得到完善。因此，货币和说服对于契约和国家都是至关重要的，他说道："货币与说服是每一契约的动机，同时也是国家的铰链，因为后者是立法的条件，而前者是行政的条件。"[1]在施莱尔马赫看来，通过货币和说服而产生的符合契约的状态，实际上体现的是个人领域特别是个人财产与公共领域特别是公共善品（Gemein-gut）之间的和谐一致。当然，这种和谐一致是一个发展过程，它体现的是个体领域与公共善品之间由矛盾到矛盾的逐渐解除过程。这里最先存在着一种没有财产的共同体和没有共同体的财产，通过不断的同一性的组织活动，个体领域和公共领域之间的矛盾得到逐步消除，以至于逐渐形成一种符合契约的完善状态。

总之，在讨论商业交往这一领域时，施莱尔马赫特别强调财产的共同体性质，他认为如果只强调私有财产，或者只强调个体领域与公共领域之间的对立，那么一个完善的商业交往共同体就无法建立起来，国家就可能处于混乱的无政府状态。因此，财产"就是在普遍性观点下的组织，它处在共同性的统治之下，它使这个共同性在其构成的形式中首先成为可能的。因此由于共同性的名字必须被找到，依据它，从个体到个体的组织行动的程度得到描述。它构成与其多方面的形式交往，这个交往从物物交换一直上升到货币买卖，在所有人格的总是更加纯粹的形式摆脱财产，并且它只是被处理为计算的数值，它能对任何其他同类的量进行交换"[2]。总之，财产作为人类组织行动的高级成就，是必须在共同体中，在财产关系中，在对财产的占有和放弃的关系中得到说明的。

但是，如果认为施莱尔马赫只强调财产的公共性，而忽视了财产的个

---

[1] Ethik, S. 45.

[2] Paul Henzel. *Die neue Gueterlehre*, im *Schleiermacher: der philosoph des Glaubens*. Berlin: Buchverlag der, Hilfe', G. m. b. h. , 1910, S. 88—89.

体性或者独特性，那就大错特错了。在强调财产的公共性的同时，施莱尔马赫也指出，许多个人财产都具有神圣的不可侵犯性，甚至是不可转让的，因而也是无法进入商业交往这一同一性组织领域的，它们构成了独特性组织的领域。

（二）国家

施莱尔马赫认为，国家是一种"拥有的共同体和公共财产，并且作为一种接近独特性组织的东西依赖于民族性"①。可以从两个方面来看国家的这个定义：其一，从国家的内部功能来看，作为同一性的组织，国家是一种"拥有的共同体"（die besessene Gemeinschaft）和公共财产（der gemeinschaftliche Besitz），换言之，它是一种公共机构，是人们进行公共交往的领域。其二，从国家的外部功能来看，作为同一性组织的国家在国际关系中也成为了独特性的组织，其独特性的基础就在于它依赖于民族性。这两方面体现了国家在本质上是一种普遍性与特殊性的矛盾统一体。

从这样的国家定义出发，施莱尔马赫考察了国家的起源。近代以来，关于国家起源的主要观点是契约论。霍布斯、卢梭、洛克、康德等著名思想家都坚持这种理论。契约论者把国家的起源看成是人们相互之间或人民同统治者之间相互订立契约的结果，或者说国家是共同协议的产物。施莱尔马赫反对契约论，其理由有三：首先，契约论在说明国家的产生时陷入了悖论，因为契约本身必须通过国家才能产生，国家是产生契约的前提，人们必须通过国家才能保证契约得以建立和履行，如果用契约来说明国家的产生，就有了倒果为因的嫌疑。施莱尔马赫说道："通过契约而产生的国家是无法思考的，部分是因为契约就其形式只能通过国家产生，通过它得到本质的规定，但在单纯的符合契约的状态中缺少某种达到国家等级的东西。"② 其次，契约论也无法保证国家的持续存在，因为契约没有阻止从内部破坏国家的力量，也就是说，契约论无法说明制止破坏契约的力量来源。在他看来，这种力量本身就是国家所具有的。最后，契约论忽视了个体和国家、民族之间的直接关联，在他看来，国家必须与文化使命和伦

---

① Ethik，S. 33.

② Ebd.，S. 95.

理使命联系在一起。他更加倾心于古代的国家观念，"古代人并不把国家限制在文化领域内；对他们来说，它是一种充分产生至善，并因此包含全部伦理过程的家庭联合。"① 施莱尔马赫也批判了英国古典经济学家的"守夜人国家"观念，认为这种国家观念只把国家理解为一个经济组织，而忽视了国家的伦理文化使命。他说道："因此，任何把人类艺术的最伟大成就，通过这种艺术人们应到提示到其能够提升的最高阶段，看作只是一种必要的恶，看作是一种预防犯罪和减轻其影响的必要手段的人，必然在这个为了把他的生活提升到最高阶段而设计的国家中不可避免地只能感觉到一种限制。"② 因此，国家的起源绝对不是用契约的简单方法就能说明的。

在施莱尔马赫看来，国家的起源是无法得到完全的领会和证明的，"作为一种更高级的生活，它的来源无法得到完全的领会，就像它通常也不能被历史地证明"③。但是，国家必然是与家庭、民族紧密联系在一起的，人们可以尝试从这个角度寻找国家的起源。他指出，国家首先是一种家庭联合的统一体，在某种意义上，它与群（Horde）具有相同的基础，因为群也是家庭联合体，而且群所突出的也是其成员的统一性。所不同的是，国家是一种人们有意识地主动创造的公共组织，而群则是一种自发的联合。因此，国家与群的关系"就像意识和无意识的关系一样"④。如果由家庭自发联合组成的群逐渐发展到自觉的阶段，那么这个群就可以是一个国家了。可见，在施莱尔马赫这里，真正的国家必然是民族国家，它是民族性的可见的普遍性。正如亨泽尔所说："对于施莱尔马赫明显的是，伦理的国家只有被设想为民族国家才是至善的机体。"⑤

如果国家在本质上必须是民族国家，那么国家就必然具有民族的根本特征。如果民族的独特性是通过人口、土地、语言和面相（Physiogno-

---

①　Ethik，S. 97.

②　转引自 R. C. Raack. *Schleiermacher's Political Thought and Activity*，1806 — 1813. Church History：Studies in Christianity and Culture，1959，p. 375。

③　Ethik，S. 95.

④　Ebd.

⑤　Paul Henzel. *Die neue Gueterlehre*，im *Schleiermacher：der philosoph des Glaubens*. Berlin：Buchverlag der，Hilfe'，G. m. b. h.，1910，S. 95.

mie）得到表现的话，那么国家的外在范围也必须包含这些方面，每一民族国家都是基于共同语言和文化习惯的共同体。因此，土地或疆域对民族和国家都具有重要意义，对于民族来说，失去赖以生存的土地，就意味着被剥夺，"人和土地本质上是互属的，因为土地是吸引一切人去爱的第一客体，如果民众失去了原初的一部分土地，他们就必定总是感到被剥夺"①。而对于国家来说，每个国家在本质上都需要有充足的土地，并且依据民族的多少和大小而改变自己的疆域。施莱尔马赫甚至依据对土地或者疆域的不同要求而区分了三种不同的战争，分别是统一战争或者国家构成战争；边界战争或者均衡战争；以及需要战争或者国家保卫战争。

就国家的内部职能来说，其本质在于合理地处理统治者（Obrigkeit）与被统治者（Unterthanen）之间的关系。在施莱尔马赫那里，国家和个人之间处于一种矛盾的张力之中。一方面，就像不能脱离家庭和民族一样，个人没有任何权利与国家相分离，因为个人的权利都是由国家承认并保证其实现的，而也只有在民族和国家共同体中，个体的人格性和完善性才能得到完善的发展。他说："但是，如果个体通过任何属于其独特性的东西而与国家相分离，那么这是不允许的。因为国家的全部独特型领域被设定为公共善，因此每一个体也都把它的独特领域称作封地，只要国家给它以最终的形式的完成。"② 另一方面，他也对国家的权力进行了清晰的划界，认为国家不能以任何方式侵害个体所拥有的权利，如个人对财产、自由社交和宗教活动所拥有的正当权利等。在他看来，每一个个体都是神圣精神的珍贵的物质化，对于个人财产来说，国家不能以任何方式剥夺人们对家庭和房屋的正当拥有，"由于在家庭和家园中所有这些功能都具有同一性，因此统治者对家园内部的任何入侵都是最令人讨厌的，家园的神圣性是个人自由的第一要求"③。

那么，如何建立并保证统治者和被统治者之间的平衡关系呢？施莱尔马赫认为必须通过宪法来实现。他说道："统治者和被统治者之间的矛盾的方式和方法就是国家的宪法。"④ 他认为根本不存在对一切民族和国家

---

① Ethik，S. 103.

② Ebd.，S. 101.

③ Ebd.

④ Ebd.

都有效的唯一的永恒的完美宪法，而是认为由于民族国家的起源具有多样性，因此宪法也必须是多样性的。由于民族国家在历史上总是经历各种不平衡和变革，因此为了国家的长治久安，宪法也必须是不断改变的。但是，改变宪法必须是统治者和被统治者之间进行共同合作，而不是由单方面来完成，不然的话，国家要么出现暴动，要么出现暴政，这都是为民族国家的长存所不允许的。亨泽尔评论道："他清晰地指出，所有国家本质内部的改变都是从冲动中开始的，这种冲动来自下层，也来自统治者。统治者的一个重要任务就是，正确地阅读和解释时间符号，并且这样安排必需品，以至于在稳定的连续性中与前面的没有断裂，不激起强烈的革命。"①

　　与许多启蒙的政治理论强调世界国家和世界公民不同，出于对国家的民族性的强调，施莱尔马赫更加强调民族精神和爱国主义。这种观点不仅表现在他的国家理论中，也表现在他的现实政治行动中。当法国和普鲁士的战争迫在眉睫之时，施莱尔马赫开始从个人使命与民族共同体和国家之间的关系出发来思考重建普鲁士这一民族国家，而"他的理性化思考是由一些忠诚和依恋来支持的。生为普鲁士人，他对祖国的基本忠诚从来都没有动摇过"②。他认为战争的危险不只是普鲁士国家处于危险之中，它在本质上是普鲁士人的自由精神处于危险之中，这种精神是每一个普鲁士人生活的本质体现，"我们的全部生命都通过德国的自由和信念得到植根和提升"。③ 如果德国战败，就意味着普鲁士人民将遭到奴役和毁灭。因此，他号召全体德国人集合到一起，都投入到保卫普鲁士国家的战争中去，来捍卫这种普鲁士精神不致毁灭。在出版《论宗教》第二版时，他新加入了拿破仑主义对德国的威胁，在他看来，这种威胁本质上就是复活了的天主教对新教德国的威胁，"'拿破仑就像憎恨思辨一样憎恨新教'，为了思想

---

　　①　Paul Henzel. *Die neue Gueterlehre*, im *Schleiermacher*: *der philosoph des Glaubens*. Berlin: Buchverlag der, Hilfe', G. m. b. h., , 1910, S. 96.

　　②　R. C. Raack. *Schleiermacher's Political Thought and Activity*, 1806 – 1813. Church History: Studies in Christianity and Culture, 1959, p. 376.

　　③　转引自 R. C. Raack. *Schleiermacher's Political Thought and Activity*, 1806 – 1813. Church History: Studies in Christianity and Culture, 1959, p. 376。

自由，必须反对拿破仑"。① 因此当拿破仑的大军攻占耶拿的时候，他作为一个从军牧师，向前线的士兵们宣传普鲁士精神和爱国主义。有报道称："他讲得虔诚、热烈，打动了每一个人的心。他的讲道有力、饱满、清晰，使人心向往之。"②

当然，施莱尔马赫对普鲁士民族精神和爱国主义的强调，是不同于狭隘的民族主义和普鲁士狂热的，这种民族主义狂热派盲目地崇信普鲁士国家的一切，甚至成了普鲁士国家政权的极力维护者。虽然强调爱国主义，但是施莱尔马赫是反对这种民族狂热的，他所要捍卫的是普鲁士的民族精神，而非国家政权。相反，他对当时腐败的普鲁士国家政权极度不满，当他发表了反对政府与法国媾和的文章时，他甚至被一些反对者指责为犯下了"叛国罪"，这使得施莱尔马赫在政治上被怀疑和排挤。尽管如此，他的爱国主义思想丝毫不减，甚至提出了在民族理想的基础上重建普鲁士国家政权的设想。这一设想首先就是把国家和教会相分离，他反对国家教会，反对国家对人们宗教生活的干预，提倡一种民众宗教，这是一种自由派的新教思想。他甚至作为"政治人物"参与到了普鲁士国家的教会改革活动之中，并撰写了《普鲁士国家中的新教教会的一种新制度的建议》，试图使教会最终从世俗权力中独立出来。但是他的设想太具有革命性了，以至于不适合普鲁士政府的理想，结果是无疾而终。

施莱尔马赫的政治思想和行动都表明，他把国家在本质上看作是民族国家，把国家的最终目标看作是在其疆域范围内达到民族文化发展的全部完善，达到个体、民族和国家之间的和谐和平衡。在这样的国家中，个体和民族相互补充，个体从民族中使自身的完善性得到发展，而民族则从个体对它的从属和依赖中得到确证和维持。

二　独特性的组织

与同一性的组织相对照，独特性的组织就是理性对自然的个别性和本

---

① ［德］F. W. 卡岑巴赫：《施莱尔马赫》，任立译，中国社会科学出版社1990年版，第112页。

② 邓安庆：《施莱尔马赫》，东大图书公司1999年版，第32页。

己性的构成活动，它构成所有权（Eigentum）的领域，施莱尔马赫说道：
"独特性的特性在组织中通过与人格中的一切机体的统一的关系来宣示自
己，那种是来自知性和意志、感觉和四肢的主要痕迹的东西，对每一个都
构成了其所有权的领域。"① 这个功能构成身体（Leib）、才能（Talent）、
友谊（Freundschaft）和自由社交（freie Geselligkeit）等领域，这些领域
具有某种私人性、特殊性和不可转让性，是国家等公共机构所不能非法干
涉的。施莱尔马赫认为，如果在同一性的组织中强调人们对共同体的交付
或献身（Hingeben）的话，那么在独特性的组织中强调的则是人们的权
利和占有（Aneignen）。

（一）个人财产

施莱尔马赫认为，所有权是与财产相关的，但并非所有财产都是所有
权，只有属于个人财产的东西，也就是作为个人占有（Aneignen）的东
西，才属于所有权的范围，它原则性地终止了任何可替代性、任何可交换
性和任何转移。因此，财产所有权是与个体占有密切相关的。所谓个人占
有，就是把某物吸收进个体性之中，也就是说，使某物变成与他人相分离
的独特性存在，它不可转让性地封闭在个体之中。在他看来，财产和占有
的合理性基础就是人的个体性的神圣不可侵犯性，或者说人在本质上是作
为不同于他人的独特的个体而存在的，他说道："正如每一个人的个别存
在都是独特的，都是与所有其他人相区别的：那么每一个人在其相联结的
行动中都原初地与所有其他人相分离，并且通过这同一个作用封闭在自己
之中。这个封闭性为如此占有的不可转让性提供了基础。"② 属于不可转
让的个人财产有很多，如个人的身体、才能和房产等，它们的伦理价值正
好体现在它作为个人财产是不可交往的，"就房屋和庄园表示独特性占主
导的领域而言，属于它的一切都是不可转让的，它构成了占有的伦理的不
可转让性"③。

但是如果认为这种不可转让性就意味着个人财产可以完全与他人或者

---

① Ethik，S. 26.

② Werke，I，S. 482.

③ Ethik，S. 48.

共同体完全割裂开来也是不对的。在施莱尔马赫看来，个人财产的不可转让性正好就是在与他人和共同体的交往中才被确立和承认的，而在"孤立的占有中，纯粹的人类特性在暴行的形式下消失了，也就是说，不承认外在于自己的人格性"①。因此，在个人财产和共同体之间的对立只具有相对的意义。

在施莱尔马赫看来，个人财产可以以两种方式被确证。其一是通过与他人和共同体的交往，在这种交往中，个体可以通过与他人的占有并列而体现自己的占有，如个人通过与他人各占有自己的身体和房产而体现占有，也可以通过在共同体中放弃占有而体现占有，这种占有与献出的交织就构成了一个共同体的法权状态。施莱尔马赫说道："每一个自然构成的行动，就它在人个性那里并列而言，是获得，结果是占有；有时候对构成过程的共同体性而放弃占有，是交往，二者的相反的制约性，获得与共同体的混合，是法权状态。在至善的统一体中，有必要设定一种在全体地球上扩展的法权状态。"② 当然，他也反对个体完全放弃财产，献身到他人和共同体中，因为这样的话，他就不再是一个有资格的个体了。可见，对施莱尔马赫来说，正是在共同体中，正是为了使个体有资格成为共同体的成员，才需要承认个体对某种东西的占有，这就构成了个人的权利。他说道："对于占有本身，这是通过相伴随的意识，即它被理解为总是在为共同体工作而被消除的；但如果那个占有通过这个劳动而被本质地规定，对于整体来说，只能由此得到规定，即人格性的这样确定的设定就是权利。"③ 这种共同体模式我们在讨论商业交往时已经有所提及了。

第二种确证个人财产的方式就是不与共同体交往，而是在独特性的交往中确证个人财产。施莱尔马赫认为这个领域就是自由社交的领域，例如在沙龙活动中，主人通过提供房屋给客人而体现自己对房屋的占有。对于这一点，我们将在下一小节进行详细论述。

施莱尔马赫认为，在对身体和才能进行特殊性组织或者构成的过程中，身体和才能本身就成了构成活动的对象，或者说是理性活动的机体，

---

① Ethik, S. 29.

② Werke, I, S. 480.

③ Ethik, S. 28.

而这些构成就体现在体育（Gymnastik）、力学（Mechanik）和农业（Agrikultur）等领域中。首先，施莱尔马赫强调了体育在对身体和能力的构成过程中的伦理意义。在体育锻炼中，人们在强健身体时，也锻炼了知性和意志，因此也把二者当做构成的对象或机体。施莱尔马赫说："直接的感觉和才能的理性构成，从知性和意志开始，它们依据其形式也是机体，这种理性构成在最宽泛的意义上就是体育。"[①] 从伦理学的角度来看，健身的生活方式是善的，而放纵身体和欲望的生活方式就是其反面。然而，人并不是为了体育锻炼而进行体育锻炼，也就是说，体育锻炼并不是构成的最终目的，体育必须向着较高的生活目的发展。

如果构成活动把无机自然界组织成为感性能力和才能的工具，那么这种构成活动就是力学了。施莱尔马赫认为，力学活动是与体育活动相互关联和相互影响的，二者能够相互促进、相互提升，"正如它同样与认识功能处于交互影响中一样，因为只有被认识的东西能被构成，同样它也与体育处于交互影响之中，因为只有被构成的直接的机体能间接地构成，且因为这个间接的构成又提升直接的构成"[②]。另外，如果构成活动把较为低级的有机自然构成为从属于人的，那么这种构成活动就是农业了。

通过把体育、力学和农业都描述成为独特的理性构成活动，施莱尔马赫较好地说明了作为财产的身体所包含的内容。他认为一切东西，无论是在身体内部还是在身体外部，无论是有机的还是无机的，它们都构成了财产，"力学和农业所包含的作为它们的结构的一切东西于自身，我们把它称为财产"[③]。

从这种独特的身体观出发，施莱尔马赫指出，在考察身体的构成活动中，我们必须把身体的理性方面和身体的自然方面都考虑在内，而不能只强调理性而忽视自然，也不能只强调身体本身而忽视作为外在的财产的有机自然和无机自然。他认为犬儒派、斯多亚派和享乐派在对待身体的构成时，都犯了片面性的错误。其中享乐派片面地强调自然方面的满足，而没有看到在自然的满足中总有理性的参与，"甚至在一种纯粹的享乐总是得

---

① Ethik，S. 36.

② Ebd. , S. 36.

③ Ebd. , S. 38.

到发展的地方，也并不充满完全的迟钝和颠倒"①。而在犬儒派和斯多亚派之间的争论则割裂了身体内的自然和身体外的自然之间的关系，前者强调外在自然的功能，使人"在物中失去自身"，而后者则排斥外在自然，使人"归隐到消极的和贫乏的自身之中"。

亨泽尔认为，在施莱尔马赫这里，肉体不属于财产，而属于所有权，他说道："个体的肉体总只能是所有权，从来不能是财产。它同样从来不能纯粹地在交换的范畴中得到解决，因为情感在其最紧张的形式中作为生活情感是与它完全相联系的。因此，把个体的肉体当作交换的客体的每一个契约，在最深的基础上都是非伦理的。"② 亨泽尔的评论虽然突出了施莱尔马赫对所有权的强调，但是当他说"肉体不属于财产，而属于所有权"时，他犯了把财产和所有权对立起来的错误。前面已经指出，所有权是包含于财产的，是财产中具有个体重要性的那一部分，是财产中不可转让的那一部分，但它在更大的范围内仍然还是财产。

（二）自由社交

上面已经提到，自由社交也是一个体现个体所有权的伦理性领域。所谓自由社交，就是个人把自己所占有的东西贡献出来，为具有共同教养的他人提供自由交流的封闭圈子。施莱尔马赫说道："独特性的占有通过交付而在直观中被构成的样式就是社交。"③ 施莱尔马赫认为，要实现自由社交，必须满足如下四个条件：个人财产、好客、相同的教养和封闭的自由。

第一，自由社交必须把私人财产，特别是房子作为其本质要素。因为要建立社交，就必须有一定的空间才行，另外，由于自由社交是私人的交往，因此它不能在公共空间中展开。因此私人的房子对自由社交来说就尤其必要。施莱尔马赫说道："因此在这个完全的范围中，自由社交必须建立房子，主人占优势地位。从其特殊领域的全体中走出的客人，是主人要

---

① Ethik, S. 39.

② Paul Henzel. *Die neue Gueterlehre*, im *Schleiermacher: der philosoph des Glaubens*. Berlin: Buchverlag der, Hilfe', G. m. b. h., 1910, S. 91.

③ Ethik, S. 29.

招待的并处于他的级次下。"① 很明显，如果没有对房子的占有，社交就是不可能的。

第二，自由社交必须把好客（Gastfreiheit）作为其本质要素。仅仅有了房子，还无法保证能把自由社交建立起来，它还需要房屋的占有者愿意把自己所拥有的东西向其他参与交往的人开放，换言之，它要求房屋的占有者具有好客的品质，愿意向自由社交的参与者提供空间。如果占有者拒绝献出房子，那么自由社交就必须在公共场合进行，这样社交就有变成公共活动的危险，"如果自由社交拒绝献出房子并变成一种公共生活，那么就一方面必定出现野蛮，因为缺少常备的艺术民众，另一方面必定出现片面性，因为缺乏与特殊生活的全体的关联，这只能通过如下方式得到补偿，即一种完全的循环构成这种联结，从中在特殊的内在衰败那里产生一种更大样式的假象"。② 所以好客和个体占有共同构成了自由社交的本质。在施莱尔马赫看来，占有和好客也是相互规定的，通过好客个体对房子的占有被确立下来，通过房子个体的好客才能得到实现。

第三，自由社交与参与者的教养具有密切关系。施莱尔马赫认为，自由社交作为封闭的交流圈子，它只是具有共同教养和兴趣的人所组成的私人团体，也就是说，自由社交只与参与社交的成员的教养的高低相关，只有同一教养水平的人才能进入一个社交团体之中。施莱尔马赫说："教养层次的多样性是等级的伦理概念的内容，等级的同一性封闭自由社交的领域。"③ 他甚至认为，只要有相同的教养水平，不同民族、不同国家的人也可以加入同一个社交团体。相反，如果教养水平不同，就连同一国家、同一民族的人也无法组成一个自由社交的团体。

第四，自由社交具有一种封闭的自由性，或者说是私人的自由性。在施莱尔马赫看来，虽然自由社交涉及许多人之间的自由交往，但这种交往具有私人性和独特性，与公共性的政治交往和商业交往是完全不同的。首先，这种封闭的自由体现在它只对每个社交圈子里的教养相同者是自由的，而排斥不同教养者的进入，也反对他们对它的干涉。其次，这种封闭

---

① Ethik，S. 128.

② Ebd.，S. 128.

③ Ebd.，S. 127.

的自由也体现在它对国家等公共权力进入其内部的反抗上。如果自由社交的团体是依照某种外在的标准来构建的，那么这种团体就不再是自由的社交团体了。施莱尔马赫说道："自由社交只有作为分离的组织才能出现，它由此与国家完全分离。因为后者只能在外在的标志那里把握等级，这个标志在个别中能非常频繁地出现，那里没有内在的条件。但是，一旦自由社交依据外在标志来组织，它就会死亡。"① 在他看来，人们在自由社交中的联系是松散的、自由的，不同的参与者虽然有不同的外在关系，但是他们在社交中总能恰当地包容和面对这种关系。因而自由社交完全不同于国家和教会的构成原则，"为了分配其权利和义务，通过出生进入国家就足够了，为了有资格进入一个合群的团体，必须证明一种确定的教养。谁不充分理解一个房子的符号，他就不能期望在其中能够以合群的方式进行交流"②。普雷格尔也正确地指出："对施莱尔马赫来说，'社交'是社会的领域，其中不能描述和构成个体和共同体的外在规则。他的'社交'理论当然体现在一种防御外在影响的自由空间中，最明显的是他所追求的社会的实在的乌托邦。"③

　　把自由社交看作是至善的必要部分，是施莱尔马赫对伦理学发展史的一个独特贡献。前面已经指出，当施莱尔马赫批判以往的伦理学的体系缺陷时，就指出了这些体系没有看到自由社交在人类生活中的伦理意义。还需指出的是，不仅是在其成熟时期的《伦理学》中，而且在早期的《一种社交行为理论研究》、《论宗教》和《独白》中，他都指出自由社交的伦理意义。在他看来，自由社交真正体现了人的本质，即人一方面是个体性的独特存在，另一方面是社会性的存在。在《一种社交行为理论研究》中，施莱尔马赫把社交设想为一种独立于政治和经济领域的社会生活领域，其中人们可以平等地交往和自由交谈。他在这篇文章的开篇就说道："没有外在目的的强制的自由的社交生活，是所有有教养的人作为他们的一个首

---

①　Ethik，S. 127.

②　Paul Henzel. *Die neue Gueterlehre*，im *Schleiermacher*：*der philosoph des Glaubens*. Berlin：Buchverlag der，Hilfe'，G. m. b. h.，1910，S. 99—100.

③　Wolfgang H. Pleger：*Schleiermachers Philosophie*. Berlin：Walter de Gruyter，1988，S. 8.

要的和最高贵的必需品所高声要求的。"① 拜泽尔指出，这篇论文的价值不仅在于它提出了一种新的理论，也在于它是柏林浪漫主义团体的文学沙龙的部分现实化，同时它还批判了当时社会中的严格等级差别，这些差别抑制了个体性的发展，并取消了存在于每个人之内的人性。② 在施莱尔马赫看来，通过社交，一个人才能使自己的人性得到完全的发展。在《论宗教》中，施莱尔马赫认为宗教和社交密不可分，宗教不仅是个人的直观和情感，它也是社会性的，在该书的第四讲话的开始，他就断言，"一旦有了宗教，它必须是社会性的。这不仅存在于人类本性中，也突出地存在于宗教的本性中"。③ 在他看来，社交不仅仅是宗教虔信的结果，在某种意义上，社交可以变成虔信的条件，因为如果没有社交，一个人即便是有了虔诚的情感，他也无法真正理解这种情感，只有在社交中，在与他人的自由交往中，他才在他人的回应那里理解自己的虔诚情感。施莱尔马赫研究者费雷拉（M. Jamie Ferreira）说："施莱尔马赫的判断是，一个人不只是想要分享宗教经验，社交不只是虔信的结果，而更多的是，除了在与他人的关系中，人就不能经验到虔信。因此社交是虔信的条件；虔信是通过社交来传达的。"④ 在《独白》中，施莱尔马赫主要强调的是个体人性的自由发展，但是他同样认为，个体性与群体性是不可分割的，只有在与他人的自由交流中，个体才能得到充分的发展。施莱尔马赫伦理学研究专家克罗斯利说："施莱尔马赫无疑是反对那些为了普遍而牺牲个体的人的斗士，然而，他也承认只有在共同体中个体才能生活和全面而自由的发展。"⑤

前面分别讨论了同一性的组织和独特性的组织。对于施莱尔马赫来说，同一性的组织构成国家和经济交往等公共生活领域，而独特性的组织构成个人所有权和自由社交的领域。这两种组织方式是明显不同的，在人

---

① Werke，II，S. 3.

② F. Beiser. *Schleiermacher's ethics*. In *the Cambridge companion to F. Schleiermacher*. Cambridge University Press，2005，p. 62.

③ Werke，IV，S. 111.

④ M. Jamie Ferreira. *Love and the Neighbor*：*Two Ethical Themes in Schleiermacher's Speeches*. The Journal of Religion，2004，p. 413.

⑤ John P. Crossley，Jr. *The ethical impulse in Schleiermacher's early ethics*. The Journal of religious ethics，1989，p. 19.

类文化生活中所起的作用也是不同的。但是，如果认为这两种组织方式是完全分离的两个领域，这是不符合施莱尔马赫的思想的。在他看来，人格性和共同体在本质上是同一的，个体占有在共同体中得到确认，而共同体通过个体的奉献而得到确立。孤立的占有使人的同一性被消除，而孤立的奉献则使社会中没有有资格的个体性。因此，在施莱尔马赫看来，人类的构成活动就体现在同一性和独特性之间的张力之中，"全部的构成过程只不过是在这两个要素的同一性中的伦理的完整部分"。①

三　同一性的符号

在上面两节中，我们讨论了与理性的组织功能相关的四个现实的至善领域，即作为同一性组织的商业交往与国家，和作为独特性组织的个人财产所有权和自由社交。在本章的余下几节中，我们将讨论与理性的认识功能相关的现实领域，即作为同一性符号的语言和科学学院，作为独特性符号的情感和教会。最后，我们还要讨论家庭这一领域，在施莱尔马赫看来，家庭是作为所有这些现实领域的共同基础而存在的，从家庭出发，可以发展出至善的全部领域。

这里首先探讨同一性的符号。所谓同一性的符号，就是说众多个体在认识活动中必须以相同的方式去认识为特征，也就是说是以客观知识的形式为特征。施莱尔马赫说道："同一的特性在认识功能中通过其行动伴随这种要求来显示自己，即每一个个体只能同样地履行这种行动以及只能获得同样的结果，因此在这个条件下一个行动完全相同地说明了另一个行动。"② 在他看来，最能体现这一客观知识领域的就是语言（Sprache）的领域，因为一切知识都是由语言构成的，而语言在一个共同体中是公共的，根本不存在所谓的"私人语言"。在他看来，通过语言构成的就是科学组织或者学院（Akademie），学院的研究又可以划分为自然科学（Naturwissenschaft）、人文科学（Geisteswissenschaft）、社会科学（Sozialwissenschaft）等领域；这些活动都是在一定范围的共同活动，而非私

---

① Ethik，S. 29.
② Ebd.，S. 27.

人活动。

(一) 语言

在施莱尔马赫那里，作为同一性符号的语言是与人们的认识和知识密切相关的。在他看来，符号活动是与认识活动相关的，而认识活动产生知识，知识则是由语言构成的。他说道："一切知识是语言的构成，一切语言构成知识。"① 另外，由于认识活动的全体构成了一个知识体系，因此，也必须有一个与之相称的符号语言体系，它在同一性的品格下构成了作为认识能力的意识活动的表达或符号。当然，施莱尔马赫也认为由语言构成的理论知识，作为一种符号和象征，不能脱离人类的现实实践，毋宁说，它本身就是对人类实践活动本身的描述和表达，从而自身也保持着实践的特性。"理论知识的构成不超越实践知识，而是保持为人类行动本身的实践。"② 这也再次证明康德在理论与实践、知识与道德之间的划分是不成立的。

语言的一个重要功能就在于它是人们进行交流的工具或中介，这就要求人们在用语言进行交流时，语言必须表达某种内容，这个内容可以是一个物质客体，也可以是一个思想观念，或者是某种情感体验。施莱尔马赫认为，一种空无内容的语言是无法想象的，他说道："没有思想的讲话，即没有相应认识行动的讲话，要么不是交流，而只是理解自身的彩排，像在孩子那里一样，要么作为空洞的公式的运用，就像它是无意义的东西一样。"③ 可见，没有无思想的语言，也没有无语言的思想。

施莱尔马赫认为，语言可以分为声音语言 (Tonsprache) 和手势语言 (Geberdensprache)。所谓声音语言，就是能够得到完善表达的语言，而手势语言则是通过手势的帮助才能得到理解的语言。他指出，在一个认识共同体中发现的语言，一般都是作为声音语言出现的，这种语言不仅是理解的工具，也是理解和认识的条件。而较早的儿童时代所出现的手势语言只能表达不完善的东西，它带有太多独特性的东西，而无法得到普遍的理

---

① Ethik，S. 31.

② Wolfgang H. Pleger：*Schleiermachers Philosophie*. Berlin：Walter de Gruyter，1988. S. 25.

③ Ethik，S. 68.

解和认识，因此，它必须上升到声音语言的阶段，这也要求儿童必须通过教育而掌握公共语言，以便摆脱其不完善的早期的手势语言。

就语言具有不同的言说方式而言，语言可以分为外在言说的语言和内在言说的语言。前者是用来公开交流的语言，而后者是保持为内在交流和记忆的语言。施莱尔马赫认为，人都是需要与他人进行交流的，但是交流的内容在交流者之间不是同时产生的。也就是说，只有一个人已经具有某种东西，并且通过语言把它表达出来之后，另一个人才能理解交流的内容。这样，交流其实是需要一个中介的，而这个中介被施莱尔马赫称为记忆（Gedaechtnis），他说道："由于在一个人中出现了交流的需要，那么它不能与他人的产物具有同时性。因此必须有一个中介，来把认识过程的行动同样固定到产物要素之上，就像构成功能的中介一样，这个中介就是记忆。"① 记忆也是一种认识，它需要时刻返回到与第一次产生的结果一样的知识，因此在记忆里必须有语言，"没有记忆就没有语言，反之亦然"。② 而在记忆中被言说的语言就是内在言说的语言。施莱尔马赫还指出，与记忆的语言相关的语言是作品语言，因为作品本身就是对语言的记忆，或者说是对记忆的言说。他强调记忆和作品的重要性，因为它们使交流的产物可以不依赖于在交流者之间同时产生，也就是说，通过记忆和作品，我们可以和不同时期的人进行交流。而这就产生了对作品的语言进行理解和交流的问题，对这一问题的研究就属于施莱尔马赫解释学的范畴。

施莱尔马赫认为，解释学作为一门理解和解释的艺术，是以语言为前提的。"在解释学中最重要的前提是语言，所有要寻求的主观的和客观的前提都属于语言，它们都必须出现于语言中。"③ 他把解释学划分为语法解释和心理学解释，其中语法解释是客观的，以解释实际存在的语言为基础。因为现实存在的语言总是以声音和文字等物质的形式表现出来的，并且通过语法结构的客观规则而使得普遍的理解成为可能。后者是主观的，研究的是文本中的特殊意义的"暗示"。他认为两种解释方式是同等重要的，它们只是侧重的角度不同而已，只有在适当的时候进行适当的侧重，

---

①　Ethik，S. 66.

②　Ebd.，S. 67.

③　施莱尔马赫：《解释学》，转引自靳希平、吴增定《十九世纪德国非主流哲学：现象学史前史札记》，北京大学出版社 2004 年版，第 67 页。

人们才能达到对文本的最优理解。他论证道："这两种解释同样重要，如果我们说语法的解释是低级的解释，而心理学的解释是高级的解释，这是不正确的。（1）心理学解释是高级的解释，仅当我们认为语言只是个人传达其思想的工具，这样，语法的解释就只是清除暂时的困难。（2）语法的解释也可以是高级的解释，如果我们认为语言是决定一切个人思想的东西，个人只是语言的处所，以及认为个人的话语只是语言呈现自身的手段。这样，心理学的解释就成为完全从属的，又如个人的此在本身一样。（3）由于这种双重性，我们可以推知这两种解释完全是同等重要的。"①也就是说，当把语言看作是人们表达思想的工具时，就会更加强调心理学解释。当把个人看作是语言的处所，或者说把人看作是普遍性的语言表现自己的工具时，就应当更加强调语法解释。施莱尔马赫在这里提出了人和语言的另外一种关系，即语言并不仅仅是人用来进行交流的工具，它作为文化的一部分，把每个人都当做显示自己的"处所"了。换言之，不仅语言是人进行交流的工具，人同样是语言显现自身的工具。施莱尔马赫的这一思想对海德格尔具有重要影响。后期海德格尔在讨论人、存在和语言的关系时，也强调语言是存在的家，人则是语言和存在得以显现的处所和工具。

　　在这两种解释中，语法解释与语言关系更为密切。它强调对语言的一般性理解，"如果不理解某个语言的全部历史和性质，我们也不能理解该语言的某个时期，并且如果不知道一般语言，我们也不能理解一个语言时期"②。语言越是表现得纯粹个人化，那么它就越难以理解。从语法解释的角度来看，文本语言所处的文化环境比文本作者的个性更加具有基础地位，因为作者本身就是受这个文化环境所规定的。"如果我们客观化语言，那么我们就会发现，一切讲话行动只是语言展现其特有性质的方式，并且每一个人只是语言显现的处所，正如我们在重要的著作家那里把我们的注意力指向他们的语言，在他们的语言那里察看风格的差异——同样，每一话语总只是通过它所属的整体生命而理解，这就是说，因为每一话语作为

---

① 施莱尔马赫：《诠释学讲演》，选自洪汉鼎编《理解与解释：诠释学经典文选》，东方出版社 2001 年版，第 51 页。

② 同上书，第 29 页。

讲话者的生命环节只有通过他的一切生命环节才是可认识的，而这只是由他的环境整体而来，他的发展和他的进展是由他的环境所决定的，所以每一讲话者只有通过他的民族性和他的时代才是可理解的。"① 施莱尔马赫对解释的语言性的强调被看作是他对现代解释学的一大贡献，"这一对人类理解活动的语言性的强调是诠释学的本体论转向的关键，迦达默尔的'能够被理解的存在是语言'的名言实际上脱胎于施莱尔马赫的命题'诠释学的一切前提不过只是语言'。对理解活动的语言性的发现，也是对诠释学普遍性的发现，两者都是现代条件的产物。"②

施莱尔马赫对语言的普遍性的强调不仅表现在他的哲学解释学中，而且也表现在他对语言共同体的讨论上。在他看来，语言能够成为交流和沟通的手段，其前提就是必须有一个使用语言的共同体，或者说是知识的共同体（Gemeinschaft des Wissens），而这个共同体被他称做科学学院（Akademie）。

（二）科学学院

所谓科学学院，也就是由诸如高等学校和科研院所等机构所构成的科学联合体（wissenschftliche Verein），这种"科学联合体是语言构成的知识，并且依赖于范围的同一性"③。从这个描述可知，科学学院必须包含两个要素：其一，它作为科学的联合体，是由普遍性的语言构成的知识统一体。与国家和商业共同体不同的是，这种统一体所强调的不是理性对文化世界的构成，而是强调理性对文化世界的认识。其二，作为知识统一体或者知识共同体，它强调联合范围的同一性，这个共同体必须能够表达语言或者知识的全体。这样，语言和作为共同体的学院之间就得到了相互规定，"语言被使用在这个'共同体'内，从而也决定了'语言'本身的性质：'语言'一点也离不开这个'共同体'。反过来，'公共体'的存在也同样取决于'语言'的通行；因为正是'语言'才把这个'共同体'联系

---

① 施莱尔马赫：《诠释学讲演》，选自洪汉鼎编《理解与解释：诠释学经典文选》，东方出版社 2001 年版，第 51 页。

② 俞吾金等：《德国古典哲学》，人民出版社 2009 年版，第 326 页。

③ Ethik, S. 33.

在一起，成为可以相互沟通的整体。"①

如果说作为同一性的组织，国家的主要内部功能在于处理统治者与被统治者之间的关系，那么作为同一性的符号，科学学院的主要内部功能就在于处理知识共同体中学者（die Gelehrten）和公众（das Publicum）之间的关系。在知识共同体中，公众缺乏普遍的知识，而只具有个别的和分散的知识，因此他们并没有构成科学学院的能力，他们的活动是分散的，只有作为同一性的材料或内容才具有意义。施莱尔马赫说道："公众的原初行动是材料性的和生产性的，要么是民族模型占主导，但它只能显现为派生的，要么个人性占主导，但是它只能作为任意的结合而出现。"② 与公众相对立，学者作为博学之人，其功能是统一性和形式性的，也就是说，学者把科学发展成为一个统一的科学学院。在某种意义上，就是学者构成了科学学院。施莱尔马赫说道："学者的原初行动是形式性的。它们部分地与给定的公众的产品有关，因此就部分是指导性的，使产品转向科学需要或者科学力量的方面；部分是求助性的，吸收那些在活生生的民族传统中值得赞同的东西；部分是反驳性的，把属于过时的概念构成的东西，或者是原始的、或者是任意的、或者是陌生的东西放弃掉。在两种关系中学者构成我们称为学院的东西。"③

但是，必须避免这种误解，即认为学者能够写作，而大众不能够写作。施莱尔马赫认为，每个人都是可以写作的，而写作本身也不仅仅是为了科学学院，它可以服务于很多兴趣，甚至完全不同于认识功能的兴趣。施莱尔马赫说道："但是，通过被称为'公众'和'学者'（前者符合臣民，后者符合权威）而指出的矛盾，无论如何不能理解为学者是写作的，而公众不写作，因为著作服务于每一甚至与认识功能完全不同的兴趣。"④ 同时，也不能从学者和大众的理智的不同层次上而把哲学家看作是权威，好像哲学家具有把所有人在理智方面达到完全一致的能力。在施莱尔马赫看来，作为学者，哲学家只具有解释世界的能力，而没有改变世界的能力和权力，因为学者并不像政治统治者那样具有征服、控制和制裁的力量，

---

① 高宣扬：《德国哲学通史》第一卷，同济大学出版社 2007 年版，第 280 页。
② Ethik，S. 111.
③ Ebd，S. 111—112.
④ Ebd.，S. 110.

他们所具有的只是某种可以从整体上看待人们所生活于其中的文化世界的知识或智慧而已。相反，在公众那里，起决定性作用的往往是传统观念、流行观点和个别意见。因此，在学者和大众之间是存在一种矛盾和张力的，虽然它不同于统治者和被统治者之间的矛盾。也正是由于科学学院在功能上不同于国家，施莱尔马赫认为国家不应当过多地干预科学学院的自由活动，国家有责任为科学研究提供场所，但是不能干预学者们自由的研究和创造活动，因为国家的功能和职责都不在此。国家过多地干预科学学院的活动，就会使得两个不同领域的功能被混淆起来了。因此，"在国家在这个领域中占主导的地方，构成功能和认识功能都变成了病态的了"①。

由于存在学者和公众之间的这种矛盾关系，科学学院的建立过程就应该是作为统一性和形式性力量的学者，把作为分散性和材料性力量的公众联结起来，把一些较小的、分散的学院联结起来，以便建立统一的科学共同体。这种联结的方式有两种，一种是从学院一直下降到公众，即学者通过其同一性的能力，把分散的大众联结和凝聚起来。另一种是从公众上升到学院，也就是说，从公众的分散的材料中寻求同一性的要素，利用这种要素到达同一性的学院。施莱尔马赫认为，真正把学者和公众联结起来的力量就是教育（Bildung）。通过教育，学者和公众之间的差别逐渐缩小，他们之间的矛盾逐渐消解，从而使得一个科学共同体得到长久的维持。

在进行科学教育的活动中，施莱尔马赫特别强调青年人的地位和功能。他认为青年是学者和公众之间的中介，二者都从青年那里得到发展和完善。或者说，青年是学者和公众之间的无差别（Indifferenz）的状态，青年既是学者，又是公众，青年的发展就体现了学者和公众的共同发展。在学校中，在与作为学者的老师的关系中，青年首先表现为公众，它们在学者的影响和指导下学习普遍性的科学知识，逐渐被统一到科学共同体之中，从而具有了学者的特征。然而，离开学校之后，这些具有学者特征的青年就发生了分离，他们在不同的地方和不同的职业上表现这种特征，从而使得学者特征又具有了多样性和分散性，这时，青年们又表现出了公众的特征。总之，在青年那里，人们既能够看到公众交往中出现的"普遍性中的多样性"的特点，也能看到在学者那里才会出现的"不同领域的逐渐

---

① Ethik, S. 113.

变化和归类"的特点。

施莱尔马赫还讨论了科学共同体的外在范围问题，在他那里，科学学院并不是像有些研究者指出的那样，认为"这个'共同体'就是人类世界，就是活生生的社会及与之相联系的'周在'——从附近的自然界到遥远的宇宙"①。相反，在处理科学共同体的伦理意义时，施莱尔马赫特别强调科学学院所表现出来的民族性。在他看来，根本没有普遍到超越民族和国家之外的科学共同体，因为虽然科学学院所处理的是普遍性的知识，但是这些知识都是通过语言来表达的，而语言作为一种带有声调和地域特征的物质性存在，本身就具有民族性，这就使得科学学院必然带有民族性。另外，科学学院的成员，无论是学者还是公众，都是具有一定民族身份，说着独特民族语言，运用独特民族传统习惯进行思考的人，这不能不使科学学院带有民族的独特性。因此，虽然国家和民族共同体不能干预科学学院的自由创造活动，但是任何科学共同体都带有民族独特性，这种民族独特性甚至表现在人们通常认为最具普遍性的数学、逻辑和先验哲学中，他说道，这种民族性"当然应当在数学和先验的领域中出现得最少，但在较宽泛的意义上也是如此"②。也正是在这个意义上，在《伦理学》中讨论科学学院这一领域时，施莱尔马赫就使用了"论知识的民族共同体"这一标题。施莱尔马赫进一步指出，真正的科学学院只有以民族统一体为前提条件才是可能的，"在这些形式下，民族统一体包含一个真正认识共同体的首先寻求的所有条件，作为家庭的联结它包含对甚至在它的发展的意图中所有不同点的一种活生生的兴趣；作为组织的同一性样式，它也规定组织符号的自然位置和意义的同一性；作为通过语言被规定的，它以这样一种样式使个人的独特性从属于共同体，即前者不能是共同体的阻碍"③。

但是，如果认为施莱尔马赫固守民族的界限，反对任何国际化的科学交流，这也是错误的。他并不反对国际交流，甚至认为国际交流是必需的，是至善的必然要求和组成部分，他说道："正如人类精神作为意识只

① 高宣扬：《德国哲学通史》第一卷，同济大学出版社 2007 年版，第 280 页。
② Ethik, S. 108.
③ Ebd., S. 114.

能在语言共同体中得到表现，因此对于个别存在的共同体来说，这个表现只能在所有语言的共同体中才是完善的。因此，所有存在的每一个在其符号系统中越完善地得到表达，且所有其他语言在每一个别存在中的反映越精确，那么在这一方面理性在其从个别的分离中确立的统一体中就越完善，这在这里就是至善的从属方面。"① 可见，施莱尔马赫既强调科学的民族性，又坚持国际交流的必要性。毋宁说，他所反对的只是把民族精神和国际精神对立起来的观点。对他来说，国际化和民族精神是相互支撑的，国际化使民族精神得以确立，而民族精神是国际化得到真正实现的前提。所以，在科学交流领域，对于施莱尔马赫来说，国际性和民族性之间的张力正确的解决之道就是：即便科学保有国际化的特征，但是这种特征也只能通过民族性得到真正理解，因为科学在某种意义上就是民族精神的外化。亨泽尔正确地分析道："正如人们之间的一切组织共同体并不意味着同价的和同类的原子之间的拼凑，而是多种多样的个体性的对立面的完善，因此科学的国际化功能不是同类和同价的思想过程的集合，而是在其全体性中表达各种各样的符号性，在观念的形式中，个别性的民族个体通过这些符号性占有其现实性，就像对于每一个人来说，当他从一种亲密的不同本质来说和考察它时，语言以这样的方式被传达，现实性通过这样的方式达到完善，因此通过科学思想方式的翻译，一种不同的民族个体就获得在广度和深度上难以置信的本己的科学观念。"②

四　特殊性的符号③

与同一性的符号相对，特殊性的符号是说认识总是与个体的自我意识相关，而这种自我意识在本质上是以主观认识，以情绪和情感为特征的，它具有某种独特性。施莱尔马赫说道："认识的每一客观的行动事实上也与一种运动的自我意识相联结……运动的自我意识到处都是独特样式的表

---

① Werke，I，S. 489.

② Paul Henzel. *Die neue Gueterlehre*，im *Schleiermacher*：*der philosoph des Glaubens*. Berlin：Buchverlag der，Hilfe'，G. m. b. h.，1910，S. 97.

③ 在施莱尔马赫那里"特殊性的符号"（einzelnes Symbol）也被称作"独特性的符号"（eigentumliches Symbol）。

达，就像理性和自然的一切功能在特殊的定在中一样，因此也是一种适当的和不可转让的认识，它的每一个都排除一切其他的。"① 特殊性的符号包含的是个人情感（Gefuehl）表达的领域，它由宗教（Religion）和教会（Kirche）等领域构成。

（一）情感

情感一词在施莱尔马赫的思想中具有重要地位，他在很多著作中都对它进行过论述。然而这个概念也是非常难以把握的概念，因为他在不同的地方以不同的方式讨论情感。在《伦理学》中，他把情感理解为确定的自我意识（das bestimmte Selbstbewusstsein）②，但没有过多地解释这一概念。在《基督教信仰》中，施莱尔马赫详细地讨论了情感和自我意识之间的关系，他认为把情感和自我意识等同起来，并不是为了故弄玄虚地卖弄辞藻，而是经过慎重考虑的，因为情感这个词汇太普通了，人们在各种场合都可以随意地说到它，因此，为了精确规范和科学界定的考虑，就把情感和自我意识联系起来了。另外，在自我意识前面加上"确定的"这种限定语，是要告诉人们"情感"一词并不包含人们内在的不自觉的意识，例如现代心理学上流行的"潜意识"。因此，这种确定的自我意识，也是一种自觉的自我意识。再者，这种自觉的自我意识不同于客观知识的关键在于后者是一种通过理性沉思得到的间接的、推理的知识，而前者则是一种直接性的直观的知识。"然而真正的直接直觉，既不是认知的表象，却是正常意义下的情感，就绝非只是一种伴随物。毋宁可以假定为每一人在这事上具有两种经验。第一，每个人的经验里总有一些时候，所有思考和意志都隐退到某一直觉的背后；第二，有时这一直觉在一连串思想和意欲纷呈活跃之中常驻不变全与之无关，因而不得被视为它们的一个伴随物。例如，喜怒与忧愁——这些总在宗教领域中占有极重要的位置之精神现象——正是上面所说明的情感之状态；另外，自我赞许与自我谴责，虽以后可变为喜乐与忧愁，却在其本身毋宁属于客观的直觉，因为它们是由一种分析的思省而来。也许这两组心象，再没有比在这里更彼此接近，但正

---

① Ethik，S. 27.
② Ebd.，S. 70.

由于此故，它们的分歧是这个比照中最清晰地显出了。"① 因此，在施莱尔马赫看来，作为确定的自我意识，情感具有内在性、个人性的特征，因此它不是同一性的客观的知识，而是独特性的主观内省。它不是由主体产生的，而是在主体内产生的，或者说是通过主体而产生的，主体不是情感的来源，而是情感的"处所"。施莱尔马赫说道："情感不但在其由于刺激而生的持续状态，确是自我内存，即使在受刺激的过程中，它也不为主体所构成，却只在主体内发作，这样，它既全然属于感受，就完全是一个自我内存。"② 这段话也表达了情感的一个重要特性，即情感不是主动的和创造性的，而是被动的和接受性的。

　　另外，尽管情感具有内在性和主观性，但它并不自我封闭在这种内在性之中。当一个情感产生之后，它总是需要交流和表达的，"在意识中，他的每一刺激都指向交流的领域，并且保持它"③。甚至可以说，交流和表达乃是情感的本质，是其伦理意义之所在。"两个要素的完全分离，无描述的情感或者无情感的描述，只能被设定为是非伦理的。"④ 因此，情感也必须具有符号性的特征。但是，情感不是通过同一性的语言来交流，而是通过独特的声调或者姿势来表达的，"这里声调不是词语，而是曲调，这里姿势不是概念的间接符号，而是直接符号；二者都是纯粹内在的东西自然地和必要地变为外在的东西"⑤。既然情感既表现出独特性，又表现出符号性，因此施莱尔马赫把它看作是一种独特性的符号。

　　人们也许会马上想到，在《论宗教》中，施莱尔马赫明确指出作为确定的自我意识的情感，是与宗教紧密相关的，它与作为科学的知识体系是不同的，那么在这里他把情感当做独特性的符号而成为一种认识类型，是不是犯了自相矛盾的错误呢？答案是否定的。在《论宗教》中，他确实区分了宗教和科学之间的不同。他认为宗教不是科学知识，而是一种情感，是一种直观到无限或者宇宙而产生的虔诚情感。他说道："然而宗教不是

---

　　① ［德］施莱尔马赫：《基督教信仰》，参见谢扶雅编译《宗教与敬虔》，台湾基督教文艺出版社 1967 年版，第 303 页。

　　② 同上书，第 304—305 页。

　　③ Ethik, S. 76.

　　④ Ebd.

　　⑤ Ebd., S. 71.

知识与科学，不论是关于世界的或关于上帝的；它承认着知识与科学，但那不是它本身所在。它是一种情感，是对无限者在有限者中之一启示，在这启示里它看见了上帝，而在上帝里也看见那启示。"① 他又说道："我不能主张宗教是最高知识，甚或是任何知识。因此，所谓基督教平信徒比神学家为较不完全地位，显然只是指知识，并非指宗教本身，知识只是附属于宗教的东西罢了。"② 从这两段引文中，我们看到施莱尔马赫好像有一种强烈的主张，就是把作为情感的宗教和作为理性的科学知识区别对立起来。但这并非事实。在施莱尔马赫那里，情感和理性之间并没有什么不可逾越的鸿沟，宗教的情感内容是能够变成一种反思的认识的内容的，只不过这种反思并非要使宗教内容达到科学真理的程度，而是对作为直接自我意识的情感的某种概念性的把握。正如《施莱尔马赫选集》的编辑多纳尔所说："宗教作为情感的事情是某种完全理性的，因为情感本身只是理性的一种显现形式。"③ 他认为，施莱尔马赫这里区分情感和理性知识的动机只具有反对正统理智主义的意义，如反对近代流行的自然宗教和康德的理性宗教。在《伦理学》中，施莱尔马赫甚至提出了衡量宗教的理性标准。就宗教是理性行动的产物来说，它在本质上也是作为理性的行动被推导出来的。虽然宗教不能作为普遍性的理性知识，但是还是能够作为独特性的知识存在的，"正如独特性的认识只是生成着的宗教，因此描述也只能指示内在给出理性内容的等级"④。因此，认为情感和理性、宗教和知识是完全对立的观点是不符合施莱尔马赫的思想的，多纳尔说道："但是他不认为，宗教毕竟要与认识相冲突，因为否则理性在其不同的行动中将会自相矛盾。毋宁说，施莱尔马赫的观点是，宗教内容的认识功能不能得到完全的表达，因为尽管我们的概念对于世界智慧是特有的，但是在神的认识那里是无效的，因为它不能超出矛盾而得出。"⑤ 也就是说，作为情感的宗教不能为理性知识所完全包含在内，因此它不能被完全地还原为科学知识，但这并不意味着

---

① ［德］施莱尔马赫：《论宗教》，参见谢扶雅编译《宗教与敬虔》，台湾基督教文艺出版社1967年版，第57页。

② 同上书，第118页。

③ Werke, I, S. XIII.

④ Ethik, S. 75.

⑤ Werke, I, S. XIV.

宗教就不能被当做一种理性的知识类型来看待。

　　同样需要避免的一种误解是，由于施莱尔马赫在《论宗教》中明确指出了情感和理性之间的不同，那么，如果伦理学作为理性在自然上的活动，能够把情感当做其内容吗？如果宗教与情感相关，而道德与理性相关，那么宗教可以成为伦理学的内容吗？在施莱尔马赫那里，对这些问题的回答都是肯定的。就情感和理性的关系来说，前面已经指出，情感本身就是理性的一种显现形式，只不过它不同于概念、判断和推理等理性形式而已。另外，即便强调情感与理性的不同，也不妨碍情感可以成为理性所处理的对象，从而成为伦理学的内容。以此类推，宗教当然可以成为伦理学的有机组成部分。人们不免要问，既然理性和情感，道德和宗教相互联系，密不可分，那么施莱尔马赫在《论宗教》中极力强调它们的区分，意欲何为呢？答案很简单，施莱尔马赫的主要目的就是反对康德的道德宗教。

　　在三大批判和《单传理性限度内的宗教》中，康德论证了一种建立在道德基础上的理性宗教的可能性。他首先批判了传统哲学对上帝存在的证明模式，认为本体论证明、宇宙论证明和自然神学证明等对上帝存在的思辨证明模式都是失败的，因为这些证明模式都误解了理性的功能和人类知识的界限。由于人类的知识是从经验出发的，因而一切知识都带有经验内容。但是由于人类无法经验到上帝存在这一理念，因此它就不属于人类知识的范围。而上述三种思辨神学证明模式都是试图把上帝的存在变成确切的知识，因而必然是无效的。但是康德并没有因此就放弃对上帝存在的证明，他试图从道德信仰的角度来建立一种新的神学。本书的第二章已经指出，他认为道德哲学研究的主要客体就是意志，而意志作为一种依照法则去行动的欲求能力，不仅需要有行动的规定根据，而且还要欲求一定的对象。康德的理性伦理学排除一切经验要素，把实践理性颁布的道德法则看作是意志的唯一规定根据，同时把获得与依照道德法则来行动相匹配的幸福作为意志的欲求客体，并把这种匹配称为至善。由于至善既包含先天形式性的道德法则，又包含经验性的幸福概念，因此有限的人并无法保证它在现实世界中得以实现。但是由于实现至善又是实践理性的必然需要，因此必须设定上帝存在、灵魂不朽等理念来保证实现至善的可能性。通过这种道德证明的方式，康德就建立了一种道德宗教。他说道："宗教（从主观上来看）就是把我们的一切义务都认作是上帝的诚命。"① 康德把道德宗教看作是真正的宗教，看作是衡量一切宗教的标准。在他看来，只有以道德宗教为基础，或者以道德宗教为目的的宗教，才具有真正的价值和意义。

康德的这一思想在当时的德国产生了重要影响，费希特的《试评一切天启》和黑格尔的《耶稣传》都接受了这种道德宗教观，要把宗教特别是基督教道德化。在施莱尔马赫看来，康德的道德宗教学说在理论上有把宗教还原为道德，从而使宗教变成道德的附庸而失去其独立价值的危险，在实践上则有会产生蔑视宗教，甚至是消除宗教的危险。因此，他在《论宗教》中把情感与理性、宗教与道德区分开来，其中一个重要的意图就是反对康德的道德宗教理论，为宗教重新确立根基。他认为宗教只是一种单纯的直观到无限或者宇宙而产生的情感，它既无关知识，也无关行动。施莱尔马赫说道："请注意：宗教本身全然不在促人活动。假使你们能想象它单独宿在人里面，它不会造出这些行为或任何其他行为。……这个敬虔的人，不在行而只在感。"② 道德培养人们的理性能力，并以人和人的理性为中心考察世界，以理性的自由行动为前提。宗教的意图在于丰富人们的接受性的感性能力，它放弃以人为中心的思想方式，而是以无限或者宇宙为中心，而人只是被动地感受到无限或宇宙的刺激，它以人绝对依赖的情感为前提。因此，宗教和道德之间是有区别的，不应当把它们混淆起来。"固然，他（敬虔的人）静观着人的行为，然而这不是伦理体系可由其发生的那种静观。他寻出和侦查到只一件事，即来自上帝的行为，上帝在世人当中的活动。倘若你们的伦理学是对的，而他的敬虔也是，他不会承认任何不被包含在你们伦理体系里的行为为优卓的。不过，认识而构成这个伦理体系是你们富有学识者的事，不是他的事呀！"③

拜泽尔正确地指出，施莱尔马赫区分宗教与道德，除了要保持宗教的

---

① [德]康德：《单纯理性限度内的宗教》，李秋零译，中国人民大学出版社 2003 年版，第158 页。

② [德]施莱尔马赫：《论宗教》，参见谢扶雅编译《宗教与敬虔》，台湾基督教文艺出版社1967 年版，第 76 页。

③ 同上书，第 58 页。

自主性之外，还有一个意图，即保持道德的独立性和自主性。① 作为康德理性伦理学的继承者，施莱尔马赫认为道德就是理性在自然上的行动，我们应当在履行道德义务和培养道德德性的基础上去实现道德至善，而不应当为了宗教的意图去做任何事情。也就是说，道德行动应当只是为了道德本身而行动。

但是，认为施莱尔马赫把道德和宗教完全割裂开来的观点仍然是错误的。在他那里，宗教虽然与道德有别，却必然要与道德相结合。施莱尔马赫明确地说道："但，请不要误会我。我并不意味着二者中能存一而去其他，例如，一个人可以有宗教而甚敬虔，却同时又不道德。那是不可能的，就我的意见来说，人而为道德的，或科学的，却同时反宗教的：这也是一样的不可能。"② 他认为，宗教的虔诚情感总能推动人们去认识和行动。因为宗教虽然在本质上是静观和情感，但是它却包含知和行的种子，从而发展出认识和行动。他说："这样，敬虔将可激励知识与行为，而每逢敬虔占优势的瞬间，将会有知行之一或两者具备的胚种。……否则，宗教精神将不能联系于其他经验而形成一个统整的生活，而敬虔将孑然孤立，不涉及任何影响于我们生活的其他精神功用了。"③ 因此，认为施莱尔马赫把宗教和道德完全割裂开来的观点是错误的。克罗斯利正确地看到了这一点，他认为在施莱尔马赫那里，宗教和道德的区分不是绝对的，而仅仅是实用主义的，他说道："我们会认为，当施莱尔马赫在作为包含伦理学的科学知识的原则的理性，和作为教义学和宗教伦理学的原则的绝对依赖感之间进行尖锐区分时，他的兴趣不是把理性和宗教绝对分离开（依据爱德华德④的讲话，它如何能够如此呢？），而是实用主义地分开。也就是说，他的兴趣是允许理性在没有人类本性的宗教向度的干扰的情况下履行其发展知识的使命，以及允许宗教情感在没有人类本性的理性向度的干

---

①　F. Beiser. *Schleiermacher's ethics*. In the Cambridge companion to F. Schleiermacher. Cambridge University Press，2005，pp. 63—64.

②　［德］施莱尔马赫：《论宗教》，参见谢扶雅编译《宗教与敬虔》，台湾基督教文艺出版社1967年版，第59页。

③　同上书，第305页。

④　爱德华德是施莱尔马赫1800年对话体作品《圣诞节谈话》中所创造的主要人物，其在对话中的言论代表了施莱尔马赫的观点。他是一个虔信者，强调宗教的个人性和情感性，但并不否认宗教的认识和道德功能。

扰的情况下得到繁荣，理性的兴趣是发展知识，而非深化信仰。"①

仍然有疑问的地方在于，在《论宗教》中，施莱尔马赫认为宗教应当是道德的源泉，而在《伦理学》中，宗教好像是道德的内容和产物。这是否有矛盾呢？答案是否定的。因为在施莱尔马赫那里，无论从道德还是从宗教的角度看，产物和生产本身都是具有同时性的。从道德的角度来看，道德行动本身即是产物，同时自身又是生产性的。从宗教的角度来看，宗教情感在本质上既是理性的产物，同时又产生理性的伦理行动。因此，说宗教既是道德的源泉，又是道德的产物，在施莱尔马赫那里都是成立的。正如克罗斯利所说："这里从伦理方面看没有矛盾，因为施莱尔马赫谈论普遍的原理，伦理产物和生产性是同时的，每一产物又是生产性地起作用的。但是从宗教的方面看，也没有矛盾，因为虽然宗教意识是绝对依赖的意识，但是作为意识仍然也还是伦理的产物。"②

（二）教会

前面已经指出，情感也是需要交流的。但是作为私人性的独特感受，它无法像科学知识那样在公共领域进行交流，而只能在私人的场合进行交流。在施莱尔马赫那里，情感交流的恰当场所就是教会，因为教会在本质上就是具有相同宗教情感的人们的统一体，"教会无非是有关敬虔的一种结合，这是我们新教的人所不容疑惑的，因为我们认为如果教会开始羁于别些事项，不论学问研究或者外形组织，这就等于教会的变质。"③ 而教会的功能也就是为了激发和启示人们独特性的情感，尤其是宗教情感，"教会是启示和激发的独特性，因为情感的最高阶段是宗教情感"④。亨泽尔正确地描述了教会和科学共同体在施莱尔马赫那里的联系与区别，他说道："与科学以相同方式相接近的是教会；它根植于独特的民族性之中，力求超出国家界限的范围而达到人性，只是在它那里不是概念的普遍性，

① John P. Crossley, Jr. *The Religious Ethics Implicit in Schleiermacher's Doctrine of Creation*, Journal of Religious Ethics, 2006, p. 599.

② Werke, I, S. XII.

③ ［德］施莱尔马赫：《基督教信仰》，参见谢扶雅编译《宗教与敬虔》，台湾基督教文艺出版社 1967 年版，第 302 页。

④ Ethik, S. 33.

而是情感的普遍性是其领域，在这个领域中它被生动地和熟悉地知道。但是如果科学通过与语言的紧密联结才能达到这种普遍性，如果学校和学院首先把知识作为理性的格式才能建构的话，那么教会具有关于表达可能性的无限大的范围，它达到没有凭借语言的帮助就能转向情感的普遍性的部分。"①

　　施莱尔马赫指出，正像在国家中存在统治者和被统治者，科学共同体中存在学者和公众这样对立的双方一样，在教会中也存在这样的矛盾。这种矛盾被他称为是教士（Klerus）和平信徒（Laien）之间的矛盾，其中前者是职业的宗教人士，而后者是普通的教徒，二者在宗教虔诚和宗教认识上都具有差别。教会作为组织化的状态，就是要把这个矛盾突显出来，并试图通过情感交流而消除矛盾。施莱尔马赫说道："教会的本质在于在同一模型下存在的民众的有机统一，目的是为了在教士和平信徒的矛盾下的认识功能的主观行动。"② 从不同的态度对待这个矛盾，人们会对教会有不同的观点。如果从消极的观点看，那么教会就类似于国家，它只是一个为了抑制宗教狂热的机构。当然，从这个观点出发，如果一个人已经具有了真正的虔诚情感和宗教原则，他就不会出现宗教狂热的情况，因而他也就不需要宗教了。如果从积极的观点看，则可以把教会看作是一个伦理共同体，并且使国家和科学知识都从属于它，这个共同体来自宗教情感，具有超出民族性的优点。

　　施莱尔马赫的这个把教会看作"伦理共同体"的观点明显受到了康德的影响。在《单纯理性限度内的宗教》中，康德也像传统教会神学理论一样，把教会划分为争战的教会和胜利的教会，或者说是可见的教会和不可见的教会。只不过他改造了二者的含义。传统基督教神学认为，可见的教会乃是地上的教会，它作为争战的教会，与不信基督的人、与敌视教会的国家进行着不懈的斗争。而不可见的教会则是天上的教会，它是胜利的教会，是战胜一切不信者之后才出现的教会。在康德那里，可见的教会就是历史上存在过、现在正在存在、未来仍将存在的经验性教会，而不可见的

　　① Paul Henzel. *Die neue Gueterlehre*, im *Schleiermacher: der philosoph des Glaubens*. Berlin: Buchverlag der, Hilfe', G. m. b. h., 1910, S. 98.

　　② Ethik, S. 121.

教会就是"伦理共同体"。所谓伦理共同体，就是一种"纯粹为了维护道德性的、以联合起来的力量抵制恶的社会"。① 也就是说，伦理共同体就是坚持按照道德法则行动，并且把道德法则看做上帝的诚命的人所组成的共同体。这样的伦理共同体，其实就是一种抽象的或理想中的教会，这种教会在历史上还没有出现过，因而它不是一种经验的对象，而是一种纯粹的理念，是真正意义上的教会。而历史上存在过的可见的教会作为经验的教会，是建立在启示信仰基础之上的，它虽然有其存在的必要性，但这种必要性只有部分的有效性，仅仅限于它是通向伦理共同体的前期准备阶段。施莱尔马赫虽然借用了康德的伦理共同体这个概念，但并不把它看做是不可见的理念，而是认为它是在民族共同体内部逐渐发展起来的，与国家和科学共同体都紧密相关的经验性共同体，虽然它具有超出民族性的特点。

有趣的是，在《论宗教》中，施莱尔马赫也划分了可见的教会和不可见的教会，并且依据自己对宗教的独特理解而改造了这两个概念的含义。在他看来，区分两种教会的根本标准就在于上面提到的教会中教士和平信徒之间的不同关系。在可见的教会里，存在着教权统治，教会中讲话的总是只有一个人，而其余大众都只是听众。在这种教会中，情感交流只是单向的，甚至就不能称之为交流。这种教会虽然能够起到激发情感的部分作用，但毕竟缺少足够的情感交流和互动，甚至有些根本无宗教的人也可以混入其中了，因为他们根本无须开口说话。施莱尔马赫批判道："然而，在可见的教会里……全体都想领受，应该授给的只有一人。……这可见教会的教友不能被说为想要藉由别人来成全他们的宗教，因为假使他们具有他们自己的人和宗教，它按其本质就必在加作用到别人身上来表明它自己。他们之不能行使任何反作用，是为了他们丝毫无能为此，而他们之如此无能，是为了他们实无宗教。"② 可见教会不可避免的结果就是："他们的联合行为毫无真正属于宗教之高尚自由灵感的性格，却只有一种学校

---

① ［德］康德：《单纯理性限度内的宗教》，李秋零译，中国人民大学出版社 2003 年版，第 87 页。

② ［德］施莱尔马赫：《论宗教》，参见谢扶雅编译《宗教与敬虔》，台湾基督教文艺出版社 1967 年版，第 173 页。

风，机械性质，指示着他们不过寻求将宗教自外输入是了。"① 可见，在可见的教会中，人们还没有在心中产生活生生的宗教情感，他们进入教会，只是为了追求宗教，而不是因为他们已经有了宗教，有了想要交流宗教经验的需要。因此，在严格意义上，可见的教会还不是真正的教会。

施莱尔马赫认为，真正的教会为不可见的教会。与可见的教会不同，在不可见的教会里，一切交流都达到了相互的和充分的程度，"在真的教会里一切交通是相互的。那促使我们讲说自己经验的原理，是与那使我们要听到别人之经验的原理密切相关的，这样，作用与反作用就结合而不可分。"② 想要实现这种真正的教会，就需要人们在教会中取消教士和平信徒之间的等级划分。如果只是教士讲而平信徒听，那么充分的情感交流就无法得到实现，甚至真正的宗教情感也无法产生。在他看来，在人类历史长河中，最接近真正宗教的时代就是使徒时代，因为那时使徒和平信徒之间还没有建立等级制度，他们之间的交流体现了教会的真正原则，"依据真教会的原则，教牧在世间的传道，乃是一种私事，而神殿也应当是私室，于此，他个人在宗教上扬声发言而已。在他面前的，该是一群听众，却不是个教团。让他作一个为愿听的大众之讲员，而不是一特定群体的牧人"③。

从施莱尔马赫对可见教会和不可见教会的划分，可以清楚地看到他是教权制的激烈批判者。作为自由派新教改革的倡导者，施莱尔马赫反对教会内部的等级划分，试图赋予一般信徒更多的权利和自由。他的这种观点在当时德国是具有重要的宗教启蒙意义的。

除了反对教权制，施莱尔马赫还反对政教合一，他坚决要求教会与国家完全分离。施莱尔马赫的这种主张既有理论的依据，又有现实的考虑。从理论上讲，这种要求有其伦理学的基础。通过前面的论述，我们知道国家属于同一性的组织领域，而教会属于独特性的符号领域，二者之间的差别甚至大过了它们与科学共同体、自由社交等领域的差别，因此把二者分离开来是绝对有必要的。因此，他一方面反对国家对教会的控制，"就宗

---

① ［德］施莱尔马赫：《论宗教》，参见谢扶雅编译《宗教与敬虔》，台湾基督教文艺出版社1967年版，第175页。

② 同上书，第174页。

③ 同上书，第188页。

教领域比国家更加广大，以至于后者因此沉浸在宗教这样一个巨大领域之中而言，那么意识当然必须在国家之中表达自身，但并不是致力于控制前一领域"①。另一方面，他也反对中世纪的神权政治思想，反对教会对世俗权力的渗透，他特别批评了犹太教把国家建立在宗教信仰基础之上，他说道："如果个别的教会没有超过民族性，那么这一方面是因为它们没有适当地与国家相分离（这里极端的表现是每一个人都民族化地拥有信仰的犹太人），一方面是因为扩展自身的力量一开始就是微弱的。"②

从现实的角度看，施莱尔马赫认为当时德国落后于英法等欧洲国家的主要原因就在于德国是一个政教合一的国家，僧侣阶层和政府官僚相互勾结，相互利用，导致腐败横行，民生凋敝。一方面，国家把教会当做公共权力机构来运用，它兴办教会学校，让教会监视教育，控制思想，导致了教会的堕落。施莱尔马赫说道："一旦君王宣布教会为有特种权益的集团，公众界的一个显著分子，那个教会的堕落就开始，而亦即无可挽救了。"③另一方面，教会为了维护自己不正当的利益，会出卖自己的良知，为不合法的政治统治进行辩护，导致教会信誉的破产。人们不再愿意走进教会，导致真正的宗教精神的萎缩。因此，施莱尔马赫明确地说道："但是我坚决的信念是：把教会跟国家完全分离，乃是基督教的一个最基本趋势。而正如我不能同意于神治的荣光，我也不赞成另一个极端的见解，认为教会愈来愈应被吞没于国家之内。"④ 总之，国家不能干预教会活动，教会也不能干预政治活动。"国家无权去办教会学校，正如教会无权办公立学校一样。"⑤

当然，完全隔离教会和国家也是错误的。从道德基础上来讲，教会和国家都属于实现至善的范畴，它们虽然处于不同的领域之中，但这些领域也不能相互孤立起来。因为组织与认识，同一与特殊在本质上都是"理性的自然"的不同表现方式而已。而在现实中，教会总是在国家之中存在

---

① Ethik, S. 100.

② Ebd. , S. 119.

③ ［德］施莱尔马赫：《论宗教》，参见谢扶雅编译《宗教与敬虔》，台湾基督教文艺出版社1967. 第 181 页。

④ 同上书，第 46—47 页。

⑤ 同上书，第 220 页。

的，而教会的成员也总是国家公民，想要把教会和国家绝对隔离起来也是不现实的。施莱尔马赫也明确地看到了这一点，在突出国家与教会的区别时，他也承认二者之间的联结，只不过联结的限度是以国家和教会不相互损及对方为前提。他说道："不过，教会与国家不作任何结合，也是不可能的。即使教会有最大自由之处，也是如此，最少的结合，则为国家对付各教会亦如别的私人团体，即作为会社团体之一通则，国家认识它们，并若它们对公众自由及公安怀有偏见时，则加以干涉。"①

五　作为基础的家庭(Familie)

到现在为止，我们简要地讨论了国家、社交、科学学院和教会等社会领域，在施莱尔马赫看来，这些领域分别体现了人类理性行动的不同功能和特点。同时，在施莱尔马赫那里，这些社会领域之间还存在密不可分的联系，它们的共同体构成了至善的有机整体。

在这些领域中，国家与社交、科学学院和教会之间的联系最为明显，因为后三者都需要在国家之中才能存在，它们的参与者虽然具有像主人与客人、学者与公众、教士与平信徒之间的不同，但他们都是国家公民，都享有一定的政治权利并承担一定的政治义务。国家虽然不能侵犯这些领域的正常活动，但是它有监督这些领域不能超越自己的界限的责任。就社交与教会和科学学院之间的关系来说，社交和教会都是私人交流的共同体，或者说都是社交，只不过教会是更加内在和更加直接的社交而已，"正像独特性的构成的共同体那样，认识的独特性的这个共同体是社交，是更加直接和更加内在的社交"②。另外，社交也与科学学院密切相关，在某种意义上，社交所要求的参与者所具有的教养层次，并非是由传统习惯而是由科学学院所培育的，因为传统习惯在某种程度上对民族共同体内的成员来说具有同一性，它无法建立不同层次的社交活动，教养的不同层次可以说就是由人们在科学学院中作为公众所接受的教育程度的高低所决定的。

---

①　［德］施莱尔马赫：《论宗教》，参见谢扶雅编译《宗教与敬虔》，台湾基督教文艺出版社1967年版，第220页。

②　Ethik, S. 70.

就教会和科学共同体之间的关系来说，它们都表现为理性的符号活动，也都涉及语言的运用，因为即使在教会的情感交流中，姿势、神态和艺术等形式起着重要作用，但是不能忽视语言作为同一性符号也是一个非常重要的情感交流工具。

在施莱尔马赫那里，还有一个最直接地表达这些领域之间的紧密联结的领域，这个领域就是家庭。他认为，家庭包含这四类关系领域的萌芽，它既是私人性的，具有独特性，又是共同体，具有同一性，它既具有组织或构成性，又具有认识的特性。当家庭开始扩展时，就表现为这四个关系领域，而这四个领域无论发展到什么程度，又总是能够回溯到作为其源泉的家庭那里。施莱尔马赫说道："家庭包含所有四种关系领域的萌芽，它们只是开始分岔到它们展开的程度。"①

可以这样来描述家庭与这四个领域之间的关联。由于国家在本质上是民族国家，而从民族就是一定数量的家庭联合体来说，那么也可以把民族国家称为一定数量的家庭联合体。可见，人们既可以从家庭中发展出民族国家，又可以从民族国家中回溯到家庭。就家庭与自由社交之间的关系来说，家庭能够为社交提供必要的场所，当好客的主人把具有相同教养的客人们邀入家中时，一个封闭的社交团体就形成了。就每个人都需要接受科学教育而言，家庭就是这种教育的第一站，因为家庭不仅是一个维护生存的共同体，也是一个教育和成长的共同体，孩子总是在进入学校前就开始学习一般性的科学文化知识了，在这个意义上，家庭可以说是每个人都能拥有的第一个科学共同体。家庭作为一个私人活动的领域，它是情感交流的地方，在施莱尔马赫看来，它是宗教情感交流的最好场所，因此，家庭就可以被看作是最好的教会，在《论宗教》中，他曾说道："我们期待有一天，除宗教家庭生活而外，将不需要其他团体来作宗教功夫。"② 在《新的善论》一文中，亨泽尔也从孩子成长的角度描述了家庭与这四个领域之间的关系，他说道："通过孩子的成长，至善的所有进一步的构成部分的原初形式得到调整，家庭在其封闭的符号中是一种理性共同体，它是

---

①　Ethik, S. 33.

②　施莱尔马赫：《论宗教》，参见谢扶雅编译《宗教与敬虔》，台湾基督教文艺出版社1967年版，第191页。

谋生的共同体，因为它在共同的工作中组织外部世界。如果它吸收客人，并且参与者被接收进其封闭的家庭中，那么它显示出社交的原型。在父亲式的权力中，在孩子的所属中，与国家的本质相联系。如果父亲教而孩子学，那么我们就看到了变形的科学，并且每一个家庭共同体同时也都是一个文化共同体，这显示出每个人都保护家园。"① 可见，在施莱尔马赫那里，如果说另外四个领域在伦理价值上是并列的话，那么家庭作为它们的基础或者源泉，在伦理价值上就具有更高的价值。如果另外四个领域从不同的方面表了至善的话，那么家庭就是综合地表达了至善，"在作为伦理形式的家庭中，一切功能以最内在和最完善的方式结合在一起，然后让它们各自进一步构成、区别和创造，但是同时由此总是只能给出片面性，并且它们的完善不是相互的，而是只能处于坚持和回溯到家庭中。"②

　　这里也显现出施莱尔马赫与黑格尔之间的不同，在黑格尔那里，家庭作为一种伦理形式，是客观精神发展的较低阶段，只有走出家庭的封闭性，进入市民社会，并最终走向作为家庭与市民社会的综合统一的国家时，家庭的伦理价值才能得到真正的体现。也就是说，对黑格尔来说，家庭在伦理价值上是低于公共交往和国家的，家庭只有融入国家之中，才能保证其伦理价值的实现。然而在施莱尔马赫那里，家庭作为至善的综合表达，在价值等级上应当高于国家。因为国家只从一个方面，即同一性组织的方面表达了至善，因而是片面地表达了至善，而家庭超越了这种片面性，它带来了文化生活的综合平衡。因此，由于家庭还具有社交、科学和教会的特性，它就不能把自己完全纳入国家的片面性之中。如果这样的话，那么就是以国家的片面性消除了家庭的综合性和丰富性。此外，每一个家庭都具有其独特的所有权，而所有权的伦理价值就在于其不能转让，尤其不能转让给国家，施莱尔马赫说道："在家庭中也有一种独特的联结行动的共同体，我想把它的成果——与此相应的是我们称为财产的东西，但是其中包括在习惯上的合法意义上成为所有权的东西——在精确的意义上称为财产，其中可理解为身体本身的东西几乎不能是交往的对象，因为

---

① Paul Henzel. *Die neue Gueterlehre*, im *Schleiermacher*: *der philosoph des Glaubens*. Berlin: Buchverlag der, Hilfe', G. m. b. h., 1910, S. 94.

② Ebd., S. 92.

它不能转让，不能丢掉其伦理价值。"① 以施莱尔马赫这种家庭观来看，黑格尔关于"国家是伦理理念的实现"，"国家是家庭的真理"的观点就具有强烈的专制色彩，它会导致国家对个人、家庭和其他社会团体的自由的侵犯。因此，正确的做法毋宁是保持国家和家庭之间的这种是既区别又联系的矛盾关系，并在这种矛盾的张力中寻求平衡。这也正好体现了施莱尔马赫辩证法中"振荡"概念的要求。

在《伦理学》中，除了描述了家庭与其他几个至善领域的关系，施莱尔马赫还讨论了与家庭相关的性别关系、婚姻关系和亲子关系的伦理意义。他认为也能通过同一性与独特性、认识功能和组织功能的区分来考察两性关系。从独特性的认识上看，女性更多地表现出了情感和习惯，而男性则更多地表现出了狂想和创造；从独特性的构成来看，女性更多地是根据伦理行动，而男性更多地试图超出伦理；从同一性的认识来看，女性更多地被认为是接受性的，而男性则反之；从同一性的构成来看，女性更多地与个别性的领域相关，而男性更多地与纯粹客观性的领域相关。② 总之，女性更多地表现出被动性，而男性更多地表现出了主动性。如果人们从当代女性主义伦理学的角度出发，或许从他的这种描述中读出他有男权主义的倾向。但是这是对他的误解。因为从参加早期浪漫派团体时期开始，施莱尔马赫都一直坚持男女平等的观点，这种观点虽然不涉及政治选举、自由权利等内容，但是他特别重视女性在社会生活和家庭生活中的平等地位，他甚至还为妇女参加自由社交写了一本指南书。因此，我们可以把他的描述看作是对男女不同自然特征的描述，而不能看作是一种伦理评价。

施莱尔马赫认为，孤立地看，男女之间的这些特征在伦理上都是片面的，而婚姻使得男女之间这些不同的功能和特点得到了完美的统一。他说道："婚姻的完善性的标准是片面的性别特征的消失，以及对对方的意识的发展。"③ 从这个角度出发，他反对独身，认为只有在非自愿选择的特殊情况下，独身状态才是被允许的，而主动选择独身是不道德的，因为独

① Werke，I，S. 482—483.

② Ethik，S. 82.

③ Ethik，S. 84.

身无法克服性别上的片面性。

施莱尔马赫进一步指出，夫妻双方的统一性通过繁衍和拥有孩子而得到了有机的体现，"然而，在繁衍中，父母表达了性别的纯粹无差别，……"① 孩子作为父母双方的混合特征的有机统一，表达了家庭的统一性和不可分解性。既然孩子是父母双方的片面性的综合统一，那么拥有孩子就具有了重要的伦理意义，因此施莱尔马赫反对夫妻双方出于非自然的原因而不生育的做法，认为这是对繁衍中有机体发展方面和理智发展方面的双重破坏。同时，施莱尔马赫还从父母有责任共同抚养孩子的角度上反对离婚，因为离婚就破坏了家庭的这种统一性。他说道："即使这样一种更加普遍性的婚姻也通过共有孩子而变为不可分解，只有当其中一部分发展到使共同抚养孩子变得不可能时，才可能分开。"② 施莱尔马赫的这些观点对于当今的家庭伦理建设来说具有重要的借鉴意义。

至此，我们已经完成了对至善诸领域的考察。通过把至善划分为家庭、国家、商业交往、自由社交、科学共同体、教会等领域，施莱尔马赫的至善学说几乎涵盖了人类文化生活的所有领域，以至于有不少研究者都把他的伦理学或至善学说看作是一种"文化哲学"或者"社会哲学"。③ 这种看法是有道理的，因为当他把至善看作是理性对自然的一切行动时，他就已经把至善理解成为一种广义的文化人类学了。

最后需要指出的一点是，对于施莱尔马赫来说，纵然各个领域的个别发展以及相互关联是表现至善的必然方式，但是人们不能认为至善就在这些领域之中得到了完全的实现。对于他来说，至善是一个完善的理想，它虽然要通过这些领域来表现，但是这些现实的领域本身都不是完善的，都是处于发展中的，因此它们无法达到至善的完全实现。施莱尔马赫说道："限制在国家、教会、科学联合和普遍社交相联合的巨大形式上的个别描述，只是给出的理想，没有人直观到这种活生生的生成。"④ 也就是说，人类永远只能走在通向至善的途中。

---

① Ethik, S. 87.
② Ebd., S. 85.
③ 参见 Ethik, S. XI. 和 Werke, I, S. XI。
④ Ethik, S. 34.

第 七 章

施莱尔马赫至善学说与当代

在前面几章中，我们讨论了施莱尔马赫成熟时期的至善学说。他把至善理解为各种现实的个别善的有机统一，而善就是理性在自然上的活动，这种活动贯穿于家庭、国家、经济交往、自由社交、科学共同体和教会等文化领域中。施莱尔马赫的至善学说具有现实性、描述性、综合性和辩证性的特征。施莱尔马赫的至善学说敏锐地把握住了人类思想文化发展的趋势，它可以被看作是现代进化论哲学、历史哲学和文化哲学发展的先驱。而随着实践哲学和应用伦理学的兴起，施莱尔马赫对国家、社交、家庭、经济交往、科学学院和教会的独特论述，能够为人们思考政治哲学、宗教哲学、经济伦理、环境伦理和家庭伦理等提供重要的思想资源。

一 施莱尔马赫至善学说的主要特征

通过对后期施莱尔马赫至善学说的概念、形态和诸领域的论述，我们可以清楚地看到，他的至善学说理论在西方伦理思想史上构成了一种独特的尝试。如果施莱尔马赫早期至善学说的特定集中体现在其批判性上的话，那么他成熟时期的至善学说明显具有现实性、描述性、综合性和辩证性的特征。

首先，施莱尔马赫的至善学说是一种"现实性"的至善学说。施莱尔马赫一直把康德由实践公设来保证的至善学说当做批判和超越的对象，在他看来，这种至善学说是以康德伦理学中形式主义的道德法则为基础的，这种理论割裂了"是"与"应当"之间的关系，片面地从"应当"出发，这种排斥自然世界的做法注定会使道德法则和至善都变成无法落在实处的空中楼阁，他批判道：　"没有考察自身与存在的关系，它（康德的理性——引者注）在任何形式下都把应当设定为道德的东西的特征，并与自然的东西相对立。但是，甚至在自然的东西中，显相也从未与概念相符合，事实上对伦理学是独特客体的东西，也就是从它那里产生个别行动的力量，在伦理学中也必须被设定为存在的东西，并且与应当存在的东西相同一。"① 另一方面，施莱尔马赫虽然反对康德的形式主义，但是他并没有走向另一个极端，只在"是"的领域，在杂多琐碎的自然领域中打转，因为在他看来，如果没有应当，那么对自然的关注就不是伦理学了，而变成了自然科学。因此，在施莱尔马赫看来，真正的伦理学既不是只关注理性的"应当"伦理学，也不是只关注自然的"是"的伦理学，而是"是"与"应当"相交织、相渗透的现实的伦理学，而这样的伦理学在本质上就是一种至善学说。因此，施莱尔马赫把人类生活的现实领域如个人财产、家庭、友谊、社交、国家、教会、学院等都纳入其伦理学形式中，作为至善的不同领域加以考察。以至于施莱尔马赫研究专家比尔克纳认为，他的伦理学或者至善学说其实就是一种"文化哲学"或者"社会哲学"。② 而多纳尔也在选集的前言中说："因此对立于康德，施莱尔马赫在没有取消统一的意向的情况下，建立了一种文化伦理学。在康德那里，理性和自然之间是二元论的；施莱尔马赫则认为他只有一种限制的而非生产性的伦理学。"③

其次，施莱尔马赫的至善学说是一种"描述"的学说。在讨论施莱尔马赫的至善概念时，我们已经指出，他认为善就是对"理性的自然"的不断生成的描述，而至善就是所有描述"理性的自然"的生成的诸个别善的有机统一。同时，由于伦理学关注的也是对这种生成过程的描述，因此伦理学就是至善学说本身，它也是描述性的。从施莱尔马赫的伦理学或者至善学说来看，属于人类理性在自然上的所有活动的产物，都体现了"理性的自然"的生成，因而都是善的，如果与理性相关的整个人类文化都是人类创造的成果的话，那么它们都属于伦理学的范畴，都是至善的组成部

---

① Ethik, S. 6.
② Ebd., S. XI.
③ Werke, I, S. XI.

分。因此，伦理学和至善学说的主要任务不是提出空洞的道德规则，而是去描述人类理性创造的文化成果，去描述国家、家庭、社交、学校和教会等领域的现实活动。

或许有人会质疑这样的伦理学理论和至善学说。他们认为，传统的规范伦理学一直都被认为是研究人们"应当"如何行动的学问，它需要为人们的行为提供连贯的和切实有效的规范，唯如此才能体现其伦理学的价值和意义。从规范伦理学的角度看，施莱尔马赫把伦理学和至善学说看作是一种描述的学说，这是无法给人们的行动提供真正的规范的，也无法给人们的具体行动提供指导，从而它也是一种无意义的伦理学。然而事实并非如此。在施莱尔马赫那里，虽然至善学说并不提供直接的和具体的行动规范，但是并不能认为至善学说没有提供规范，至善暗示了一个最高的原则或规范，那就是促进"理性的自然"的生成。如果至善描述的是这种生成的话，那么属于这种生成的理性行动都应当属于至善描述的范畴，这本身就暗示了人们应当采取能够促进这种生成的活动。这个原则对人们的行动也是具有指导意义的。如果一个人的行动促进了"理性的自然"的生成，那么这个行动就是善的，反之就是恶的。施莱尔马赫明确地说道："既然不能有真正的反理性，在反理性的情况下也将必须有反上帝，那么善与恶的对立只能表达在逐渐统一过程中的积极和消极要素，并且因此没有比在纯粹地和完全地描述那个进程中更好的理解了。"[1] 可见，在施莱尔马赫那里，至善既是人的道德活动所追求的目标，同时也是人的道德活动所依据的规范，那种认为至善的描述性无法提供规范的观点是错误的。

再次，施莱尔马赫的至善学说是一种"综合"的学说。在康德那里，至善是综合的，它是德性和幸福之间的综合统一。德性和幸福的关系之所以是综合的，是因为它们具有不同的来源和本质，幸福来源于经验，它在本质上是质料性的，而德性来源于行为者对先天的道德法则的尊重和践行，它在本质上是形式性的。由于二者本性不同，就不能相互包含，因此它们之间的联结就不能是分析的，而只能是综合的。康德把幸福和德性之间的这种综合统一称为至善。康德的这一思想我们在第二章中已经有过详细论述。但是，当我们说施莱尔马赫的至善学说也是综合的学说时，这个

① Ethik, S. 10.

综合已经远远超出了康德把至善看作幸福和德性的综合统一的界限。施莱尔马赫至善学说的综合性当然包括德性和幸福，因为德性作为个人行动的理性能力，是构成至善的必然要素，而幸福作为经验性的满足，是伴随着人类的理性行动而产生的必然结果。除此之外，施莱尔马赫的至善还包括我们第六章所讨论的众多领域，如国家、商业交往、所有权、自由社交、语言、科学共同体、民族、家庭、情感和教会等。正如在第六章所指出的，这些领域各不相同，无法相互规约和包含，或者用康德的话说，它们的关系不能是分析的，它们必然是综合性地包含在至善的概念中。其实，施莱尔马赫不仅追求一种综合的至善理论，他甚至认为伦理学本身就应当是综合的理论。他认为，一种完善的伦理学必须包含善论、德性论和义务论之间的综合统一。但是，以往的伦理学理论总是片面地强调伦理学中的一个或者两个要素，并把对这一个或者两个要素的研究看作是伦理学本身，根本没有达到对伦理学的综合把握。他批判地指出，古代伦理学片面地关注善和德性，而现代伦理学则片面地注重德性和义务。而他试图建立的综合的伦理学就是把古代伦理学和现代伦理学的形态都纳入自己的范围，把善论、德性论和义务论看作是伦理学的三个必要形态，从而克服了二者的片面性。因此，他"主张一种更加多元的计划：一个包含伦理学思想的古代和现代传统的长处的综合"①。

也许有人会质疑说，施莱尔马赫的综合，使得其把许多本来不属于伦理学和至善学说的东西都混入其中了，使得作为至善学说的伦理学与其他学科之间的界限变得模糊了，或者说伦理学被消融在其他学科之中了。因此，说他的伦理学或者至善学说是一种文化哲学或者社会哲学时，这是否意味着也是对施莱尔马赫伦理观或者至善观的批判呢？实际上，持这种批评的人，是有意地站在现代学科分类的狭隘立场上来批判施莱尔马赫的，施莱尔马赫本人并不赞同这种过细的学科分类。他的理想就是要恢复古代人对科学的划分，即把科学分为逻辑学、物理学和伦理学。在《伦理学》和《辩证法》中，他把逻辑学理解为辩证法，它作为一门"谈话艺术"，为两个从属学科，即物理学和伦理学提供最高原则。从这种古典的观点

---

① Schleiermacher. *Lectures on philosophical ethics*, translated by Louise Adey Huish, London：Cambride University Press, 2002. introduction, p. IX.

看，伦理学也并不仅仅是一些道德规范的集合。如果物理学涉及人的对自然的一切观察和深思活动的话，那么伦理学就包括了人的所有实践活动。更进一步，如果把观察和沉思等认识活动也看作是一种广义的实践活动的话，那么物理学也就是伦理学了，而至善当然可以包含人类理性活动的所有领域了。正如有观点认为，与其说施莱尔马赫在这里提出了一种新的伦理学说，不如说他实际上是恢复了伦理学的传统意义和用法。[①]针对这种认为施莱尔马赫模糊了伦理学的界限的批判，多纳尔也一针见血地指出："人们在文化或文明与伦理学之间设定一种对立，并且谈论一种文化喜剧。施莱尔马赫从他的观点出发，认为既不能把理论的和实践的理性，也不能把伦理性和文化相互割裂开来。毋宁说，它是一种积极的组织和符号的理性；理论认识就像统治自然一样是伦理任务，宗教本身也被他拉进伦理生活的圈子。"[②]

最后，施莱尔马赫的至善学说是一种"辩证的"学说。我们前面已经指出，施莱尔马赫的伦理学和至善学说都是从辩证法而来的，总是充满着相互对照的范畴，如同一与独特、普遍与特殊、理性与自然、灵魂与肉体、理论与实践、组织与符号、个体与国家、自由与必然、占有与交付等。这些矛盾贯穿于他对至善的整个描述过程中。这些矛盾虽然相互影响、相互交织、并向着同一前进，但在施莱尔马赫这里，它们无法达到完全的同一，就像他提出的那个著名类比，即椭圆的两个圆心永远无法达到完全的重合，否则就是圆而非椭圆了。也正是如此，至善的发展过程就是一个没有起点和终点的无限生成过程。

有一种批评意见认为，辩证法在至善学说中的运用，实际上给人们正确把握施莱尔马赫的至善学说带来了困难。由于对辩证法的彻底贯彻，他的至善学说中充满了各种相对的范畴或概念，它们像一个巨大的笼子一样笼罩着人类活动，这种艰涩僵化的概念导致人们很难进入他的至善学说之中，阻碍了人们去挖掘其中的积极要素。德国著名伦理学家包尔生就批评道："施莱尔马赫即以这种奇妙的才能，就像一个深谋远虑的象棋大师一样，四处走动他的概念，直到全部现实被包围甚至要被将死为止。当一个

① 邓安庆：《施莱尔马赫》，东大图书公司 1999 年版，第 146 页。
② Werke，I，S. XI.

人以信任和耐心的注意追随他的走动时会感到其中有一种迷人的东西；这样一种情况确实是奇妙的：这个人可以清楚地看到那些相隔最遥远的事物，按照主人的意志，轻易地使自己屈服于他的辩证法的魔棍派给它们的最奇特的安排和联系之中。但当这个人背向这游戏再重新看看你真实的世界，他就会很快地感到从刚才的劳作得不到任何持久的结果，这整个事情只是一种不真实的游戏。洛采曾以这样的话总结他对施莱尔马赫的美学的说明：'如果人们赞扬它是一种深刻的辩证法的典范，我希望对这些表演的偏爱将会逐渐在德国消失。这些表演对所涉及的主题的本质没有任何兴趣，而变成了一种纯粹逻辑的训练，作者从他们顽固选定的次要观点上失真地描绘着歪曲的图景。'洛采的这一希望甚至在它被说出之前就实现了。"① 这种批判虽然道出了施莱尔马赫至善学说难以理解的事实，却不能因此就否定辩证法在施莱尔马赫至善学说中的运用。正如上面所讲到的，施莱尔马赫的意图是建立一种现实的、综合的、描述的及几乎囊括所有人类理性活动于其中的至善学说，他必然要对这些活动进行分门别类的处理，为了使至善变得具有条理，辩证法是必不可少的，不然，至善就有处于杂乱无章的境地的危险。如果理解了施莱尔马赫的辩证法，会更加有助于我们清晰地把握施莱尔马赫的至善学说，因为至善学说就是对辩证法的一种现实应用。因此，不是辩证法造成了施莱尔马赫至善学说难以理解，相反，人们不理解施莱尔马赫的至善学说，是因为人们还没有从辩证法的角度去理解它。

二　施莱尔马赫至善学说的历史意义

施莱尔马赫的至善学说产生于 18 世纪末 19 世纪初的德国古典哲学时期，距今约有二百年的历史。但是他的至善学说敏锐地把握住了人类思想文化发展的趋势，包含着许多现代思想的萌芽，因而具有重要的历史意义。

第一，施莱尔马赫至善学说强调理性和自然之间既相互区别，又相

---

① ［德］包尔生：《伦理学体系》，何怀宏、廖申百译，社会科学文献出版社 1988 年版，第177—178 页。

互渗透和同一，这已经具有划分人文科学和自然科学，并探讨二者之间的关系的意义。而这种研究也是现代哲学的重要课题。以文德尔班和李凯尔特为代表的新康德主义者，以研究方法的不同划分了事实世界和价值世界、自然科学和社会历史科学之间的区分。他们认为自然科学是以普遍化的方法研究世界，以发现自然界中的普遍规律为目的，可以称之为"指定规律的"科学。而社会历史科学是以特殊性的方法对具体的实践进行描述，以把它生动地再现于当前的观念中为目的，可以称之为"描述性的"科学。

如果说新康德主义者关于自然科学与社会历史科学的观点与施莱尔马赫具有较大区别的话，那么作为施莱尔马赫研究专家的狄尔泰的观点就与他十分接近了。狄尔泰认为自然科学就是研究外在自然的科学，而人文科学是精神科学，是研究人类生命活动所创造的社会历史事物和文化现象的科学。这种划分与施莱尔马赫关于自然与理性、伦理学与物理学的划分相似。不同的是，施莱尔马赫的理性概念被狄尔泰的生命概念所取代。狄尔泰强调生命是一个内容丰富的概念，它不仅包括理性及其创造物，也包含人的非理性和本能方面的内在体验。其实，这个生命概念与施莱尔马赫的理性概念并无本质区别，因为在施莱尔马赫那里，理性的概念也是广义的，他甚至把情感也看作是理性的一种表现，把作为情感的宗教也看作是至善的组成部分。

狄尔泰也试图把各门人文学科都统一起来。他认为，作为人类精神活动的产物或者说伦理学、历史学、艺术哲学和宗教哲学等，都是从不同的方面研究人类的生命现象，都是对生命的"客观化"的研究，因此可以一起构成统一的精神科学。这种精神科学与施莱尔马赫的至善学说有相似之处，就是把人类理性活动的各个领域都有机地结合在一起。与狄尔泰只强调人文科学的统一不同的是，在施莱尔马赫那里，至善不仅包括狄尔泰的精神科学的统一，还包括人文科学与自然科学的统一。因为至善作为最接近"世界智慧"的学说，必然把作为伦理学和物理学、精神科学和自然科学的统一包含于自身。可见，施莱尔马赫的至善理论是能够为当今人文科学的发展提供思想资源的。

第二，施莱尔马赫把至善学说看作是对"理性的自然"的生成的描述的学说，强调把至善的实现看作是一个历史过程，这使得他的至善学说具有了历史的特征，对至善的研究变成了在历史中的研究。这种对历史的强调"被特伦登伯格、策勒尔、狄尔泰以及其他人继续发展了"①。例如，狄尔泰的生命哲学把社会历史看作是生命活动的产物，因此把社会历史看作哲学研究的根本问题。狄尔泰说道："生命以及对生命的体验是对社会——历史世界的理解的生生不息、永远流动的源泉；从生命出发，理解渗透着不断更新的深度，只有在对生命和社会的反映里，各种精神科学才获得其最高意义，而且是不断增长着的意义。"② 如果说施莱尔马赫的理性概念与狄尔泰的生命概念在本质上并无不同的话，那么在施莱尔马赫那里的理性行动及其结果的历史发展，即至善的发展，就被狄尔泰改造成为了生命及对生命的体验的历史发展。

狄尔泰还借用施莱尔马赫的解释学概念，认为对历史中的生命现象进行研究的方法就是理解和解释，并把这种方法看作是人文科学的根本方法。实际上这种理解和解释方法与施莱尔马赫伦理学和至善学说中所强调的描述方法是紧密关联的。一方面，只有存在对作为历史事件进行描述的历史知识，或者说文本语言，理解和解释才能产生；另一方面，对历史事件的任何描述都已经有理解和解释渗透其中了。总之，如果真的像施莱尔马赫所言，历史知识和语言本身就是构成至善的领域的话，那么解释学作为一门对历史和语言进行理解和解释的学科也应当是至善学说的一个有机组成部分。可见，施莱尔马赫的至善学说包含着现代历史哲学和解释学发展的理论资源。

第三，施莱尔马赫的至善学说强调理性的生成，并强调生命进化在至善中的重要意义，可以看作是进化论哲学的先驱。前面已经提出，在1827年的《论至善概念》这篇演讲中，施莱尔马赫指出在地球的发展史上，存在着一个转折点，而这个转折点就是理性的产生。在这个转折点之前，地球上的变化和发展虽然也表现为不断的完善，但这都不是伦理性的，是外在于善和至善的，因为这里没有理性的参与。只有当理性得到产生之后，至善的过程才真正开始，因此，从至善的角度看，从无机自然世

---

① Werke, I, S. XXX.

② ［德］狄尔泰：《精神科学导论》，1923 年德文版，第 4 页。转引自刘放桐《新编现代西方哲学》，人民出版社 2000 年版，第 126—127 页。

界向植物生命和动物生命的进化虽然是一个巨大的进步，但是这个进步本身是无关道德的。在施莱尔马赫看来，与低级动物依靠本能活动不同，较高级的人类活动的根本特点是通过理性来行动，而这种行动就是产生至善的行动。因此，至善代表着生物进化的最高阶段。

在施莱尔马赫发表这个演讲47年后，达尔文发表了《人类的由来》一书。在该书中，达尔文以生物进化论的方式讨论了人类道德意识的进化。他所说的道德意识主要指的是人的良心。他认为，具有良心这种道德意识是人和其他动物的根本区别。他同时还认为，良心是生物进化、自然选择的结果。他认为作为个体的人最初和其他动物没有区别，都是受感性欲望的驱使，都具有趋乐避苦的本能，这体现了人的自私和利己的本性，如果是个体自然选择的话，人总会选择对自己有利的东西或行为，这根本发展不出什么良心和道德意识。因此他求助于群体自然选择来解释良心的进化。在他看来，人作为家庭、氏族、民族还是国家的成员，本身具有群体性特征，这种群体性特征构成了人的社会性本能，而这种本能使得人的爱心和同情心等道德意识得到产生和发展。由于人的个体性本能和群体性本能并不相同，它们甚至是冲突的，那么如何选择才能体现道德意识呢？为此达尔文提出了道德意识进化的另一个前提条件，即人的回忆和反思能力，因为"在回忆和反省的过程中，个体逐渐倾向于作出助长社会性本能、抑制自私自利本能的'道德选择'。他会因为自己的行动遵从了自己的社会性本能而感到满足，同时会因为自己听从了自己自私的情欲违背了社会性本能而感到内疚、不满、苦恼甚至羞愧"①。这样，人的良心就产生了。另外，通过社会舆论的导向、文化传统的熏陶，使得人们的良心得到进一步的进化，人会逐渐形成自由意志这样的道德意识。随着人类社会的不断进化，在社会中自然选择的作用会越来越小，而道德选择的作用会越来越强。因此，人类社会在道德上也是不断进步和进化的。

可以说，达尔文的道德进化理论，与施莱尔马赫1827年演讲中的至善进化理论并没有本质区别。施莱尔马赫和达尔文都主张，道德意识的出现不仅是自然进化的结果，同时也是自然进化的较高阶段，当人类摆脱自然低级的感性欲望的束缚时，人类就是逐渐向着道德完善的目标前进了。

---

① 唐凯麟等：《西方伦理学流派概论》，湖南师范大学出版社2006年版，第387页。

这也证明，那种认为施莱尔马赫比达尔文更早地提出了进化论伦理学的观点是有道理的。当然，达尔文的良心进化论与施莱尔马赫的理性进化论并不完全相同。达尔文的良心概念主要表现为在群体选择中所表现出来的爱心和同情心，它更多表现为一种道德情感，明显是经验性的，这也显示出他的伦理学思想是受英国经验主义伦理学影响的。而施莱尔马赫的理性概念明显受康德批判哲学的影响，是一种普遍的制定法则的能力，因此这种理性应当具有先验的特征。当然，在施莱尔马赫那里，理性并不能独自构成伦理行动，它必须与自然相结合，这使得施莱尔马赫的至善学说也显示出了现实性和经验性的特点。因此，它也能为达尔文派的进化论伦理学的发展提供重要的理论支持。

不仅如此，施莱尔马赫的这一思想还能为纠正社会达尔文主义的弊端提供有益的思想资源。如果说达尔文的进化论伦理学强调生物学意义上的自然选择在人类社会的进化中将被道德选择逐渐取代的话，以斯宾塞为代表的社会达尔文主义者却在社会学领域仍然坚持自然选择，把人类社会生物学化，从而为人类社会中的强权政治提供理论支持。以英国哲学家斯宾塞为例，他利用生物进化的理论研究人类社会，认为像生物界一样，人类社会中也存在自然选择和生存竞争，因此人类社会也存在"适者生存"的"丛林法则"，在人与人之间、民族与民族之间、种族与种族之间、国家与国家之间，都存在激烈的生存竞争，凡是在这种竞争中经受住考验的"强者"，都具有道德上的合理性。他的这种观点很容易发展成为"强权即公理"的霸王逻辑，从而为殖民主义、种族主义甚至法西斯主义辩护。而斯宾塞本人就认为存在优等民族和劣等民族，从而为各种殖民主义和种族主义作辩护。

从施莱尔马赫至善理论所提出的进化理论来看，人类社会的进化是存在着至善这样一个道德目的的。这一道德目的要求，在人与人之间起决定作用的并不是适者生存的动物性法则，而是具有道德意义的理性法则，例如在公共商业领域，人们必须尊重个人所有权，在商业交往中要具有契约精神。在私人社交领域强调的则是自由、好客、友谊和爱等道德品质，自由社交虽然强调教养程度的差别，但是并不认为这些差别有道德价值上的高低。总之，承认人与人虽然各不相同，都具有独特的人格价值，是施莱尔马赫至善学说的显著特点。从对个体权利和自由的维护这一角度出发，也可以讨论国际关系。虽然民族国家是一个公共性的组织机构，但在国际关系中，每一个民族国家又都像个人一样是具有独特人格价值的个体存在，具有自己存在的意义和价值，因此，虽然各个民族国家之间互不相同，发展程度也有高低之分，但是他并不承认有优等民族和劣等民族之说，也反对殖民和侵略战争，这在他参加反对拿破仑的侵略战争中已经清晰地表现出来了。施莱尔马赫甚至认为，至善有时候就表现在世界各民族国家的永久和平之中。[①] 可见，施莱尔马赫的至善进化论思想，比社会达尔文主义的生物学进化论思想更符合人类社会发展的要求和趋势，更具有深远的理论价值。

第四，施莱尔马赫通过把至善看作是理性在自然上的一切行动及其结果，从而使得至善体包含了一切人类文化现象。可以说，他的至善学说就开创了现代文化哲学的先河。我们知道，德国哲学家卡西尔是现代文化哲学的主要倡导者。其名著《论人》的副标题就是"人类文化哲学导论"。卡西尔认为真正的哲学问题乃是人的问题，而要研究人，则必须研究作为人的活动的产物的文化，因为文化是人的本质的体现，是人与其他动物的本质区别所在。在他看来，语言、神话、宗教、艺术和自然科学都是人类文化的典型形式。因此，对这些学科的研究其实都是对人的研究。如果说卡西尔文化哲学的目标就是"研究人的生命实在之构造方式，借此建构自然科学与人文科学相统一的文化哲学，为自然科学与人文科学提供先验唯心主义的文化哲学基础，揭示人类文化形式的多样性及其功能统一性"[②] 的话，那么他的这一目标与施莱尔马赫的至善学说的目标可以说是相似的，后者通过把自然和理性之间的完全相互渗透，把伦理学和物理学的同一看作是至善的最终目标。

施莱尔马赫至善学说与卡西尔文化哲学的另一个相似之处在于，两种学说都使用了符号这一概念，而且是在极为相近的意义上使用该概念。卡西尔认为，与动物依靠本能而直接与世界打交道不同，人能够通过文化这个中介而与世界发生关系，在他看来，语言、神话、宗教、艺术和科学等人类文化形式，都是人类与世界打交道的符号。因此，他认为人在本质上

---

① Werke，I，S. 467.

② 刘友红：《卡西尔人学思想研究》，江西人民出版社 2007 年版，第 43 页。

是符号的动物，关于人的哲学也就成了关于符号形式的哲学。他说道："符号形式哲学从一个假定出发：如果可能有任何对人的本性或者'本质'的定义的话，这定义只能了解为一个功能的定义，而不能了解为一个实体的定义。我们不能由任何构成人的形上的本质的内在原理来定义人，也不能由任何可以由经验观察探知的与生俱来的才能或者本能来定义它。人的突出的特性，他的显著的记认，不是他的形上或者物理的本性，而是他的工作。乃是工作，乃是人类活动的系统，定义和确定了'人性'的范围。语言、神话、宗教、艺术、科学和历史是这个圆形的许多扇形部分，是它的许多组成部分。因此，一个'人的哲学'将是一个哲学，它能给我们以洞察，以了解每一个这样的人类活动的根本构造，同时又能使我们把它们了解为一个有机的整体。"① 这一长段的引用包含了以下三点重要观点，其一，人的本质是符号性的，而非实体性的。其二，符号是功能性的，它体现在人类的现实活动或工作中。其三，人类的各种文化形式都是这个完整符号形式的组成部分，它们构成了一个有机的整体。

在施莱尔马赫那里，符号同样具有卡西尔所描述的这些特征。首先，在施莱尔马赫那里，符号也是功能性的，它体现的是人的认识功能。其次，符号功能与组织功能一起构成了人类理性活动的根本特征。最后，符号功能与组织功能相互渗透，共同体现在国家、社交、家庭、教会、宗教、艺术、语言和科学研究之中，这些领域既相互区别，又相互联系，共同构成了至善的全部领域。

也许有人会反驳说，二人对符号的理解并不相同，例如，在施莱尔马赫这里，符号功能是理性的两个功能之一，与组织功能相并列，而在卡西尔那里，人类文化只是一个符号系统，并且这个符号是超越理性的，它把感觉和情感、神话和幻想都包含在符号之中。其实，如果考虑到施莱尔马赫关于组织功能和符号功能相互渗透，以及作为理性的活动的至善包含作为情感的宗教等这些论述，我就会发现他与卡西尔在理解人的本质和符号的功能问题上其实并无本质差别。因此，当施莱尔马赫研究专家多纳尔和比尔克纳都把施莱尔马赫的伦理学和至善学说看作是一种文化哲学时，他们的论断是有道理的，人们完全有理由把它看作是卡西尔文化哲学的

---

① ［德］卡西尔：《论人》，刘述先译，广西师范大学出版社 2006 年版，第 99 页。

先驱。

三　施莱尔马赫至善学说的当代价值

施莱尔马赫至善学说涉及对国家、社交、家庭、经济交往、科学学院和教会的独特论述，它不仅具有深远的历史影响，同样具有丰富的当代价值，能够为人们思考当代政治伦理、宗教伦理、交往伦理、环境伦理等提供重要的思想资源。

第一，施莱尔马赫的至善学说关于国家的起源、国家与个人之间的关系的理论，对于当代共同体主义（communitarianism，也被称为社群主义）的理论发展具有重要的借鉴价值。在当代政治哲学中，共同体主义是在批评以美国政治哲学家罗尔斯和诺齐克为代表的自由主义的过程中发展起来的。罗尔斯反对传统的功利主义，认为其功利原则，即"最大多数人的最大幸福"原则包含着一种不公平，即对少数人权利的剥夺。因此，功利原则不符合社会正义原则，而作为社会制度之首要价值的正义原则，必须赋予每个人以平等的权利，这种权利即便是以"最大多数人的最大幸福"这个原则也是不可侵犯的，罗尔斯说："每个人都拥有一种基于正义的不可侵犯性，这种不可侵犯性即使以社会整体利益之名也不能逾越。因此，正义否认为了一些人分享更大利益而剥夺另一些人的自由是正当的，不承认许多人享受的较大利益能绰绰有余地补偿加于少数人的牺牲。所以，在一个正义的社会里，平等的公民自由是确定不移的，由正义所保障的权利不受制于政治的教义或社会利益的权衡。"① 罗尔斯把自己看待正义原则的方式称为"作为公平的正义"，因为"这些原则是那些想促进他们自己的利益的自由和有理性的人们将在一种平等的最初状态中接受的，以此来确定他们联合的基本条件"②。

为了实现这种公平的正义，罗尔斯继承了从洛克、卢梭和康德那里发展出来的契约论传统，并对之加以改造，提出了自己的关于原初状态的无知之幕理论。在这种状态中，所有的参加者都对他们的特性、能力、宗教

---

① ［美］罗尔斯：《正义论》，何怀宏等译，中国社会科学出版社 1988 年版，第 1—2 页。

② 同上书，第 9 页。

信仰及个人的历史一无所知。他们不知道他们所处的经济条件、政治状况以及社会身份。但是，他们有关于社会的理论知识，也是有理性的，并且都将追求基本的善。在这种情况下，他们必然选择两个正义原则，即"第一个原则：每个人对与其他人所拥有的最广泛平等的基本自由体系相容的类似自由体系都有一种平等的权利。第二个原则：社会的和经济的不平等应这样安排，使它们：①在与正义的储存原则一致的情况下，适合于最少受惠者的最大利益；并且，②依系于在机会公平平等的条件下职务和地位向所有人开放。"① 由于这两个正义原则是在原初状态和无知之幕的情况下被选择的，而无知之幕又排除了人们所具有的社会身份和各种善的观念，因此，在罗尔斯看来，作为公平的正义的权利原则，是优先于善的，他说："在作为公平的正义中，这种正当对善的优先成为这种正义观的一个基本特征。"②

共同体主义者对罗尔斯"作为公平的正义"理论中关于个人与共同体的关系以及"权利优先于善"的观点展开了批判。首先，与罗尔斯把个人自由理解为政治伦理学优先考察的对象不同，共同体主义者把共同体作为政治哲学优先考察的对象。共同体主义者认为，任何个人都是在共同体中存在的，根本不存在脱离共同体的原子式个人。同样，个人的自由必须在共同体中得到确证，任何脱离共同体的个人自由都是抽象的和不真实的。在共同体主义者看来，个人的自由权利从来都不是超越历史和文化的绝对普遍物。相反，只有从人类的文化传承、风俗习惯和社会共识中，也就是在共同体中，个人权利才具有充分的道德基础，如果离开这个前提，个人权利和自由必然是空洞和没有根基的，而自由主义的缺陷正是忽视了传统与历史对人的影响。因此，共同体主义者的主张是："就算不把对共同体的考虑置于自由与平等之前，也有必要给予同等程度的重视。"③ 共同体主义著名代表麦金泰尔说道："因此，在他们（罗尔斯和诺齐克）的理论中，个体是第一位的，社会是第二位的，而且，对个体利益的确认优先并独立于个体之间的任何道德的或社会的纽带的建构。所以，我们已经看到，

---

① ［美］罗尔斯：《正义论》，何怀宏等译，中国社会科学出版社 1988 年版，第 292 页。
② 同上书，第 28 页。
③ ［加］金里卡：《当代政治哲学》，刘莘译，上海译文出版社 2011 年版，第 220 页。

应得观念仅仅在这样一种共同体的语境中才有容身之处，亦即，这种共同体的首要的纽带乃是对于对人来说的善和对共同体来说的善有一种相同的理解，并且在那里，个体们通过参考这两种善而确认他们的基本利益。"①

施莱尔马赫至善学说中关于个人与国家的观点与共同体主义者的观点极其相近。在国家的起源上，施莱尔马赫极力反对契约论，认为契约论忽视了个体和国家、民族之间的直接关联。在他看来，国家必须与文化使命和伦理使命联系在一起，真正的国家必然是一种民族国家，是基于共同语言和文化习惯的共同体。这种民族国家甚至可以表现为一种家庭联合的统一体。在个人与国家的关系上，他认为就像不能脱离家庭和民族一样，个人没有任何权利与国家相分离，因为个人的权利都是由国家承认并保证其实现的，而也只有在民族和国家共同体中，个体的人格性和完善性才能得到完善的发展。共同体主义者与施莱尔马赫一样强调共同体对个人的优先性，以及个体自由对共同体文化的依赖性。

此外，共同体主义者与自由主义者之间的争论还表现在权利和善的关系上。在《自由主义与正义的局限》一书的前言中，美国当代共同体主义者桑德尔明确指出了他和罗尔斯之间的根本区别，他说道："罗尔斯的自由主义与我在《局限》一书中所提出的观点之间的争执关键，不是权利是否重要，而是权利是否能够用一种不以任何特殊善生活观念为前提条件的方式得到确认和证明。争论不在于是个体的要求更重要，还是共同体的要求更重要，而在于支配社会基本结构的正义原则，是否能够对该社会公民所信奉的相互竞争的道德确信和宗教确信保持中立。易言之，根本的问题是，权利是否优先于善。"② 他认为有两种权利优先于善的主张，其中第一种是认为有些个体权利是以普遍社会福利的借口也不能侵犯的。桑德尔承认这个主张，但他不同意第二种主张，这种主张认为，"具体规定我们权利的正义原则，并不取决于它们凭借任何特殊善生活观念所获得的证明；或者按照罗尔斯最近所说的，凭借任何'完备性'道德观念或宗教观念所获得的证明"③。

---

① ［美］麦金泰尔：《追寻德性》，宋继杰译，译林出版社2003年版，第318页。

② ［美］桑德尔：《自由主义与正义的局限》，万俊人等译，译林出版社2001年版，前言，第2页。

③ 同上书，第3页。

　　与罗尔斯不同，桑德尔主张权利并不独立于善，它是和善密切相关的，因为正义原则既非先天的，也非从无知之幕中产生的，而是必须从共同体的传统和共识中获得确证。他说道："这种把正义和善联系起来的方式，在下述意义上是共同体主义的，即共同体的价值规定着何为正义，何为不义。"① 桑德尔也像施莱尔马赫一样，以家庭共同体为例来说明作为善的爱的原则甚至比作为权力正义原则更为根本。"家庭成员很少吁求个人权利和公平决策的程序，这不是因为家庭存在过分的不正义，而是因为一种宽厚的精神成了家庭的优先诉求，在这种宽厚的精神中，我很少要求自己公平的份额。这种宽厚也不必然含而不露，因为我从仁爱中得到的份额等于或多于我在正义的公平原则下所能得到的份额。我也可以得到更少。"② 在他看来，如果在类似家庭这样的共同体中，人们过分考虑权利和正义时，在某种程度上就意味着共同体出现了危机，如夫妻双方更多是在离婚诉讼中才强调权利和公平。因此，当正义在共同体中的诉求越来越高时，它并不反映共同体的道德进步，而是反映共同体的道德恶化，"正义的增长并不意味着一种整体的道德进步，或者不能充分满足正义之环境增长，或者完全不能补偿丧失某种'更为高贵的美德和更舒心的喜悦'的代价"③。在桑德尔看来，社会共识和公共利益即使不必然优先于正义和个人利益，也必然要处在与它们同等重要的地位上。

　　必须指出的是，施莱尔马赫不仅强调共同体及其道德观念对个人的重要性，但他并没有陷入国家至上主义的泥潭。在施莱尔马赫看来，对共同体的强调，并不必然导致否定个人自由和权利。他对国家共同体的权力进行了清晰的界定，认为国家不能以任何方式侵害个体所拥有的正当权利，如个人对财产、自由社交和宗教活动所拥有的正当权利等。在他看来，每一个体都是神圣精神的珍贵的物质化，具有神圣不可侵犯的权利，即便是以国家整体利益为借口也是不能损害的。施莱尔马赫的这种观点对于修正那些片面强调集体利益的极端共同体主义具有重要的借鉴意义。

　　第二，施莱尔马赫至善学说中关于道德和宗教的关系的论述，深刻影

---

　　① ［美］桑德尔：《自由主义与正义的局限》，万俊人等译，译林出版社 2001 年版，前言，第 3 页。

　　② 同上书，第 41 页。

　　③ 同上书，第 42 页。

响了当代的新自由主义神学。施莱尔马赫被称为"现代自由主义神学之父"，他对 19 世纪下半期到 20 世纪初的西方神学思想产生了巨大的影响，以至于有人把他称为在神学界掀起"哥白尼革命"的康德。然而，随着以巴特主义为代表的新正统神学的兴起，施莱尔马赫遭到了激烈的批判，他被当作是个人主义、主观主义、人道主义和道德主义的代表而为新正统神学所拒斥。然而，20 世纪 50 年代后兴起的新自由主义神学，试图把施莱尔马赫从巴特主义的批判中拯救出来，它一方面吸收了巴特主义从绝对超越的上帝出发的立场，另一方面也吸收了施莱尔马赫关于情感与理性、宗教与道德的观点，力图从现实主义的角度建立一种新的自由主义神学，这种神学在美国被称为基督教现实主义，其代表人物是尼布尔兄弟，即理查德·尼布尔（H. R. Niebuhr）和莱茵霍尔德·尼布尔（Reinhold Niebuhr）。

理查德·尼布尔一直关注着从施莱尔马赫以来的 19 世纪自由神学传统，他一方面坚持施莱尔马赫关于宗教的伦理价值的思想，另一方面尝试克服他的主观主义倾向，要把作为内在情感的上帝意识转向外在的上帝启示。尼布尔说："19 世纪的人类统治与人类中心的精神，绝对没有完结。但是，一种形式多样的对其起支配地位的反叛已经兴起，尽管有种种不同的形式，这种反叛还有一种共同的现实主义特征。……所有这些宗教现实主义的思潮，都由一种共同的兴趣结合起来了，即想要维护宗教对象的独立的实在性。因此，它们代表着一种与 19 世纪的自由主义神学截然不同的运动，19 世纪自由主义神学的重心，是关于宗教的伦理价值的观念。虽然现实主义也分有这种伦理方面的兴趣，并接受了自由主义的许多重要结果，但它已把注意的中心，从主体转移向了客体，从人转向了神，从纯粹内在于宗教经验的东西，移向了同时也是超越的东西。"① 换言之，在施莱尔马赫那里，内在于人的对无限的直观，或者说绝对依赖性的情感就是上帝，而在尼布尔这里，上帝及其启示已经变成了外在于人的客观的存在。

但是，在尼布尔这里产生了一个问题，即上帝的启示如何传达给人，

---

① 转引自［美］利文斯顿《现代基督教思想》下卷，何光沪译，四川人民出版社 1999 年版，第 892 页。

或者说人如何接收到上帝的启示？在回答这个问题时，尼布尔也求助于施莱尔马赫。与施莱尔马赫一样，尼布尔也承认，在上帝面前，人是被动而非主动的，人不能凭借科学知识认识自在的上帝，而只能通过对上帝启示的接受的方式来理解他。上帝的启示是在人们的宗教经验和教会生活中产生的，它虽然是内在的，却不是主观的和私人性的事情。这和施莱尔马赫对绝对依赖的情感的描述有相近之处。在施莱尔马赫那里，虽然绝对依赖感是从个人内部升起的，但是这并不意味着情感就是私人的和无法交流的，情感必须在教会中得到交流。施莱尔马赫明确地说："倘若有宗教的话，它必须是社会性的，因为那是人的本性，而也特别是宗教的本质使然。"① 在施莱尔马赫那里，甚至有这样一个强烈的主张，即教会共同体的交往生活，甚至是绝对依赖感得以产生的基础。② 也就是说，虽然对宇宙的直观是从人内部产生的，但这个人不是一个孤立的人，而是在共同体中生活，并且能够把这种情感描述给共同体中的其他人的人。

施莱尔马赫关于情感与理性、宗教与道德之关系的论述也深深影响了尼布尔。尼布尔指出，启示并不与理性相冲突，它所揭示的东西在本质上就是生活中的理性图式，"启示的意思，就是指使得其他一切事件可以理解的这个可以理解的事件。……这样一种启示，并不与我们生活中的理性相反，而是对生活中的理性图式之揭示"③。可见，启示并不神秘，它寻求理解，也能够被理解，因为它本身就是理性的一种表现。这种观点和施莱尔马赫把情感也理解为理性的表现在本质上是一致的。尼布尔还指出，作为对上帝启示的信仰，宗教具有重要的道德意义，它不仅要求人们爱上帝，也要求人们爱上帝中的一切存在，"信仰上帝的道德结果，就是对上帝之中的一切存在具有普遍的爱。……因此，对上帝的信仰，使我们卷入了一场永久的思想的心灵的革命，卷入了一种持续不断的生命，它无限地向外开放，而进入种种新新不已的可能性。所以，它不为自夸自傲提供基

---

① ［德］施莱尔马赫：《论宗教》，参见谢扶雅编译《宗教与敬虔》，台湾基督教文艺出版社1967年版，第164页。

② M. Jamie Ferreira. *Love and the Neighbor*：*two ethical themes in Schleiermacher's Speeches*. Journal of Religion，84（2004.3）. p. 412.

③ 转引自［美］利文斯顿《现代基督教思想》下卷，何光沪译，四川人民出版社1999年版，第902页。

础，而只为淳朴的感谢之情提供基础。它是上帝的一件赠礼。"① 这种观点明显体现了施莱尔马赫关于宗教既是道德的源泉，又是道德的产物的辩证观点。

与理查德·尼布尔一样，莱茵霍尔德·尼布尔也赞同施莱尔马赫关于宗教的道德价值的论断。但是，他反对施莱尔马赫关于道德的基础及其最高原则都来自人的理性的论断。他认为，由于人是有限性的，人类理性并不能真正解决现存的各种道德败坏的现象。因此，真正完善的道德不在有限的人那里，而在体现上帝仁爱的耶稣那里，耶稣之爱既是道德的真正基础，也是道德的最高原则。他说："以这种爱为基础的耶稣的道德，是一种绝对的、不打折扣的道德。……耶稣的爱的道德之绝对主义和完美主义毫不让步地确立起来，不仅同自然的自私冲动相反，而且同必需的谨慎的自我保护相左，这种自我保护之所以需要，是因为有他人的自我主义。"② 从这段话中，我们可以清晰地看出，虽然尼布尔力图修正施莱尔马赫的理性道德观，但是当他把道德的基础归于耶稣之爱时，他的方向实际上却是向施莱尔马赫的回归，因为施莱尔马赫也同意耶稣是道德完美的典范。值得注意的是，施莱尔马赫的耶稣观并不仅仅表现在把耶稣看作道德导师这种观点上。在施莱尔马赫看来，如果仅仅把耶稣看作是道德导师和典范，那就陷入了启蒙运动特别是康德所倡导的道德神学的窠臼之中。施莱尔马赫认为，耶稣作为道德典范并不是基督教耶稣观的核心，耶稣绝对依赖的上帝意识才是最主要的，这种绝对依赖的情感通过教会传达给每一个信徒，从而传达了上帝的存在及其启示。

总之，施莱尔马赫至善学说中关于宗教和道德的关系的理论，深刻地表达了启蒙运动之后人们在理性的道德自律和宗教信仰之间进行调和的努力。如果没有自律，那么人的尊严就无法得到确证；如果没有宗教信仰，那么人们要么把自己当作上帝，要么把外在的权威当作上帝，这都会给人类带来不幸和灾难。正如美国神学家蒂利希所说："我们应当在自律之中找出神律的方面，即宗教方面，但又不削弱自律思想吗？这就是施莱尔马

---

① 转引自［美］利文斯顿《现代基督教思想》下卷，何光沪译，四川人民出版社 1999 年版，第 905—906 页。

② 同上书，第 940 页。

赫和黑格尔企图去做的。这个问题今天仍然存在。我们不能放弃自律，但我们也不能在空洞的自律中生活。因为这样我们就是处于由错误的权威和集权势力所给予的安定感的危险之中。"① 20 世纪的世界大战和环境危机充分说明了这个尖锐的问题仍然没有得到妥善解决。因此，它不仅仅是施莱尔马赫的问题，也是有待当代人去思考的问题。

第三，施莱尔马赫把至善看作是走向理性与自然完全同一的理想状态的理论，对于当代生态伦理学的发展具有重要的借鉴意义。

生态伦理学主要关注人与自然的关系，认为人与自然之间应当建立一种道德关系，从而建立人与自然的和谐发展。面对当今危及人类生存的环境危机，生态伦理学一方面批判传统的主客二元论和极端人类中心主义思想，另一方面试图通过赋予自然以道德价值而确立人与自然的和谐关系。许多生态伦理学家都认为，西方哲学中长期存在的主客二元论和极端人类中心主义思想是导致环境危机的根源。所谓主客二元论，就是把人和自然界对立起来，把人看作是认识和行动的主体，把自然界看作是认识和行动的客体，其中主体是积极的和能动的，客体是消极的和被动的。一般认为，主客二分的思维方式在西方是从古希腊就已经确立起来的。当柏拉图把世界划分为理念世界和感性世界时，已经预设了思维与存在、主体与客体之间的区分。到了近代，通过笛卡儿提出的"我思故我在"和培根的新工具论，主客二元论的思想得到了广泛的传播和发展，成为支配人们思考人与自然关系的主要方式。主客二元论认为，自然是人们可以为了自己的需要而随意加工和改造的对象，因此，自然是为了人而存在的。当把人看作是思考人与自然的关系的中心时，主客二元论的思想又转化为"人类中心主义"，即在人和自然的关系中，把人的需要看作是出发点和归宿，把自然看作是听从人类的命令，任由人类摆布的对象。极端的人类中心主义认为，人类可以毫无顾忌地对自然进行改造和掠夺而不负任何道德责任。这样的思维方式在当代产生的严重后果就是人类不得不面对全球变暖、大气污染、河流干涸、沙暴频发、生物灭绝等环境灾难。许多伦理学家们认为，要想消除环境危机，人们必须改变传统的主客二元论和极端人类中心主义的观点，赋予自然以道德价值和尊严。有些生态伦理学家如利奥波德

---

① ［美］蒂利希：《基督教思想史》，尹大贻译，东方出版社 2008 年版，第 289 页。

和罗尔斯顿等人提出了自然价值论，认为自然具有独特的外在价值和内在价值，这些价值是人类必须尊重而不能加以忽视或无视的。还有些生态伦理学家如纳什和辛格等人提出自然权利论，认为自然具有不容侵犯的权利，而人则应当承担包含自然的义务。总之，在当代生态伦理学看来，人和自然之间必须摆脱传统的二元对立思想，必须通过赋予自然以道德价值来实现人与自然之间的和谐发展。

从上述生态伦理学的观点看，施莱尔马赫就是一个生活在两百年前的生态伦理学家。在他的至善学说中关于理性和自然的论述，包含着现代生态伦理学思想的光辉。首先，施莱尔马赫是主客二元论的反对者。如果说在主客二元论者那里，主体和客体是可以分开的，有一个绝对自在的主体和一个绝对自在的客体的话，那么施莱尔马赫是不承认这样的区分的。在他那里，人类的理性与自然从来都是不能分离的，理性总是渗透在自然中的理性，自然总是已经被理性渗透的自然。对于至善来说，理性和自然是同等重要的，片面地强调任何一方都不能达到至善。虽然伦理学是从理性的角度出发描述理性与自然之间的渗透和同一，物理学是从自然的角度出发描述理性与自然之间的渗透和同一，但是这两门学问都不支持人类理性片面地高于自然，可以任意处置自然的观点。在某种意义上，施莱尔马赫关于理性和自然之间的关系的理论，有点类似中国传统的"天人合一"思想，因为"天人合一"思想的核心就是天、地、人与万物构成了一个统一的整体，"'天人合一'思想比较复杂，正误精粗并存，但从基本倾向上说，都强调人与自然、人事与天道的统一和协调，表现了人对现实主观与客观、人道与天道、人与环境之间的平衡与和谐的追求。这一思想对于解决当今世界日渐严重的环境污染、生态失衡等问题，当具有重要的启迪意义"①。

有人也许会反驳说，在施莱尔马赫那里，毕竟还存在着理性与自然的区分，并且他把理性看作是主动的，把自然看作是被动的，把二者的关系看作是"理性在自然上的活动"，或者说是"理性的自然"的生成，这岂不是意味着施莱尔马赫把人看作是自然的主人，把自然看作是满足人之需

---

① 商聚德：《儒学在 21 世纪的地位》，载《儒学与 21 世纪》，华夏出版社 1996 年版，第 138 页。

要的工具，这岂不也是一种人类中心主义吗？对这个质疑的回答依赖于如何理解人类中心主义。上面已经指出，人类中心主义是一种把人的需要看作是出发点和归宿，把自然看作是听从人类命令、满足人类需要之对象的思想。人类中心主义有许多面相，"如在国外有诺顿的强化的人类中心主义与弱化的人类中心主义的划分，还有墨迪的前达尔文式的人类中心主义、达尔文式的人类中心主义、现代的人类中心主义的分类等等。国内理论界的看法也很多，如有关于古代人类中心主义、近代人类中心主义、现代人类中心主义的看法；有关于宇宙人类中心主义、神学人类中心主义、生态人类中心主义的解说；以及功利层面的人类中心论、生态伦理学层面的人类中心论和哲学人类学层面的人类中心论的划分等等"。① 我们可以从人与自然的和谐角度出发，把这些不同的人类中心主义理解归结为两大类，即极端的人类中心主义和生态的人类中心主义，其中前者认为人类可以毫无顾忌地对自然进行改造和掠夺而不负任何道德责任，而后者虽然不反对从人的需要的角度出发思考人与自然的关系，但它更加强调人与自然之间的和谐共生，反对任意地掠夺自然而不负任何道德责任。如果说反对极端的人类中心主义是生态伦理学的本质要求的话，那么支持生态的人类中心主义则是生态伦理学可以接受的，毕竟人与自然的和谐发展是生态伦理学所追求的目标所在。关于施莱尔马赫的至善学说也是一种人类中心主义的质疑，我们可以这样来回答，它是一种生态的人类中心主义，而非极端的人类中心主义。对施莱尔马赫来说，理性在自然上的行动，从来都不是以掠夺和戕害的方式进行的，理性不能压制或消灭自然，而是要和自然相互交织和渗透，达到你中有我、我中有你的同一境界，这才是至善所要表达的"世界智慧"的含义。可见，施莱尔马赫的至善学说不会导致人与自然之间的紧张，它是以人和自然之间的同一为目的的，它放射着生态伦理智慧的光芒，对于当代生态伦理学的发展无疑具有重要的借鉴意义。

　　当然，施莱尔马赫至善学说的当代价值并不仅仅表现在以上几个方面。作为一种辩证的和综合的至善理论，它几乎能在任何当代伦理学理论中找到共鸣。在《被遗忘的道德学家：施莱尔马赫与精神科学》一文中，索克尼斯认为，施莱尔马赫的伦理学观念虽然产生自他所处的独特的时

---

① 李培超：《自然的伦理尊严》，江西人民出版社 2001 年版，第 125—126 页。

代，却具有"潜在的"当代价值："他在私人生活和公共生活中对'个体性'的捍卫与当代多元论的感觉以及新近对私人的和文化的'同一性'的迷恋，都具有深刻的共鸣；他对康德二元论道德心理学的最终拒斥，使他成为许多当代道德理论家们（如新亚里士多德主义者、女性主义者和描述的伦理学家）的潜在同盟；他对个体总是一种存在于共同体中的坚持，把他置入了社群主义社会理论者（如查尔斯·泰勒）的轨道之中；他的解释学教养和历史意识预示了近来伦理学的历史化（例如阿拉斯戴尔·麦金泰尔、杰罗姆·施尼文德），而不拘泥于它的一些最极端的公式化（例如杰佛莱·施托德、理查德·罗蒂）；他把自我理解为通过教化而来的持续'积累'，使他成为当代德性伦理学家的同路人。"① 因此，无论是放眼全球，还是注目于当代中国伦理学发展的需要，我们都应当重视施莱尔马赫给我们留下的珍贵的伦理学遗产。

从施莱尔马赫 1812 年开始在柏林大学宣讲自己成熟的至善学说到今天，整整两百年过去了。在这两百年间，人类社会在政治、经济和文化等方面都发生了翻天覆地的变化。然而在这些变化面前，施莱尔马赫至善学说所表现出来的智慧却表现出了超越时空的生命力。近年来，经常有研究者试图返回到它那里，寻找解决当代社会和人生问题的资源。邓安庆先生曾指出："施莱尔马赫的思想又不仅仅是属于他那时代的，它早已超越了时空的限制，在其身后的文化、思想、宗教和哲学中产生广泛的影响。对其时代而言，施莱尔马赫处在文化的中心和前台，是人们的精神导师和领袖；对其身后的时代来说，施莱尔马赫仍然活在人们的心中，是人们倾听、交谈和对话的伙伴。"② 这样的评价同样适用于施莱尔马赫的至善学说。即使是在两百年后的今天，它仍然能激励我们去思索社会和人生。因此，我们有必要去倾听和领会施莱尔马赫至善学说所发出的有力声音。

---

① Brent W. Sockness. The Forgotten Moralist: Friedrich Schleiermacher and the Science of Spirit. The Harvard Theological Review, Vol. 96, No. 3, 2003, p. 348.

② 邓安庆:《施莱尔马赫》，东大图书公司 1999 年版，第 239 页。

参考文献

一 施莱尔马赫作品

1. *Kritische Gesamellschriften* (*KGA*)，I. 1－11. Berlin：Walter de Gruyer，1984－2002.

2. Werke，I－IV，Leipzig：Felix Meiner，1910－1928.

3. *Ethik*，Hamburg：Felix Meiner，1991.

4. *On the highest Good*，Translated and Annotated by H. Victor Froese，Lewiston：The Edwin Mellen Press，1992.

5. *On the Freedom*，Translated and Annotated by Albert L. Blackwell，Lewiston：The Edwin Mellen Press，1992.

6. *On What Gives value to life*，Translated by Edwina Lawler and Terrence N. Tice.

7. *Lectures on philosophical ethics*，Trans. By Louise Adey Huish，Cambridge University Press，2002. Lewiston：The Edwin Mellen Press，1995.

8. *A Theory of Sociable Conduct*，Translated and edited by Ruth Drucilla Richardson，Lewiston：The Edwin Mellen Press，1995.

9. *Hermeneutics and criticism*，Translated and edited by Andrew Bowie，Cambridge University Press，1998.

10. *On Religion*，Translated and edited by Richard Crouter，Cambridge University Press，1996.

11. *Soliloquies*，Translated by Horace Leland Friess，Chicago：

The Open Court Publishing Company，1926.

12.《宗教与敬虔》，谢扶雅译，台湾基督教文艺出版社 1967 年版。

13.《论宗教》，邓安庆译，人民出版社 2011 年版。

二 相关文献

1. James O. Duke，*New Perspectives on Schleiermacher's Ethics*：*An Assay*，The Journal of Religious Ethics，1989.

2. John Wallhausser，*Schleiermacher's Critique of ethical Reason*：*Toward a systematic Ethics*，The Journal of Religious Ethics，1989.

3. James M. Brandt，*Ritschl's Critique of Schleiermacher's Theological Ethics*，The Journal of Religious Ethics，1989.

4. Hoover，Jeffrey，*Schleiermacher's Theory of the Limited Communttarian state*，Canadian Journal of Philosophy，20：2 （1990：June）.

5. George N. Boyd，*Schleiermacher's "Ueber den Unterschied Zwischen Naturegesetz und Sittengesetz"*，The Journal of Religious Ethics，1989.

6. John P. Crossley，Jr. *The Ethical Impulse in Schleiermacher's Early Ethics.* Journal of Religious Ethics，1989.

7. Robert F. Streetman，*An Introduction to some Leading Interpreters and Translators of Schleiermacher's Ethical Writings*，The Journal of Religious Ethics，1989.

8. Loew，Wilhelm，*Das GrundProblem der Ethik Schleiermachers in Seiner Beziehung zu Kants Ethik.* Berlin：Reuther & Reichard，1914.

9. Reble，Albert，*Der Volksbegriff Bei Schleiermacher*，Deutsche Vierteljahrsschrift fuer Literaturwissenschaft und Geistesgeschichte，14 （1936）.

10. Unger，Kurt，*Einige Begriffe des jungen Schleiermacher*，Deutsche Vierteljahrsschrift fuer Literaturwissenschaft und Geistesgeschichte，8 （1930）.

11. Martina Kunlehn，*Individuelles Symbolisieren und religioese*

Kommunikation，IJPT. 2008. 2，Walter de Gruyter，2008.

12. Perle，Johannes，*Individualitaet und Gemeinschaft im Denken des jungen Schleiermacher*，Zeitschrift fuer systematische Theologie，12（1935）.

13. Girndt，Helmut，*Kultur und Erziehung bei Schleiermacher*，Zeitschrift fuer philosophische Forschung，23（1969）.

14. Kroenert，Georg，*Schleiermacher und die Gegenwart*，Zeitschrift fuer Religions-und Geistesgeschichte，2（1949/1950）.

15. Paul Henzel. *Die neue Gueterlehre*，im Schleiermacher：der philosoph des Glaubens. Berlin：Buchverlag der，Hilfe'，G. m. b. h. ，1910.

16. Wilhelm Dilthey. *Leben Schleiermachers*，Gesammelte Schriften XIII，XIV band. Vandenhoeck & Ruprecht in Goettingen，1985.

17. M. Jamie Ferreira. *Love and the Neighbor*：*two ethical themes in Schleiermacher's Speeches*. Journal of Religion，84（2004. 3）.

18. Jacqueline Marina. *The Cambridge companion to F. Schleiermacher*. Cambridge University Press，2005.

19. Wolfgang H. Pleger：*Schleiermachers Philosophie*. Berlin：Walter de Gruyter，1988.

20. John P. Crossley，Jr. *The Religious Ethics Implicit in Schleiermacher's Doctrine of Creation*，Journal of Religious Ethics，2006.

21. Normunds Titans. *Overcoming Metaphysics as a Problem in the History of Philosophy*：*The Contribution of Friedrich Schleiermacher*. Lewiston：The Edwin Mellen Press，2006.

22. R. C. Raack. *Schleiermacher's Political Thought and Activity*，1806—1813. Church History：Studies in Christianity and Culture，1959.

23. Jacqueline Marina，*Transformation of the Self in the Thought of F. Schleiermacher*，Oxford University Press，2008.

24. Sarah Schmidt，*Die Konstruktion des Endlichen*：*Schleiermachers Philosophie der Wechselwirkung*. Berlin：Walter de Gruyter，2005.

25. Richard Crouter，*F. Schleiermacher*：*Between enlightenment and romanticism*，Cambridge University Press，2005.

26. Richard B. Brandt, *The Philosophy of Schleiermacher*, Harper and Brothers Publishers, 1941.

27. Kimmerle, H., *Das Verhältnis Schleiermachers zum transzendentalen Idealismus*, Kant-Studien, 51 (1959/1960).

28. Brent W. Sockness. *Cultural Theory as Ethics*. In Christentum-Staat-Kultur: Akten des Kongresses der Intermationalen Schleiermacher-Gesellschaft in Berlin, Maerz, 2006. Walter de Gruter • Berlin • New York.

29. Schock, Werner, *Existenzverwirklichung und Religion. Zum Werden von Schleiermachers Religionsbegriff*, Neue Zeitschrift für systematische Theologie und Religionsphilosophie, 32 (1990).

30. Brent W. Sockness. *The Forgotten Moralist: Friedrich Schleiermacher and the Science of Spirit*. The Harvard Theological Review, Vol. 96, No. 3, 3003.

31. Yaffe, G., Stanford, *Freedom, Natural Necessity and the Categorical Imperative*, Kant-Studien, 86: 4 (1995).

32. Rockmore, T., New Haven, *Kant and Fichte's Theory of Man*, Kant-Studien, 68: 3 (1977).

33. Sessions, W. L., Lexington Virginia, *Kant and Religious Belief*, Kant-Studien, 71: 4 (1980).

34. Thilly, Frank, *Kant and Teleological Ethics*, Kant-Studien, 8 (1903).

35. Matthew Caswell, *Kant's Conception of the Highest Good, the Gesinnung, and the Theory of Radic Evil*, Kant-Studien, Philosophische Zeitschrift; 2006; 97, 2.

36. Döring, A., *Kants Lehre vom höchsten Gut*, Kant-Studien, 4 (1900).

37. Ferreira, M. Jamie, Charlottesville, *Kant's Postulate: The Possibility or the Existence of God?*, Kant-Studien, 74: 1 (1983).

38. Allen W. Wood, *Kant's Moral Religion*, Cornell University Press, 1970.

39. Thomas Auxter，*Kant's Moral Teleology*，Mercer University Press，1982.

40. Lewis White Beck，*A Commentary on Kant's Critique of Practical Reason*，The University of Chicago Press，1960.

41. Yirmiahu Yovel. Kant and the Philosophy of History. New Jersey：Princeton University Press，1980.

42. J. R. Silber. *Die metaphysische Bedeutung des hoechsten Gutes als Kanon der reinen Vernunft in Kants Philosophie*. Zeitschrift fuer philosophische Forschung，Band：23（1969）.

43. Krämling，G.，Erlangen，*Das höchste Gut als mögliche Welt. Zum Zusammenhang von Kulturphilosophie und systematischer Architektonik bei I. Kant* ，Kant-Studien，77：3（1986）.

44. Düsing，K.，Bochum，*Das Problem des höchsten Gutes in Kants praktischer Philosophie*，Kant-Studien，62：1（1971）.

45. 〔德〕康德：《实践理性批判》，韩水法译，商务印书馆 1999 年版。

46. 〔德〕康德：《单纯理性限度内的宗教》，李秋零译，中国人民大学出版社 2003 年版。

47. 〔德〕卡岑巴赫：《施莱尔马赫》，任立译，中国社会科学出版社 1990 年版。

48. 〔德〕包尔生：《伦理学体系》，何怀宏、廖申白译，中国社会科学出版社 1988 年版。

49. 〔德〕康德：《历史理性批判文集》，何兆武译，商务印书馆 1990 年版。

50. 〔德〕黑格尔：《法哲学原理》，范扬、张企泰译，商务印书馆 1961 年版。

51. 〔德〕卡西尔：《论人》，刘述先译，广西师范大学出版社 2006 年版。

52. 〔德〕狄尔泰：《精神科学中历史世界的建构》，安延明译，中国人民大学出版社 2010 年版。

53. 〔德〕文德尔班：《哲学史教程》，罗达仁译，商务印书馆 1993

年版。

54．邓安庆：《施莱尔马赫》，东大图书公司 1999 年版。

55．洪汉鼎编：《理解与解释：诠释学经典文选》，东方出版社 2001 年版。

56．刘放桐：《新编现代西方哲学》，人民出版社 2000 年版。

57．唐凯麟等：《西方伦理学流派概论》，湖南师范大学出版社 2006 年版。

58．刘友红：《卡西尔人学思想研究》，江西人民出版社 2007 年版。

59．靳希平、吴增定：《十九世纪德国非主流哲学：现象学史前史札记》，北京大学出版社 2004 年版。

60．俞吾金等：《德国古典哲学》，人民出版社 2009 年版。

61．邓安庆：《试论施莱尔马赫思想的现代意义和对后世的影响》，《湖南社会科学》2000 年第 5 期。

62．李培超：《自然的伦理尊严》，江西人民出版社 2001 年版。

63．［古希腊］柏拉图：《理想国》，郭斌和、张竹明译，商务印书馆 1986 年版。

64．［古希腊］亚里士多德：《尼各马可伦理学》，廖申白译，商务印书馆 2003 年版。

65．北京大学哲学系编：《西方哲学原著选读》上、下卷，商务印书馆 1981 年版。

66．苗力田主编：《古希腊哲学》，中国人民大学出版社 1989 年版。

67．周辅成编：《西方伦理学名著选辑》上、下卷，商务印书馆 1964、1987 年版。

68．［德］白舍客：《基督宗教伦理学》第一卷，静也等译，三联书店 2002 年版。

69．［古罗马］奥古斯丁：《上帝之城》下卷，王晓朝译，人民出版社 2006 年版。

70．［德］莱布尼茨：《神义论》，朱雁冰译，三联书店 2007 年版。

71．费希特：《伦理学体系》，梁志学、李理译，商务印书馆 2007 年版。

72．郭大为：《费希特伦理学思想研究》，中国社会科学出版社 2003

年版。

74.〔荷〕斯宾诺莎:《伦理学》，贺麟译，商务印书馆 1983 年版。

75.《康德著作全集》第四、六卷，李秋零译、张荣译，中国人民大学出版社 2005 年版。

76.〔德〕谢林:《先验唯心论体系》，梁志学、石泉译，商务印书馆 1976 年版。

77. 高宣扬:《德国哲学通史》第一卷，同济大学出版社 2007 年版。

78.〔美〕罗尔斯:《正义论》，何怀宏等译，中国社会科学出版社 1988 年版。

79.〔加〕金里卡:《当代政治哲学》，刘莘译，上海译文出版社 2011 年版。

80.〔美〕麦金泰尔:《追寻德性》，宋继杰译，译林出版社 2003 年版。

81.〔美〕桑德尔:《自由主义与正义的局限》，万俊人等译，译林出版社 2001 年版。

82.〔美〕利文斯顿:《现代基督教思想》上、下卷，何光沪译，四川人民出版社 1999 年版。

83.〔美〕蒂利希:《基督教思想史》，尹大贻译，东方出版社 2008 年版。

84. 杜维明编:《儒学与 21 世纪》，华夏出版社 1996 年版。

85. 张云涛:《信仰与理性的"永恒盟约"——论黑格尔对施莱尔马赫的著名批评》，《前沿》2009 年第 1 期。

后　记

　　研究施莱尔马赫的至善学说，并不是为了猎奇，这与我近几年的研究兴趣密切相关。自从进入复旦大学攻读博士学位开始，我对康德的至善学说产生了兴趣。在研究过程中，我发现在德国唯心论时期，许多哲学家都对康德的至善学说发表了自己的评判，这其中以施莱尔马赫最具代表性。在康德的《实践理性批判》出版两年后，青年施莱尔马赫就撰写了《论至善》，从康德体系内部对其至善学说进行了批判研究。后期施莱尔马赫又提出了一种不仅不同于康德，甚至在哲学史上都堪称独特的至善学说。我当时就有了一个设想，就是在做完关于康德的博士论文之后，要进一步研究施莱尔马赫的至善学说。但是，要真正实现这个设想，还是有许多困难的。由于施莱尔马赫在中国并不为人们所重视，很多大学的图书馆几乎没有他的著作和相关研究著作。

　　因此，这个计划的完成，必须感谢我的合作导师韩水法教授。当我发现北京大学图书馆不仅有施莱尔马赫的选集和最新的批判版全集之后，甚至还收藏有一百多年前出版的关于施莱尔马赫的研究著作时，就怀着激动的心情给韩老师写信，申请到北京大学做博士后研究。我的研究计划得到了韩老师的肯定，于是从 2010 年 7 月开始，我就开始了北京大学博士后研究生涯。每当面对图书馆里厚厚的施莱尔马赫著作时，我对韩老师的感激之情就会油然升起！

　　作为国内著名的德国古典哲学研究专家，韩老师对我的研究计划提出了许多真知灼见的意见和建议，使我深受教益。韩老师还让我以《施莱尔马赫哲学研究》为题在北京大学开设了一个学期的研究生讨论课程，为我提供了与其他老师和同学进行交流的机会。在讨论课上，同学们提出的许多问题和见解，对我有启发，在此也向参加讨论班的同学表示感谢！

感谢外国哲学研究所的赵敦华老师、靳希平老师、尚新建老师、叶闯老师、韩林合老师、李超杰老师、吴增定老师、先刚老师、刘哲老师和吴天岳老师，在你们的课堂上以及与你们的交往中，我都领悟了许多为学和做人的道理！

哲学系的伦伟老师、杨弘博老师、李少华老师、杨宇老师和谢红梅老师为我的工作和学习提供了很多帮助，在此向她们表示感谢！

在博士后研究期间，我得到了中国博士后科学基金的资助，向中国博士后基金会表示感谢！

感谢父母对我的工作的理解和支持。他们无怨无悔地帮我照看女儿和操持家务，让我深深感受到了父母对儿女的眷眷之心。我的妻子甘愿放弃南方相对稳定的工作，和我一起做"北漂"一族，她的这种支持和奉献令我时刻感动着！

我的女儿由于不适应北方的生活环境而患上了鼻炎，看着她患病时呼吸不顺的样子，我心中总是泛起阵阵的不忍和愧疚！

张会永

2012 年 3 月于北京大学

补　记

　　本书的出版，得到了《厦门大学人文学院青年学术文库》的支持，在此对《文库》的各位评审专家表达谢意。厦门大学人文学院的哈飞飞老师和朱艺楚老师也为本书的出版付出了许多辛劳。

　　本书的出版还得到了国家社科基金重大项目和教育部人文社科基金青年项目的资助，在此表示感谢！

　　中国社会出版社的责任编辑张林先生为本书的出版做了大量细致而周到的工作，我对她的辛勤劳动深表敬意和谢意！

　　最后要感谢我的老师邓安庆先生和陈春文先生。邓老师是国内少有的施莱尔马赫研究专家，在病情恢复期间仍然坚持审读书稿，为我写序，让我感动不已。陈老师是我的哲学启蒙老师，虽然已经多年未见，但是当我邀陈老师为本书写序时，陈老师不辞辛劳，慨然应允。老师们对后学的支持和鼓励，将会成为我在这条道路上继续前进的最大动力！

张会永

2013 年 9 月 10 日于厦门大学